그림
속
경제학

* 이 책에 사용된 일부 작품은 SACK를 통해 ADAGP, Getty Images와 저작권 계약을 맺었습니다. 저작권법에 의하여 한국 내에서 보호를 받는 저작물이므로 무단 전재 및 복제를 금합니다.

* 이 책에 사용된 일부 작품은 미국 의회도서관이 소유한 미국 공공정책 프로젝트에 따른 작품과 함께 Wikimedia Commons의 작품입니다.

* 이 책에 사용된 일부 작품은 저작권자를 찾지 못했습니다. 저작권자가 확인 되는대로 정식 동의 확인 절차를 밟겠습니다.

ⓒ Marc Chagall / ADAGP, Paris - SACK, Seoul, 2014 Chagall(p360, 363)
ⓒ John Maynard Keynes / Getty Images(p335)

그림 속 경제학

경제학은 어떻게 인간과 예술을 움직이는가?

문소영 지음

다미디어

추천의 글

청출어람이라,
제자에게 배우는 스승은 행복하다

● **이준구** 서울대학교 경제학부 교수

    모든 예술 작품에는 알게 모르게 그 시대의 상황이 녹아 들어가 있게 마련이다. 예술가의 뛰어난 감수성은 시대의 흐름에 민감하게 반응할 수밖에 없기 때문이다. 물론 어떤 예술 작품을 감상하는 방법은 각자가 자유로이 선택할 수 있다. 그것의 아름다움만을 보려 한다 해서 아무 문제가 되지 않는다. 그러나 예술 작품에 녹아든 시대적 상황에까지 눈길이 가게 된다면 감상의 재미가 한층 더 커질 것이 분명하다.

    이 책을 읽고 그동안 내가 얼마나 무식한(?) 방법으로 그림을 감상해왔는지 새삼 깨닫게 되었다. 세계의 내로라하는 미술관에도 가보았고, 인상파에 대해 어느 정도는 알고 있다는 자부심을 갖고 있었다. 그러나 솔직히 고백하건대 내 감상의 태도는 중고등학교 때 미술 책에서 본 그림들이 걸린 모습을 보고 환호하는 수준을 넘지 못했다. 어떤 그림에 녹아든 시대적 상황을 읽어낸다는 것은 상상조차 하지 못할 일이었다.

밀레의 〈이삭 줍기〉라는 그림의 경우가 그 좋은 예다. 나는 어릴 때부터 이 그림을 서정성의 상징처럼 여겨왔다. 그런데 이 그림이 한때 선동적이며 불온한 그림이라는 평가를 받았다는 것이 아닌가? 주운 이삭으로 주린 배를 채워야 하는 빈민들의 고단한 삶이 생생하게 그려지고 있다는 것은 상상도 하지 못한 일이었다. 이제부터 종전과는 전혀 다른 각도에서 그 그림을 보게 될 것임은 두말할 나위도 없다. 그런 의미에서 이 책은 나에게 새로운 깨달음을 안겨주었다고 볼 수 있다.

성전의 장사꾼들에게 채찍을 휘두르는 예수의 모습에서 경제적 맥락을 읽어낼 수 있는 사람이 과연 몇이나 될까? 그러나 학부 시절 경제학을 전공한 지은이는 그것을 놓치지 않았다. 예수의 분노는 성전의 장사꾼들의 담합에 의한 독점 체제가 가난한 사람들을 등치는 현실에 그 뿌리를 두고 있다는 해석은 무릎을 치게 만든다. 그뿐만 아니라 배후 세력으로서 막대한 지대를 챙기는 대제사장의 무리에 대한 분노도 한몫을 했을 것이라고 해석한 지은이의 혜안에도 경탄을 금할 수 없다.

지은이는 그림들을 보여주면서 튤립 광풍, 중상주의, 노동가치설, 대공황 등 실로 다양한 경제적 현상 혹은 사건에 눈을 돌리게 만든다. 이것은 다른 평론가들로서는 할 수 없는 지은이만의 독자적인 세계라고 본다. 그의 친절한 인도는 우리를 미술 감상의 새로운 경지로 이끌어 준다. 어떤 그림에서 느끼는 감동은 단지 그것의 아름다움뿐 아니라 그것이 전달해주는 사회적 메시지와도 깊은 관련을 갖고 있음을 새삼 깨닫게 된다.

지은이가 학부생이었을 때 나는 그에게 경제학을 가르쳤다. 그런데 이제 나는 그림을 감상하는 방법에 대해 그의 가르침을 받는 처지가 되었다. 스승이 제자가 되고, 제자가 스승이 된 셈이다. 이런 훌륭한 책을 써내는 그를 보며 문득 '청출어람'(青出於藍)이라는 옛말을 생각하게 된다. 자신보다 더 훌륭한 제자를 둔 스승은 정말로 행복한 사람이라고 생각한다.

추천의 글

경제학과 미술의 만남,
새로운 미술 감상의 안내서

● **이주헌** 미술평론가

　종교가 세상을 들여다보는 창인 시대가 있었다. 정치가 세상을 들여다보는 창인 시대가 있었다. 오늘날은 경제가 세상을 들여다보는 창인 시대다. 모든 관심의 꼭짓점에 경제가 자리하고 있다.
　물론 이 시대에도 우리는 구원과 믿음을 찾고 인권과 민주주의의 가치를 추구한다. 하지만 이전의 어느 시대와도 비교할 수 없이 부의 창출과 물질적인 풍요에 관심이 많다. 재테크에서 복지에 이르기까지, 산업 트렌드에서 갖가지 경제 관련 제도에 이르기까지 우리는 다양한 경제 부문과 활동에 대해 궁금해하고, 그 활동에 적극적으로 참여해 더 큰 성취를 얻고자 한다. 경제에 대한 적절한 지식과 정보가 없으면 개인이든 그 개인들이 구성하는 사회든 경쟁에서 뒤처지는 시대가 이 시대다.

그런 점에서 복잡한 경제 현상에 대해, 또 경제의 역사에 대해 알기 쉽고 이해하기 쉬운 안내자를 만난다는 것은 매우 고마운 일이다. 무엇이든 기초가 튼튼해야 공사가 쉬운 법이다. 경제학과 경제사에 대한 핵심적이고 체계적인 지식과 정보를 가질 때 우리는 오늘날 벌어지는 다양한 경제 현상에 대해 폭넓게 이해할 수 있고 우리 삶의 구조를 깊이 통찰해볼 수 있다.

『그림 속 경제학』은 그런 점에서 매우 반가운 안내서다. 핵심을 짚는 간결한 문장으로 중요한 경제학적, 경제사적 개념과 사건들을 우리에게 전해줄 뿐 아니라 이를 다채로운 미술 작품들을 통해 이야기하니, 이보다 쉽고 재미있게 경제학에 대해 설명해줄 수 있는 안내서가 있을까 싶기 때문이다. 지오토의 '스크로베니 예배당 벽화'를 통해 독점과 담합에 대해 이야기하고, 작자 미상의 〈엘리자베스 1세의 아르마다 초상화〉를 통해 중상주의에 대해 논하며, 터너의 〈전함 테메레르〉를 통해 산업혁명과 고전파 경제학에 대해 설명하는 이 책은, 지은이가 성실한 경제학도이자 부지런한 미술 기자이기에 가능한 책이 아닐까 싶다. 양쪽 분야에 통달한 사람만이 가능한, 머리에 쏙쏙 들어오는 명료한 설명이 이를 잘 말해준다.

독자 입장에서는 경제학도 이해하고 미술 감상도 즐기는 것이니 꿩 먹고 알 먹는 행복이 아닐 수 없는데, 혹자는 그래도 거리가 먼 경제와 미술을 조합해 낯설다고 느낄 수 있을 것이다. 하지만 경제와 미술은 통상적으로 생각하는 것만큼 그렇게 거리가 멀지 않다. 경제의 목표와 미술의 목표는 한 가지다. 바로 '삶의 질을 향상시키는 것'이다.

경제는 물질적으로, 미술은 정신적으로 우리의 삶의 질을 높이려 한다. 그 두 가지 노력을 한꺼번에 조망해볼 수 있는 것이 이 책이 가진 진정한 매력이다. 삶의 질을 높이려는 모든 이에게 일독을 권한다.

들어가는 글

예술의 꽃 명화,
경제학을 그리다

　007 시리즈 영화 〈스카이폴〉(2012)을 보면, 제임스 본드가 미술관에 앉아 물끄러미 그림 하나를 바라보는 장면이 있다. 해체될 운명의 거대한 범선이 그보다 작은 체구의 증기선에 이끌려 황금빛 석양 속에서 최후의 항해를 하는 그림… 19세기 영국 화가 J. M. W. 터너의 유명한 〈전함 테메레르〉다. 영화에서도 세대 교체를 상징하는 이미지로 등장하지만, 산업혁명으로 인한 새로운 기계 문명과 저무는 옛 문명의 충돌을 드라마틱한 이미지로 구현한 작품이다.
　터너는 산업혁명 시대의 격변에 적극적으로 반응했다. 증기기관차를 타보고 그 새로운 속도를 그림 〈비, 증기, 속도〉에서 빠르고 거친 붓질로 나타내기도 했다. 클로드 모네 같은 프랑스 인상파 화가들은 터너의 붓질을 계승해서 시시각각 변하는 빛과 대기를 묘사했다. 산업혁명이 사회 전체의 속도를 빠르게 하면서 미술에서 나타난 현상이었다. 사회 전체적으로, 증기기관차 등으로 인해 이동 속도가 빨라졌을 뿐만 아니라 분업으로 인해 생산과 업무 속도가 빨라졌다. 그 뒤에는 분업과 분업을 활성화하는 자유시장을 지지한 고전파 경제학의 거두 애덤 스미스가 있었다.

이렇게 미술가들은 역사 속 경제적 변화에 의식적으로든 무의식적으로든 반응해왔고, 그러한 변화를 진단하고 선도한 경제학자들과도 직간접적으로 인연을 맺어왔다.

채석장 노동자들의 열악한 상황을 묘사한 프랑스 사실주의 화가 귀스타브 쿠르베와, 그 그림을 격찬하며 초기 자본주의 산업사회를 비판한 사회주의자 피에르 조세프 프루동처럼 절친한 친구 사이였던 경우도 있었다. 영국의 경제학자 존 메이너드 케인스와 대공황 시대 미국 정부에 고용되어 우체국 벽화를 그린 수많은 화가들도, 직접 만난 적은 없을지언정 밀접한 관련이 있었다고 할 수 있다. 우체국 벽화 프로젝트는 불황 타개를 위해 정부가 나서서 고용을 창출하는 뉴딜 정책의 일환이었는데, 뉴딜이 바로 케인스 경제학에 기반을 둔 정책이었으니 말이다.

이렇게 미술과 정치경제적 변동, 그 저변에 깔린 경제학과 철학의 흐름은 몇 겹의 고리로 긴밀하게 연결되어 있다. 이 책은 그 고리를 찾아나가는 통섭의 여정이다. 예술의 꽃인 명화들에서 경제학 코드를 찾아 경제·정치·사회적 변화의 역사를 좀더 유기적이고 종합적으로 이해해보려는 책이다.

그림은 경제와 역사의 미적(美的) 증인, 텍스트보다 모호하지만 더 강력하고 매혹적인 증인이라고 할 수 있다. 이들을 통해 우리가 과거를 더 생생하고 흥미롭게 보면서 그 시대에 대해 수동적으로 배우는 데 그치지 않고 적극적인 유추와 상상을 해볼 수 있다. 게다가 과거뿐만 아니라 우리가 사는 현재와 미래에 대해 고찰해볼 수 있게 된다.

약속이라도 한 것처럼 지구본을 들고 있는 유럽 절대군주들의 초상화를 보면, 무역흑자에 목숨 건 중상주의 시대를 읽게 될 뿐만 아니라 수출입국의 구호 아래 급성장한 한국의 과거 신중상주의적 정책에까지 생각이 미치게 된다. 튤립 투기를 하다가 거품이 터지면서 패닉에 빠진 원숭이들의 그림에서는 미국 부동산 버블 붕괴가 유발한 2008년 국제 금융위기를 떠올리게 된다.

장 프랑수아 밀레의 〈이삭 줍기〉를 둘러싸고 일어났던 당대의 사회주의 논란은 인류의 고질적인 문제인 빈부 격차에 대해서 숙고하게 해준다. 카를 마르크스와 존 스튜어트 밀이 이에 대해 어떻게 각기 다른 처방을 내렸는지도 말이다. 또한 에두아르 마네의 〈폴리제르베르의 바〉에서 공허한 눈빛의 바 종업원을 보면, 최근 들어 심각한 이슈가 된 감정노동자 문제를 생각하지 않을 수 없다.

알폰스 무하의 광고 포스터는 또 어떤가. 제품의 기능을 알리는 대신 제품을 소비하는 사람들의 멋들어진 이미지만 강조하는 이 포스터는, 매체는 바뀌었을망정 유혹적 메시지는 비슷한 현대의 TV 광고를 연상하게 한다. 이에 대해 토스타인 베블런과 케네스 갤브레이스 같은 경제학자들이 무슨 말을 했는지도.

이처럼 명화에 담긴 경제사는 먼 서구의 과거 이야기일 뿐만 아니라 바로 지금, 여기, 우리들의 이야기이기도 한 것이다. 이 책을 읽은 독자들이 예술과 경제·정치·사회적 변동 사이의 고리를 찾는 통섭적 연구에 흥미를 갖게 되고, 서구의 과거 경제사를 바탕으로 우리의 현재와 미래에 대해 생각해보게 된다면 이 책은 소기의 목적을 달성하는 것이 될 것이다.

한 가지 덧붙이면, 이 책은 중앙일보의 일요일판인 중앙SUNDAY에서 2010년 2월부터 2011년 2월까지 연재한 글을 바탕으로 쓴 것이다. 연재가 끝난 후에도 내용을 세 배 이상 보강하고 깊이를 더하느라 원고를 마무리할 때까지 시간이 많이 걸렸다. 그간 인내심 있게 원고 마감을 기다려주신 이다미디어의 박금희 이사님과 황보태수 대표님께 특별히 감사드린다.

부모님과 형제에게도 이 자리를 빌려 사랑과 감사를 전해야겠다. 어릴 때 미술의 매력에 눈뜨고, 자라서 경제학을 공부하게 된 것은 전적으로 부모님의 영향이었다.

또한 이 책에 따뜻한 격려와 조언을 주신 대학 은사 이준구 교수님께 깊이 감사드린다. 학부 시절, 경제학이 단지 숫자 놀이와 돈 이야기가 아니라 물질·시간 등 자원이 한정된 현실 세계에서 불가피하게 발생하는 각종 선택과 인간의 행복에 대한 재미있는 학문임을 깨닫게 된 게 바로 교수님의 명강의를 통해서였다. 한편, 이지(理智)와 감정이 균형 잡힌 미술 에세이를 쓰는 법, 딱딱하지 않으면서도 깊이 있는 글을 쓰는 법에 있어서 귀감이 되어주시고 조언과 격려를 주신 이주헌

선생님께도 깊이 감사드린다.

  그리고 소중한 벗 김대식 교수님께 정말 감사드린다. 원고를 일일이 읽으며 원고 작업을 끊임없이 격려해주셨고, 전공인 뇌과학은 물론 인문학과 예술 전반에 걸친 해박한 지식과 번뜩이는 지성으로 많은 조언과 영감을 주셨다. 또한 창조력과 성실성의 귀감인 아티스트 한성필 작가님, 온화하면서도 예리한 지성의 표본인 오랜 벗 박수미 선배를 비롯해, 이 책이 나오는 데까지 도움과 영감을 주신 여러 지인들께 무한한 감사의 마음을 전한다.

2014년 6월
문소영

차례

추천의 글
들어가는 글

| Part_1 | 예수가 채찍을 휘두른 이유는?
―고대 성전의 독점과 담합

1 지오토 그림 속의 분노한 그리스도·23 2 가축상과 환전상은 어떻게 성전 안에서 영업을 했을까?·27 3 서민의 등골 휘게 만든 성전의 독점과 담합·29 4 바로크 화가들은 왜 '성전 정화'를 즐겨 그렸을까?·32 5 환전상이 엎어지는 모습은 대부업자에 대한 조롱·35
・경제용어 1_담합 ・경제용어 2_반독점기구

| Part_2 | 고리대금업자 샤일록을 위한 변명
―중세 대부업자와 이자 논쟁

1 셰익스피어 ―이자는 원수한테서나 받는 것이다·45 2 고대와 중세 ―이자를 받는 대부업은 부도덕하다·47 3 중세 후기 ―이자를 받아도 되는 경우가 있다 50 4 보쉬가 그린 대부업자와 악마·54 5 유대인이 대부업에 많이 뛰어든 이유는?·55 6 마시스의 〈대부업자와 그의 아내〉에 담긴 복합적 시각·57 7 근대와 현대 ―이자는 부도덕한 불로소득이 아니다·63
・경제용어 3_이자율 ・경제용어 4_수쿠크(이슬람채권)

| Part_3 | 여왕은 지구본 위에 손을 얹었다
―대항해 시대와 중상주의

1 엘리자베스 1세가 손을 뻗친 지구본의 지역은?·71 2 초상화 속의 지구본, 지구본 속의 '신대륙'·75 3 지구본이 등장하는 유명한 그림, 홀바인의 〈대사들〉·77 4 천문 관측 기구와 지구본이 대항해 시대를 증언·81 5 대항해 시대가 낳은 활발한 교역과 중상주의·84 6 프랑스의 콜베르, 강력한 중상주의와 보호무역을 추진·87 7 중상주의에 대한 비판과 재평가, 그리고 한국의 경우·90
・경제용어 5_무역수지 ・경제용어 6_동인도회사

| Part_4 | 네덜란드 황금시대의 '튤립 광풍'
―투기와 버블의 역사

1 가장 희귀하고 비싼 튤립의 황제 '셈페르 아우구스투스' · 97 2 튤립 투기의 전개 ―포트의 그림 속 질주하는 바보들의 수레 · 100 3 튤립 버블의 붕괴 ―브뢰헬의 그림 속 울부짖는 원숭이들 · 104 4 튤립 광풍의 후유증 ―바니타스(헛됨) 정물화 · 109 5 튤립 광풍의 후예 ―영국 남해회사 버블 사건 · 111 6 세계 금융위기의 원흉은 부동산 버블 · 115
・경제용어 7_버블 ・경제용어 8_투기

| Part_5 | 왕의 연인, 백과사전과 경제학을 후원하다
―계몽주의 시대와 중농주의

1 퐁파두르 부인의 책상 위에 놓인 백과사전 · 121 2 퐁파두르 부인의 주치의였던 케네, 중농주의 학파를 창시 · 124 3 중농주의가 근대경제학에 미친 영향 · 127 4 샤르댕의 그림에 스며 있는 시민계급의 계몽주의 · 129 5 귀족의 반발로 실패한 튀르고의 중농주의 정책 · 136
・경제용어 9_레세 페르 ・경제용어 10_경제표

| Part_6 | 혁명적 속도에 매혹된 화가와 학자
―산업혁명과 애덤 스미스의 고전파 경제학

1 터너의 그림 속 증기선에 끌려가는 범선 · 141 2 증기기관, 산업혁명을 견인하다 · 144 3 기차 놀이가 낳은 걸작 〈비, 증기, 속도〉 · 146 4 산업혁명, 기계와 분업이 가져온 속도의 혁명 · 149 5 애덤 스미스 ―분업을 촉진하는 것은 시장경제 · 152 6 분업의 부작용도 통찰했던 애덤 스미스 · 154 7 터너의 후예이자 산업혁명이 낳은 예술가들 ―인상파 · 157
・경제용어 11_보이지 않는 손

| 재미있는 미술사 이야기 · 1 | 인상파 화가들의 일요일 오후 · 166
●이젤과 팔레트를 들고 전원으로 간 도심의 화가들 ●빛을 받아 시시각각 변하는 물의 모습을 그린 모네 ●근대 소시민의 여가에 대한 예찬

| Part_7 | 초상화의 주인공이 된 부르주아지
−자본주의와 시민계급의 성장

1 앵그르가 그린 화려한 여인의 신분은? · 177 **2** 부르주아지가 정치·경제·문화의 중심 세력으로 떠올랐다 · 181 **3** 고대 그리스로마에 대한 열광과 신고전주의 · 185 **4** 점점 사치스러워지는 초상화 속 부르주아지의 두 얼굴 · 189 **5** 들라크루아의 〈민중을 이끄는 자유의 여신〉에 숨겨진 부르주아 코드 · 191

| Part_8 | 이삭 줍고, 기차 3등석 타고
−노동자의 현실과 노동가치설

1 밀레의 〈이삭 줍기〉가 사회주의 선동 그림? · 197 **2** 밀레의 그림은 서정적 사실주의 · 201 **3** 〈씨 뿌리는 사람〉을 다르게 해석한 반 고흐와 평론가들 · 204 **4** 도미에, 싸움닭 시사만화가로 출발 · 208 **5** 〈3등석 객차〉에 담긴 노동자들에 대한 애정 · 210 **6** 노동자가 예술의 주인공이 된 정치경제적 배경 · 214 **7** 화가로서의 도미에, 2월 혁명을 그리다 · 217 **8** 고전파 경제학과 마르크스 경제학의 노동가치설 · 220

• 경제용어 12_노동생산성 • 경제용어 13_노동가치설 vs 효용가치설 vs 가치무용론

| Part_9 | 쿠르베의 리얼리즘에서 마네의 모던아트로
−카를 마르크스 vs 존 스튜어트 밀

1 〈돌 깨는 사람들〉, 노동자계급의 굴레 · 229 **2** 마르크스 – 자본주의는 스스로 몰락한다 · 233 **3** 존 스튜어트 밀 –공산주의는 인간 본성인 자유를 제한한다 · 237 **4** "내게 천사를 보여줘, 그래야 천사를 그리지" · 243 **5** 파리 코뮌과 쿠르베 · 246 **6** 모던아트의 출발점이 된 매춘부 그림 · 249 **7** 감정노동자의 애환도 그린 마네 · 255

• 경제용어 14_부르주아지와 프롤레타리아 • 경제용어 15_우리사주 제도와 스톡옵션 제도

| Part_10 | 산업화에 반발, 자연과 중세로
−대량생산에 저항한 미술 공예 운동

1 밀레이의 '오필리아', 자연의 품에 안기다 · 263 **2** 러스킨 –자연에 충실하라! · 266 **3** 중세 장인 정신과 현대적 디자인 철학의 결합 · 270 **4** 벽지부터 스테인드글라스까지, 모리스의 종합적 디자인 · 275 **5** 사회를 위한 디자인 추구와 대량생산 혐오의 필연적 충돌 · 279 **6** 모리스 정신을 계승하며 그 모순점을 해결한 바우하우스 · 282

• 경제용어 16_포디즘 혹은 포드 시스템

재미있는 미술사 이야기·2 기계를 사랑한 미래파 예술가들·288
● 문명의 속도를 화폭에 담다 ● 미래주의 선언 −우리는 전쟁을 찬양한다

| Part_11 | 예술 포스터, 광고의 시대를 열다
−베블런의 '과시적 소비'와 갤브레이스의 '의존 효과'

1 산업혁명 이후 광고 시대의 개막·299 2 무하의 연극·상품 포스터와 아르누보 운동·302
3 툴루즈 로트레크의 대담한 물랭루주 포스터·308 4 광고는 소비의 민주화와 자유의 표상인가?·312 5 예술적 광고의 숨은 의도·315 6 베블런 −과시를 위해 비쌀수록 산다·318 7 갤브레이스 −광고는 없던 욕구를 만든다·320
· 경제용어 17_정상재·열등재·기펜재, 그리고 베블런재와의 차이 · 경제용어 18_밴드왜건 효과와 스놉 효과

| Part_12 | 벽화 운동을 일으킨 뉴딜아트
−미국발 대공황과 케인스 경제학

1 〈월스트리트 연회〉로 자본주의를 비판한 리베라·329 2 무료 급식소 앞에 줄지어 선 실업자들·332 3 대공황의 전개와 원인에 대한 논란·335 4 케인스 −정부 지출로 경기를 회복시킬 수 있다·339 5 뉴딜 정책이 미술과 만나 벽화 붐을 일으키다·344 6 뉴딜 벽화의 예술적 한계·350 7 미국 FSA 프로젝트가 낳은 걸작 사진들·354 8 뉴딜과 뉴딜아트에 대한 질문·360
· 경제용어 19_경기순환과 경기선행·동행·후행지수

재미있는 미술사 이야기·3 러시아와 미국 추상미술의 엇갈린 운명·365
● 샤갈이 혁명 이후 러시아를 떠난 이유는? ● 러시아 추상화의 기수 말레비치는 작품 압수와 활동 금지 조치
● 2차 세계대전 이후 미국에서 추상표현주의 미술이 급부상

Part_1
예수가 채찍을 휘두른 이유는?
- 고대 성전의 독점과 담합

1. 지오토 그림 속의 분노한 그리스도

그윽한 운치가 있는 도시 이탈리아 파도바에는 중세 후기 이름난 부자였던 스크로베니^{Scrovegni} 가문의 개인 예배당이 남아 있다. 지오토 디 본도네$^{Giotto\ di\ Bondone,\ 1266?~1337}$가 전성기에 그린 보석 같은 프레스코 벽화로 가득 차 있는 곳이다. (사진 1)

아치형 천장은 천공을 본떠 짙푸른 바탕에 금빛 별로 가득하고, 성모자와 성인들의 초상이 해와 달처럼 자리 잡고 있다. 양옆 벽면과 기둥에는 성모 마리아의 생애와 예수 그리스도의 생애가 푸른 바탕에 갈색, 금빛, 장밋빛 등으로 생생하게 그려져 있다. 후면 벽에는 최후의 심판 장면이 드라마틱하게 펼쳐진다.

그런데 예수의 생애를 그린 프레스코 중에 놀라운 그림이 하나 있다. (그림 2) 예수가 무서운 눈빛으로 채찍을 휘두르며 그림 오른쪽의 있는 두 남자를 때리려 하고 있는 것이다. 그의 온화하고 자비로운 이미지에만 익숙한 이들에게 충격적인 모습이 아닐 수 없다. 오른쪽에 있는 턱수염이 난 남자는 놀라 어쩔 줄 모르며 두 손을 들어 올렸다. 반면에 턱수염이 없는 젊은 남자는 두려워하면서도 '아, 왜 나만 갖고 그래요?' 하는 것 같은 불만 가득한 표정으로 한 손만 들고 있다. 그의 나머지 한 손에는 빈 새장이 들려 있고, 그의 발밑 우리에서는 놀란 양 한 마리가 뛰쳐나가고 있다.

〈사진 1〉 지오토 디 본도네의 프레스코 벽화 연작이 그려진 스크로베니 예배당 내부의 모습

그림 왼쪽에는 어린아이들이 겁에 질려 예수의 제자들 품에 숨어 있다. 비둘기를 가진 한 아이는 채색이 다소 벗겨진 탓에 마치 제자의 의상 무늬처럼 보이게 돼버렸다. 하지만 나머지 한 아이가 다른 제자의 옷자락을 붙잡고 매달리는 모습, 또 그 제자가 아이의 어깨를 다정하게 감싸는 모습은 참으로 인간적이고 생동감 있다. 르네상스 미술의 선구자로 불리는 지오토의 그림답다.

지오토의 작품은 중세의 많은 도식적이고 장식적인 그림들과 달리, 구도가 전반적으로 간결·명쾌하고 집중성이 있으며, 각 인물의 몸짓과 표정이 개성 있고 생생한 것이 특징이다. 그래서 르네상스 화가이자 저술가인 조르조 바사리$^{Giorgio\ Vasari,\ 1511~1574}$는 최초의 본격적인 미술사 책으로 여겨지는 그의 저서 『미술가 열전(원제: 이탈리아의 뛰어난 화가, 조각가, 건축가들의 생애)』(1550)에서, 지오토야말로 중세 미술과 차별화되고 르네상스 미술의 근간이 된 사실적인 묘사를 처음 도입한 화가라고 했다.

그런데 이게 도대체 무슨 장면일까? 새장과 짐승 우리는 왜 있는 것이고, 예수는 왜 어린아이들이 겁에 질릴 정도로 거친 모습인 것일까? 이 장면은 『신약성서』의 4복음서에 공통적으로 나오는 다음 이야기를 바탕으로 한 것이다.

유다인들의 과월절● 이 가까워지자 예수께서는 예루살렘에 올라가셨다. 그리고 성전 뜰에서 소와 양과 비둘기를 파는 장사꾼들과 환금상들이 앉아 있는 것을 보시고 밧줄로 채찍을 만들어 양과 소를 모두

〈그림 2〉 성전에서 상인과 환전상을 몰아내는 그리스도(1304-06), 지오토 디 본도네 작, 프레스코, 200×185cm, 스크로베니 예배당(아레나 예배당) 벽화, 이탈리아 파도바

쫓아내시고 환금상들의 돈을 쏟아 버리며 그 상을 둘러엎으셨다. 그리고 비둘기 장수들에게 '이것들을 거두어 가라. 다시는 내 아버지의 집을 장사하는 집으로 만들지 말라' 하고 꾸짖으셨다.

— '요한의 복음서' 2:13-17 (공동번역성서)

그렇다면 예수에게 혼이 나고 있는 남자들은 가축 상인과 환전상이고, 어린아이들도 비둘기 상인인 것이 틀림없다. 그런데 이들에 대해서 예수가 그토록 분노한 이유는 무엇일까? 그리고 그 전에 궁금한 것은, 어떻게 신성한 성전 안에 이런 동물 장사꾼과 환전상이 진을 치고 있었던 것일까?

2. 가축상과 환전상은 어떻게 성전 안에서 영업을 했을까?

당시 유대인들은 정기적으로 예루살렘 성전에 '흠 없는' 소, 염소, 양, 비둘기 등을 희생 제물로 바쳐 제사를 지내야 했다. 번제(燔祭)일 때는 도살한 제물의 모든 부위를, 다른 제사일 때는 특정 부위를 불에

● 과월절: BC 13세기 이집트에서 노예 생활을 하던 유대인들이 모세의 영도로 이집트를 탈출한 것을 기념하는 명절. 파라오가 유대인들의 해방을 계속 거부하자, 야훼는 최후의 압박으로 각 이집트 가정의 장남을 죽이기로 했다. 실행 전에 모세를 시켜 유대인들의 가정은 모두 어린 양의 피를 문설주에 바르도록 일렀다. 그리고 그 표지가 있는 집은 그냥 지나쳐 유대인들의 장남들은 무사했다. 여기에서 비롯된 명절이 '과월절'이며, '지나치다' 혹은 '넘어가다'의 의미를 지니고 있다.

태워 연기가 하늘로 올라가게 하는 것이었다. 또 아이를 낳은 산모나 속죄를 할 일이 있는 사람도 그때그때 희생 제물을 바쳤다. 『구약성서』의 '레위기'에는 이런 제물과 제사의 규정이 자세하게 나와 있다.

그런데 제물로 바칠 동물을 끌고 성전까지 오는 것이, 멀리 사는 사람들에게는 보통 힘든 일이 아니었다. 게다가 오는 중에 동물이 다쳐서, '흠이 없어야 한다'는 규정에 맞지 않게 되거나 병들어 죽는 일도 생겼다. 그래서 결국 성전 바로 앞에서 규정에 맞는 가축을 파는 상인들이 생기게 된 것이다. 그 장사가 성행하면서 그들은 성전 안으로까지 비집고 들어오게 됐다.

또 유대인 성인 남성은 성전세를 정기적으로 내야 했다. 『구약성서』의 '출애굽기^{Exodus}'는 "인구 조사를 받을 사람은 누구나 '성전 세겔$^{Shekel: 화폐 단위}$로 셈하여 반¼세겔을 내야 한다 … 이십 세 이상의 남자는 누구나 다 인구 조사의 대상이 되어야 하고 야훼께 예물을 바쳐야 한다"라고 규정했다. 이것이 성전 유지에 쓰이는 성전세가 되었다.

성전에서는 오로지 성전 반세겔 은화만 받았고 다른 종류 화폐는 받지 않았다. 하지만 많은 유대인들이 외지에 살면서 로마 화폐를 비롯한 외국 돈만 지니고 있었다. 그래서 성전 앞에서 외국 화폐를 성전 반세겔 은화로 바꾸는 환전이 성행하게 되었고, 마찬가지로 환전상들도 성전 안으로까지 들어온 것이었다. 유대교 율법 해석서 『탈무드^{Talmud}』를 보면, 해마다 과월절이 있는 달의 전달 25일부터 환전상들이 성전 뜰에 일종의 이동 점포를 차렸다는 기록이 있다.

문제는 이들 환전상이 높디높은 수수료를 받았고, 희생 제물용 가축 장사꾼들도 마치 관광지의 행상처럼 바가지를 톡톡히 씌웠다는 것이다. 유대교의 구전 율법을 집대성한 『미슈나*Mishna*』를 보면, AD 1세기에 제물용 비둘기 값이 폭등한 이야기가 나온다. 본래 비둘기는 소나 양을 바칠 만한 능력이 없는 가난한 사람들이 제물로 바치는 것이었다. 그런 비둘기 값마저 한 쌍당 금화 한 닢까지 오르는 바람에 빈민의 등골이 휘는 지경이었다는 것이다.

3. 서민의 등골 휘게 만든 성전의 독점과 담합

상인들이 그렇게 값을 올릴 수 있었던 것은 첫째, 가격을 아무리 올려도 수요가 별로 줄어들지 않는다는 것을 알았기 때문이다. 대부분의 재화와 서비스의 경우, 가격이 올라가면 수요가 줄어든다. 하지만 희생 제물용 동물 값이 올라간다고 누가 감히 신의 불벼락을, 그리고 그보다 먼저 닥칠 대제사장의 벼락을 각오하면서 안 사고 버틸 것인가? 제물용 가축과 성전세용 환전 서비스에 대한 수요는 가격 변화에 지극히 비탄력적일 수밖에 없는 것이다.●

『미슈나』를 보면 AD 1세기에 비둘기 값이 폭등하면서 특히 가난한 산모들이 고통을 겪은 것으로 나온다. 당시는 요즘처럼 출산율이 낮은 시기가 아니라서 산모들은 아이를 여러 명 낳았고, 그때마다 비둘기를 한 쌍씩 바쳐야 했다. 이를 안타깝게 여긴 지혜로운 랍비 시메온 벤 가말리엘Simeon ben Gamaliel은 비둘기 한 쌍을 바치는 것은 아이를 5

명째 낳을 때마다 한 번씩이면 된다고 선언했다. 그러자 그날로 비둘기 값이 한 쌍당 금화 한 닢에서 은화 1/4닢으로 떨어졌다고 한다. 시메온은 비둘기의 수요를 낮춰줌으로써 가격이 하락하도록 유도한 것이다.●●

 그러나 의무적인 수요를 낮추는 데는 한계가 있다. 이때 가격 상승

● 수요의 가격 탄력성(price elasticity of demand)이 큰 경우와 작은 경우를 그래프로 보면 다음과 같다.

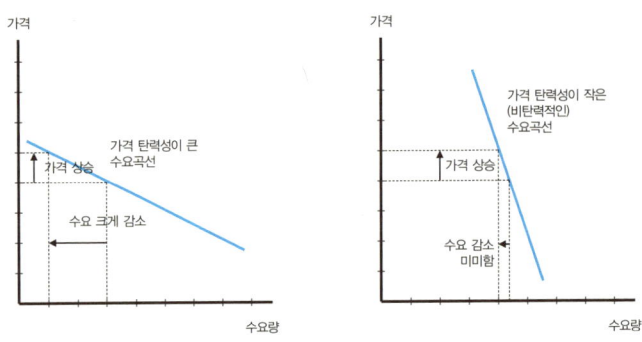

●● 랍비 시메온이 비둘기의 의무 수요를 줄여 그 가격 하락을 가져온 메커니즘을 그래프로 간단히 표현하면 다음과 같다.

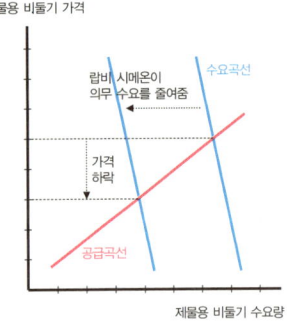

을 제한할 수 있는 것은 상인들 간의 경쟁이다. 『미슈나』에서 성전 상인들이 탐욕으로 비둘기 가격을 마구 올렸다고 되어 있는데, 그렇게 마음대로 올릴 수 있었던 것은 성전 밖에 그들의 경쟁자가 거의 없었다는 이야기가 된다. 동시에 자기들끼리는 가격 담합^{Collusion}을 해서 독점^{monopoly}적 지위를 누리고 있었다는 추정이 가능하다.

만약 이들 사이에 경쟁이 일어나서, 상인 중에 누군가 "파격 세일! 레위기의 엄정한 기준에 따른 흠 없는 숫양을 반값에 드립니다!"라고 했다면 어땠을까? 모든 성전 참배자들이 그에게 몰려들어 대박을 쳤을 것이고, 다른 상인들도 그와 경쟁하기 위해 울며 겨자 먹기로 가격을 내릴 수밖에 없었을 것이다. 이런 일이 일어나지 않았다는 것은 이 상인들 사이에 가격을 협의하는 담합이 형성되었고, 저가 정책을 써서 담합을 깨는 자는 성전에서 퇴출되었다는 이야기가 된다.

이런 독점과 담합의 뒤에는 바로 대제사장을 비롯한 성전 관계자들이 있을 수밖에 없다. 상인들이 성전에 들어오려면 제사장의 허가가 있어야 하지 않는가. 또 어느 희생 제물이 레위기 기준에 맞는지는 성전 측이 판단한다. 참배자들이 외부에서 소나 양, 비둘기를 가져올 경우, 성전 측에서 흠이 있다고 퇴짜를 놓으면 결국 참배자들이 성전 안에서 동물을 살 수밖에 없게 만드는 것이 가능하다. 즉 성전 안 상인들에게 독점적 지위를 부여하는 것이다. 물론 그 대가로 엄청난 상납금을 받아 챙기면서 말이다.

실제로 유대 역사가 요세푸스$^{Flavius\ Josephus,\ 37?~100?}$는 예수 그리스도 시대의 성전이 대제사장 '안나스^{Annas}의 장터'였다고 했다. 안나스

가문은 대를 이어 로마 황제에게 뇌물을 바치며 장기간 대제사장 자리를 차지했다. 그리고 뇌물로 나간 돈을 성전 비즈니스로 메우고 그 이상의 많은 돈을 더 뽑아내는 데 아주 열심이었다. 그러기 위해 친인척과 상납금을 바치는 자들이 제물용 가축 판매와 성전세용 환전 서비스를 독점하게 한 것이다.

그러니 예수가 "내 아버지의 집을 장사하는 집으로 만들지 말라"라고 한 것은 성전에서 행상을 하지 말라는 것이라기보다, 성직자들이 앞장서서 독점과 담합으로 부당이득을 취하는 행태를 통렬히 비난한 것이었다. 게다가 해수욕장 바가지 음료수는 참고 안 사 먹으면 그만이지만 희생 제물과 성전세는 그럴 수가 없으니, 독점과 담합으로 그 가격과 수수료를 마구 올리는 것은 그만큼 악질적인 일이었다. 그리스도가 진노할 수밖에 없었던 것이다.

이 그림은 종교적 색채가 아니라면 공정거래위원회에 걸기에 매우 알맞은 그림이 아닐까 싶다. 공정거래위원회는 여러 불공정 행위들을 감시하지만, 흔히 반독점기구$^{\text{antitrust agency}}$라고 불리는 것처럼 독점과 담합에 대한 감시가 그중 첫째 의무라고 할 수 있으니 말이다.

4. 바로크 화가들은 왜 '성전 정화'를 즐겨 그렸을까?

예수가 가축 상인과 환전상을 몰아내 성전을 정화하는 장면은 지오토 이후의 르네상스와 바로크 시대의 화가들에게도 인기 많은 주제였

〈그림 3〉 성전을 정화하다(1600년경), 엘 그레코 작, 캔버스에 유채, 106×130cm, 내셔널 갤러리, 영국 런던

다. 특히 에스파냐에서 활동한 화가 엘 그레코$^{\text{El Greco, 1541~1614}}$는 이 장면을 여러 차례 그렸다. 그는 본명이 도메니코스 테오토코풀로스였지만, 그리스 크레타 섬 출신이어서 '엘 그레코'('그리스인'이라는 뜻)라는 별명으로 주로 불렸다. 그의 그림들을 보면 길쭉길쭉하고 병적으로 창백한 인물, 묘한 조명을 받은 것 같은 색채, 휘몰아치는 듯한 대기의 묘사로 신성한 광기가 감돈다. 이런 그의 그림들은 한동안 폄하됐었지만 20세기 들어 재평가됐다. 특히 표현주의^{Expressionism} 화가들이 그에게서 큰 영감을 받아, 형태의 왜곡과 강렬한 색채를 통해 감정을 분출하는 그림을 만들었다.

엘 그레코의 〈성전을 정화하다〉 그림 중 런던 내셔널 갤러리에 소장된 것(그림 3)을 한번 보자. 붉은 옷을 입고 채찍을 쳐든 예수가 중앙에 있다. 그 왼쪽에는 허겁지겁 짐을 챙겨 쫓겨가는 가축 상인과 환전상이 있고, 오른쪽에는 이 일에 대해 갑론을박하는 예수의 제자들이 있다. 쫓겨가는 자들 너머로 보이는 성전 벽에는, 원죄를 짓고 에덴동산에서 쫓겨나는 인류의 조상 아담과 이브의 부조가 새겨져 있다. 절묘한 대구가 아닐 수 없다. 인물들뿐만 아니라 그들을 둘러싼 공기까지 어지럽게 휘몰아치는 듯한 강렬한 동세의 그림이다.

물론 엘 그레코가 당시에는 아직 그 개념도 없었던 반독점주의를 지지하려고 이 주제를 즐겨 그린 것은 아니다. 당시는 가톨릭 교회가 각종 부패와 폐단으로 종교개혁의 도전을 받으면서 스스로의 쇄신을 절감하던 때였다. 그래서 내부 정화를 상기하는 차원에서 그리스도의 성전 정화 그림이 인기를 끌었던 것이다. 또 소재 자체가 드라마틱하고 격렬해서 르네상스 말기에서 바로크에 이르는 시기에 활약한 화가들의 취향에 잘 맞았기 때문이기도 하다.

엘 그레코보다 반세기 후대의 화가 야콥 요르단스$^{\text{Jacob Jordaens,}}$ $^{\text{1593~1678}}$의 작품 중에도 예수의 성전 정화를 그린 것이 있다. (그림 4) 그는 자신처럼 플랑드르 출신인 대선배 페테르 루벤스$^{\text{Peter Paul Rubens,}}$ $^{\text{1577~1640}}$의 영향을 많이 받았다. 그래서 루벤스의 그림처럼 화면이 장려하고 수많은 인물과 동물들이 격렬한 동세로 서로 얽혀 있다.

가축 상인들은 그리스도의 채찍을 피하면서 자기 동물과 물건을 챙기느라 정신이 없다. 그들 사이로 비둘기가 푸드덕거리고 제물용 소와 양은 물론, 별 상관 없는 개와 닭까지 보인다. 오른쪽에는 통쾌하다는 듯 바라보는 사람들도 있다. 이 중 특히 눈에 띄는 것은 화면 중앙에서 의자에 앉은 채 뒤로 넘어지며 비명을 지르고 있는 사나이다. (그림 5) 그의 옆으로는 여러 종류의 동전이 쏟아지고 있고 장부도 흩어져 있어서 그가 환전상이라는 것을 말해준다.

엘 그레코의 그림이 가톨릭 쇄신의 의미를 지니고 있었다면, 요르단스의 그림은 좀 다른 곳에 초점을 두고 있었다. 바로 환전상에 대한 야유다.

5. 환전상이 엎어지는 모습은 대부업자에 대한 조롱

이 그림의 배경인 예수 그리스도의 시대에도, 그리고 이 그림이 그

⟨그림 4⟩ 성전에서 상인과 환전 상을 몰아내는 그리스도(1650), 야콥 요르단스 작, 캔버스에 유채, 288×436cm, 루브르 박물관, 프랑스 파리
⟨그림 5⟩ 요르단스의 그림에서 환전상 부분 확대

려진 17세기까지도, 환전상은 환전만 하는 것이 아니라 현대의 은행처럼 여러 금융 업무를 겸하고 있었다. 특히 화가 요르단스가 활동하던 17세기 플랑드르에서는 상업과 국제무역이 발달하면서 환전상들의 활동이 활발했다. 그들은 환전뿐만 아니라 돈을 꾸어주고 이자를 받는 대부업을 겸하고 있었다.

그러나 대부업의 성행에도 불구하고, 빌려준 돈에 이자를 받는 것을 부정적으로 생각하는 고대부터의 시각이 아직 사라지지 않고 있었다. 그래서 많은 화가들이 대부업을 겸한 환전상을 곱지 않은 시각으로 묘사하고 있었던 것이다.

사실 지오토의 걸작 프레스코로 가득한 스크로베니 예배당도 대부업에 대한 죄의식에서 비롯됐다. 이 예배당을 세운 엔리코 스크로베니의 부친은 대부업으로 가문의 재산을 축적했다. 부친은 단테^{Dante Alighieri, 1265~1321}의 고전 『신곡』에 등장할 정도로 유명했는데, '천당'편도 '연옥'편도 아닌 '지옥'편에 등장하는 것이니 어떤 쪽으로 유명했는지는 두말할 필요도 없을 것이다.

『신곡』 제17곡에서 흰 바탕에 푸른 돼지가 그려진 문장의 돈주머니를 목에 건 채 불벼락을 맞고 있는 자가 바로 그다. 엔리코 스크로베니는 지옥에서 불타고 있을 부친의 영혼을 구원하고자 이 예배당을 지었던 것이다. 그가 예배당을 성모 마리아에게 바치고 있는 모습이 바로 예배당 후면에 그려진 〈최후의 심판〉 벽화에 묘사돼 있다. (그림 6) 그 바로 옆에는 대부업자들을 비롯한 온갖 죄인들이 지옥에서 악마의 고문에 시달리고 있다.

〈그림 6〉 上 〈최후의 심판〉 부분(1304-06), 지오토 디 본도네 작, 프레스코, 200× 185cm, 스크로베니 예배당(아레나 예배당) 벽화, 이탈리아 파도바

〈그림 7〉 下 스크로베니 예배당의 〈최후의 심판〉 벽화에서 이 예배당의 설립자 엔리코 스크로베니를 묘사한 부분, 성모 마리아와 성인들에게 이 예배당을 봉헌하는 중이다.

이렇게 '대부업자는 지옥으로'라는 인식은 그 후로도 몇세기 동안 쉽게 사라지지 않았다. 그에 관한 다른 그림들과, 이자를 받는 것이 죄악인가에 대한 논란의 이야기는 다음 장에서 소개할까 한다.

| 경제용어 1 | **담합(Collusion)**

같은 상품을 생산·판매하며 경쟁 관계에 있는 여러 개인이나 기업들이 공모해서 그 상품의 생산량이나 가격을 공동으로 통제하는 행위.

담합의 대표적인 예로는 상품 가격을 1년에 몇 %씩 똑같이 인상하기로 합의하는 등의 가격 고정(price fixing)이 있다. 그 밖에 특별 할인판매를 다 함께 하지 않거나 1년에 몇 회로 제한하기로 결의하는 일, 전체 생산량을 줄이고 각각 얼마씩 할당해서 생산하기로 합의하는 일 등을 예로 들 수 있다.

담합은 사업자들이 출혈 경쟁을 피하고, 하나의 독점기업인 것처럼 움직여 시장을 지배하는 효과를 내 모두 함께 이윤을 늘리는 것이 목적이다. 이것은 자동적으로 소비자들이 경쟁 시장가격보다 더 높은 가격을 지불하게 만들어 소비자 피해를 초래한다. 더 나아가 경쟁의 상실로 비효율적인 기업들도 살아남을 수 있도록 해주며, 기업들이 비용 절감이나 품질 향상을 위한 기술 개발을 게을리하도록 하는 폐해가 있다.

그래서 많은 나라들이 반독점법의 일환으로 담합을 규제하고 있다. 우리나라에서는 '공정거래법(독점규제 및 공정거래에 관한 법률)'에 의거해서 사업자들의 담합 관련 위법 사실이 인정되면 관련 매출액의 최대 10%를 과징금으로 부과하고 있다.

| 경제용어 2 | **반독점기구(Antitrust Agency)**

한 기업이 독점적 지위를 갖거나 여러 기업이 담합을 통해서 공동으로 독점적 지위를 갖는 경우, 경쟁의 상실로 인해 가격이 상승하고 비효율이 방치되고 기술 개발의 인센티브가 사라지는 등 궁극적으로 소비자에게 피해를 초래하는 여러 문제가 발생한다. 따라서 여러 정부는 반독점 정책을 시행하고 기업 간에 활발한 경쟁을 촉진하기 위해 반독점기구를 두는 경우가 많다.

반독점 정책의 원조이자 가장 활발한 곳은 미국이라고 할 수 있는데, 1890년 미국에서 제정된 셔먼 법(Sherman Act)이 최초의 반독점법이다. 그 후 1914년에 셔먼 법을 보완하는 연방거래위원회법(Federal Trade Commission Act)이 제정되면서 그에 의거해 반독점기구인 연방거래위원회가 설립되었다. 미국은 독점에 대해 매우 엄격하며 독점 자체를 원칙적으로 광범위하게 금지하는 '원인규제주의'를 채택하고 있다.

한편 제2차 세계대전 이후에야 비로소 미국의 영향을 받아 본격적인 반독점 정책을 전개한 유럽의 여러 국가들은 독점 자체를 무조건 위법으로 보는 것이 아니라 공공의 이익을 침해해서 폐해를 수반하는 경우에만 규제를 가하는 '폐해규제주의'를 채택하고 있다.

한국은 1980년에 '공정거래법(독점규제 및 공정거래에 관한 법률)'이 제정되었고, 이 법의 경우에는 원인규제주의와 폐해규제주의의 중간에 선 절충주의라고 할 수 있다.

Part_2
고리대금업자 샤일록을 위한 변명
- 중세 대부업자와 이자 논쟁

1. 셰익스피어 – 이자는 원수한테서나 받는 것이다

샤일록: 나는 돈도 자주 새끼를 치게 한답니다.
안토니오: 친구끼리 누가 돈을 빌려주고 이자를 받는 예가 있단 말인가요… 그러니 원수에게 돈을 빌려줬노라고 생각하시지.

영국의 문호 윌리엄 셰익스피어$^{\text{William Shakespeare, 1564~1616}}$의 유명한 희곡 『베니스의 상인』에 나오는 대화다. 돈이 새끼를 친다 – 즉 돈을 빌려주면 당연히 이자를 받아야 한다는 유대인 대부업자 샤일록과, 이자는 원수에게 돈을 꿔줄 때나 받는 것이라고 생각하는 베네치아 무역상 안토니오. 둘 중 누가 옳을까? 셰익스피어가 누구 편을 들었는지는 18세기 네덜란드 화가 얀 요세프 호레만스 1세$^{\text{Jan Josef Horemans the Elder, 1682-1759}}$가 그린 이 희곡의 하이라이트 – 재판 장면(그림 1)을 보면 알 수 있다.

그림 한가운데, 허옇게 빛나는 단도를 든 노인이 샤일록이고, 바로 옆에 서 있는 검은 옷의 중년 남자가 안토니오다. 샤일록은 평소 자신이 이자 받는 것에 욕설을 퍼붓던 안토니오에게 원한을 불태우고 있었다. 그래서 안토니오가 친구 바사니오(안토니오 옆 푸른 상의의 젊은 남자)를 위해 샤일록에게 돈을 꾸러 오자, '이때다' 하고 그의 살 한 파운드

〈그림 1〉 베니스의 상인(18세기), 얀 요세프 호레만스 1세 작, 캔버스에 유채, 51×73.5cm, 개인 소장

를 위약금으로 받기로 하고 돈을 빌려줬다. 샤일록이 바라던 대로 안토니오는 무역선의 사고로 기한 내에 돈을 갚지 못하게 되었다. 그러자 샤일록은 쾌재를 부르며 진짜로 살을 도려낼 생각으로 단도를 움켜잡고 있는 것이다.

그런데 어째 샤일록의 표정이 좋지 않다. 그림 오른쪽에 있는 젊은 재판관이 차용증서를 가리키며 찬물을 끼얹었기 때문이다. 증서에는 '살 한 파운드'라고만 돼 있으니 살은 도려내도 좋지만 피는 한 방울도 흘리게 해서는 안 된다는 것이다. 이 젊은이는 사실 바사니오와 갓 결혼한 여인 포샤가 남장한 것으로, 남편의 친구를 구하기 위해 온 것이었다. 포샤의 기지로 안토니오는 생명을 건지고, 샤일록은 야유 속에 도망치듯 법정을 나가게 된다.

이렇게 셰익스피어는 샤일록이 패배하게 함으로써 이자에 대한 인식에서도 안토니오를 지지한 셈이다. 셰익스피어뿐만 아니라 고대 그리스 철학자들과 중세 가톨릭 신학자들이라면 이구동성으로 안토니오의 편을 들어줬을 것이다.

2. 고대와 중세 – 이자를 받는 대부업은 부도덕하다

일찍이 아리스토텔레스$^{\text{Aristoteles, 384BC~322BC}}$(그림 2)는 상업 활동을 두 가지로 구분했는데, 가정과 국가가 잘 돌아가게 하기 위한 '에코노미아(오이코노미아)'와, 오로지 돈벌이 그 자체를 위한 '크레마티스티케'

였다. 전자는 자연스럽고 후자는 부자연스럽다는 게 그의 견해였다. 후자 중에서도 "대금업이 가장 부자연스러운 것이다"라고 그의 저서 『정치학』에 나와 있다. 여기에서 대금업, 영어로 usury는 흔히 '고리대금업'으로 번역되지만, 고대와 중세에는 높든 낮든 이자를 받는 행위를 모두 가리키는 것이었다.

이 고대 그리스 대철학자에 따르면, "말은 새끼를 낳지만 돈은 새끼를 낳지 못한다"라고 말했다. 이른바 '화폐불임설'이다. 그는 또 "돈은 교환에 사용하라고 있는 것이지, 이자를 받아 더 늘리라고 있는 것이 아니다"라고 잘라 말했다.

그는 말이나 집을 빌려줄 때는 사용료를 받아도 된다고 했다. 그 주인이 말이나 집을 사용하지 못하는 불편을 감수해야 하기 때문이다. 하지만 돈을 빌려줄 때는 불편을 감수하는 게 아니므로 — 왜냐하면 그 돈은 어차피 여윳돈일 것이기 때문에 — 이자를 받아서는 안 된다는 게 그의 주장이었다.

아리스토텔레스의 이론에 시비를 거는 것은 얼마든지 가능하다. 돈을 꾼 사람이 그 돈으로 사업을 해서 이윤을 만들었다면 결국 돈으로 새끼를 낳은 셈이니 그에게서 이자를 받을 만하지 않은가? 또 말을 빌려주는 것은 사용료를 받아도 되고, 돈을 빌려주는 것은 사용료를 받으면 안 된다면, 돈을 꾼 사람이 그 돈으로 말을 살 경우에는 어쩔 것인가?

그 경우에는 말을 빌려준 것이나 마찬가지인데 말이다. 나중에 신고전파 경제학 neoclassical economics의 창시자 앨프리드 마셜 Alfred

〈그림 2〉 아리스토텔레스, 〈아테네학당〉(1509~10) 부분, 라파엘로 산치오 작, 프레스코, 바티칸 교황궁, 바티칸

Marshall, 1842~1924이 지적한 대로, 돈을 빌려준 사람은 그 돈으로 말이나 다른 물건을 살 기회를 뒤로 미루는 셈이다. 그것도 불편을 감수하는 게 아닌가?

그러나 고대와 중세에는 이런 생각을 하기 힘들었을 것이다. 당장 먹을 것이 없어서 절박하게 돈을 꾸는 사람이 대부분이었기 때문이다. 『구약성서』는 "너희 가운데 누가 어렵게 사는 나의 백성에게 돈을 꾸어주게 된다면, 그에게 채권자 행세를 하거나 이자를 받지 말라"(출애굽기 22:25)라거나 "같은 동족에게는 변리를 놓지 못한다"(신명기 23:20)라고 여러 번 말했다.

이런 성경 구절을 바탕으로, 325년 니케아 공의회●에서는 교회나 성직자의 이자 수취를 금지하는 법을 만들었다. 중세 초기 서유럽의 정치적 통일을 이룬 샤를마뉴 대제는 789년에 이자 받는 대금업을 아예 금지하는 칙서를 발표하기도 했다.

3. 중세 후기
– 이자를 받아도 되는 경우가 있다

그러나 중세 후기로 들어와 상업과 국제무역이 발달하면서 돈을 꿔

● 니케아 공의회: 고대 도시 니케아(지금의 터키 이즈니크)에서 열린 동서 그리스도교 교회들의 회의. 교리와 교회법을 논의하고 통일하기 위해서 열렸다.

서 사업을 하는 사람이 많아졌고, 그 빌린 돈으로 '새끼를 낳는' 경우가 많아졌다. 그러니 이자를 받는 것이 죄악인가 하는 의문이 퍼지기 시작했다. 그리스도교 교리를 학문적으로 체계화한 13세기 스콜라철학의 대가 토마스 아퀴나스$^{Thomas\ Aquinas,\ 1225?~1274}$는 마침내 이자를 받아도 되는 몇 가지 예외를 설정하기에 이르렀다.

그 예외 중에는 '채무자가 만기를 넘겨 연체했을 때 이자를 받아도 좋다'는 것이 있었다. 그러자 돈을 빌려줄 사람이 아주 짧은 만기를 대출 조건으로 제시하고, 채무자는 처음부터 이자를 내면서 만기가 지난 후에 갚기로 암묵적으로 합의하는 경우가 많아졌다. 즉 실질적으로 이자를 주고받는 것이었다.

더 나중에 교회는 이자를 받을 수 있는 또 하나의 예외로, '채권자가 그 돈으로 더 이익이 나는 투자를 할 수 있는데도 돈을 빌려줘서 그 이익을 희생했을 때'를 설정했다. 그런데 이것은 사실 돈을 꾸고 빌려주는 경우 대부분에 해당될 수 있지 않은가? 결국은 이자를 현실적으로 용인하는 것이었다.

그러나 가톨릭교회는 여전히 이자를 원칙적으로 금하고 있었기 때문에, 전문적으로 돈을 빌려주고 이자를 받는 대부업에 대한 시각은 계속 부정적이었다. 그러한 시각은 중세 말기와 르네상스 사이에 활동한 네덜란드의 독보적 화가 히에로니무스 보쉬$^{Hieronymus\ Bosch,\ 1450~1516}$의 〈죽음과 구두쇠〉(그림 3)에서 엿볼 수 있다.

〈그림 3〉 죽음과 구두쇠(1485년 또는 1490년), 히에로니무스 보쉬 작, 패널에 유채, 93×31cm, 워싱턴 국립미술관, 미국 워싱턴 DC

<그림 4> 보쉬의 그림에서 궤짝 부분 확대

4. 보쉬가 그린 대부업자와 악마

보쉬는 괴기 환상의 거장으로 불리곤 하는데, 이 그림만 보아도 그로테스크한 분위기가 가득하다. 하지만 그의 그림들은 순전히 개인적이고 광적인 상상의 산물이라기보다 당대의 엄격한 종교적 믿음과 알레고리를 깔고 있는 경우가 많다.

이 그림을 보면, 붉은 커튼이 드리워진 침대에 창백하고 여윈 남자가 앉아 있다. 바로 제목에 나오는 구두쇠다. 지금 침상 옆의 문이 열리고 섬뜩한 해골이 들어오면서 구두쇠에게 화살을 겨누는 중이다. 이 해골은 '죽음'이 중세 전통에 의해 의인화된 모습이다. 즉 구두쇠는 병상에서 임종을 맞고 있는 것이다.

미술사가들은 이 남자가 구두쇠일 뿐만 아니라 대금업자일 것이라고 추측한다. 그림 맨 앞쪽에 있는 투구며 갑옷이며 여러 물건들은 빚을 제때 갚지 못한 채무자들에게서 가져온 담보물이라는 것이다. 침상 앞에서 궤짝 속 돈자루에 금화를 넣고 있는 노인은 바로 건강하던 시절의 구두쇠일 것으로 추측된다. (그림 4) 그러면 그 돈자루를 들고 있는 조그만 짐승은? 바로 악마다. 악마가 들고 있는 돈자루에 금화를 넣는 것은 대금업의 이자로 돈을 불린다는 뜻이라는 해석이 많다. 중세적 시각으로 볼 때, 한 손에는 묵주를 든 채로 저 짓을 하고 있으니 더욱 괘씸한 일이다.

구두쇠의 병상 근처에도 조그만 짐승 같은 악마들이 맴돌고 있다. 그가 죽는 순간까지 회개하지 않게 만들어 그 영혼을 지옥에 끌고 가려고 획책하는 중이다. 다급해진 구두쇠의 수호천사는 그의 어깨를 붙잡고 창문에 걸린 십자고상을 가리킨다. 창문으로 들어오는 저 한 줄기 구원의 빛을 붙잡으라고, 어서 회개해서 스스로의 영혼을 구하라고 다그치는 중이다. 하지만 구두쇠는 제 버릇 뭐 못 준다고, 악마가 내미는 돈자루에 거의 본능적으로 손을 뻗치고 있다. 아마 그는 별수 없이 지옥행 특급열차를 탈 듯싶다.

5. 유대인이 대부업에 많이 뛰어든 이유는?

이렇게 대부업에 대한 시선이 여전히 부정적인 상황에서, 이 블루오션(?)에 적극적으로 뛰어든 것은 주로 유대인이었다. 그리스도교인들의 텃세로 다른 비즈니스에 종사하기가 쉽지 않았던 탓이다. 『베니스의 상인』에 나오는 샤일록도 포함해서 말이다.

유대인 역시 『구약성서』의 가르침을 따르는데, 이자를 받는 것이 찜찜하지 않았던 걸까? 역사학자 벤자민 넬슨의 책 『대금업^{usury}의 개념』(1949)에 따르면, 유대인은 '신명기'에서 "외국인에게는 변리를 놓더라도 같은 동족에게는 변리를 놓지 못한다"는 구절에 주목했다. "어렵게 사는 나의 백성" 또한 유대인만 가리키는 것으로 해석해서 동족인 유대인끼리만 이자를 안 받으면 된다고 본 것이다. 반면에 그리스도교인의 입장에서는 '하느님의 백성'이나 '형제'가 전 인류를 의미하기 때문에, 이들에게 이자를 받지 말라는 성경 구절은 곧 돈놀이

자체를 금지하는 것과 같았다.

그래서 16세기에 이르자 상업이 더욱 활발해지면서 자금에 대한 수요는 자꾸 증가하는데, 돈줄은 유대인이 틀어쥔 상황이 종종 나타나게 됐다. 『베니스의 상인』은 이런 상황에 대한 반감의 표현이라고 볼 수 있다.

마침내 프랑스의 장 칼뱅$^{\text{Jean Calvin, 1509~1564}}$ 같은 종교개혁가들이 이자 자체가 불법은 아니라고 말하기에 이르렀다. 영국에서는 헨리 8세 시대에 성공회가 가톨릭 대신 국교가 되고 또 칼뱅주의가 퍼지면서 1543년 이자가 합법화됐고, 대신 이자율의 상한선이 정해졌다. 이때부터 usury는 일반적인 대금업을 가리키기보다, 상한선보다 높은 이자율을 요구하는 고리대금업을 가리키는 말로 변하기 시작했다.

그러니까 『베니스의 상인』이 발표된 16세기 말 엘리자베스 1세 시대는 이자가 합법화된 지도 이미 반세기가 지난 후였다. 그럼에도 불구하고 안토니오는 샤일록이 이자를 챙기는 것에 욕을 퍼붓는다. 유럽인의 반유대주의와 함께, 그때까지도 이자와 대부업에 대한 반감이 쉽사리 사라지지 않은 것을 반영한 것이리라. 사실 칼뱅도 전문적인 대금업에 대해서는 탐탁지 않게 여겼다.

그러므로 이 시기 ─ 문화예술 면에서 르네상스 시대였고, 또한 종교개혁의 시대였던 16세기 ─ 는 이자에 대한 뿌리 깊은 부정적 견해와 새로운 긍정적 시각이 혼재하던 시기였다.

6. 마시스의 〈대부업자와 그의 아내〉에 담긴 복합적 시각

이런 상황을 보여주는 것이 르네상스 시대 플랑드르 지방의 화가 퀜틴 마시스^{Quentin Matsys, 1466~1530}의 작품(그림 5)이다. 이 그림의 제목은 〈환전상^{money changer}과 그의 아내〉라고도 하고 〈대부업자^{money lender}와 그의 아내〉라고도 한다. 이렇게 두 가지 제목이 있는 이유는 당시에 환전상이 대부업자를 겸하는 경우가 대부분이었기 때문이다.

그림 속 남자는 부지런히 각종 금화와 은화, 동전의 무게를 재고 있다. 당시 마시스가 살던 도시 안트베르펜은 유럽 상거래의 중심지였다. 따라서 각 지역에서 온 다양한 주화의 가치를 비교해서 교환 비율을 정할 필요가 있었다. 그림 속 남자 같은 환전상들은 저울과 확대경을 동원해 주화 속에 들어 있는 금·은·동의 함량을 재서 교환 비율을 정했다. 지금처럼 화폐의 가치가 화폐가 만들어진 재료의 가치와 아무 상관이 없어진 시대에는 물론 해당되지 않는 얘기다.

남자의 아내는 성모자가 그려져 있는 기도서를 넘기다가, 남편이 하는 일을 넘겨다보고 있다. 이 그림을 소장한 루브르 박물관의 설명에 따르면, 그녀는 지금 세속의 일에 마음을 빼앗기고 있는 것이다. 그녀의 뒤쪽 찬장에 있는 불 꺼진 양초가 그에 대한 경고의 메시지를 던진다. 불에 타서 줄어드는 양초처럼 인간의 생명이 유한하다는 것과, 인간이 죽으면 이러한 세속의 물질적인 일들이 모두 부질없다는 뜻이다. 또 찬장에 있는 금빛 사과는 최초의 여인 이브가 뱀에게서 받

〈그림 5〉 환전상과 그의 아내(1514), 퀜틴 마시스 작, 판자에 유채, 71×68㎝, 루브르 박물관, 프랑스 파리

은 사과, 즉 인간이 저지른 원죄를 상징한다. 역시 경고의 메시지를 주는 사물이다.

테이블에는 볼록거울이 하나 놓여 있어서 (그림 6) 환한 창문과 창가에 서 있는 한 남자를 압축적으로 보여주고 있다. 많은 미술사가들은 이것이 마시스에게 영향을 준 네덜란드 화가이자 유화의 개척자 얀 판 에이크$^{Jan\ van\ Eyck,\ 1390?\sim1441}$에 대한 오마주라고 본다. 판 에이크의 유명한 〈아르놀피니의 결혼〉(그림 7)에 나온 볼록거울을 따왔다는 것이다. 거울 속 남자는 바로 마시스 자신이라고 추측된다.

거울 속 화가는 환전상과 그의 아내에게, 테이블의 돈에서 시선을 돌려 창문으로 들어오는 빛과 하늘을 보라고 말하고 있는 것인지도 모른다. 지금 환전상은 주화와 보석을 저울로 재는 데 여념이 없고 아내도 그 일에 정신이 팔리고 있지만, 그 저울은 나중에 최후의 심판에서 이들의 영혼을 재는 데 쓰일 것이다. 천칭저울은 서양회화에서 전통적으로 최후의 심판을 상징하지 않는가.

16세기 플랑드르 지방과 그와 인접한 네덜란드에서는 이와 비슷한 그림들이 하나의 장르로 유행했다. 마시스보다 한 세대 후의 네덜란드 화가인 마리누스 판 레이머스발$^{Marinus\ C.\ van\ Reymerswaele,\ 1490\sim1546}$도 아주 비슷한 그림을 그렸다. (그림 8) 여러 미술사가들은 이 장르가 환전상 겸 대부업자의 탐욕과 어리석음을 조롱한 일종의 풍자화라고 보고 있다.

하지만 다른 견해도 있다. 에스파냐의 경제사상사 학자인 마누엘 산토스 레돈도는 그의 2000년 논문에서, 마시스나 판 레이머스발의

<그림 6> 마시스의 그림에서 테이블 부분 확대

〈그림 7〉 아르놀피니의 결혼(1434), 얀 판 에이크 작, 패널에 유채, 82.2×60cm, 내셔널 갤러리, 영국 런던

〈그림 8〉 환전상과 그의 아내(1540), 마리누스 판 레이머스발 작, 판자에 유채, 84×114cm, 팔라초 스트로치, 이탈리아 피렌체

그림 속 환전상과 그의 아내가 특별히 추악하거나 우스꽝스럽게 보이는지 반문했다. 사실 풍자화라기에는 너무나 점잖고 보기 좋게 묘사되어 있지 않은가? 그는 이 장르를 풍자화로 보는 것 자체가 미술사가들의 금융업에 대한 반감을 은연중에 반영하는 것이라고 본다. 이 그림들은 상업과 금융이 발달한 플랑드르와 네덜란드 지방에서 당시 활약하던 금융업자의 일상을 다룬 직업화일 뿐이라는 것이 그의 견해다.

환전상과 신앙심 깊어 보이는 여인이 부부로서 나란히 앉아 있는 것이 변화된 생각의 표현이라고도 볼 수 있다. 대부업을 포함한 금융업이 더 이상 그리스도교 교리와 상충되는 것이 아니라 공존할 수 있다는 생각 말이다. 물론 불 꺼진 양초나 저울의 등장은 물질적인 것에 지나치게 집중하지 말라는 경고도 겸한 것이라 볼 수 있지만.

그러니 이 〈환전상과 그의 아내〉 장르는 그림 자체나 그림의 해석에서나, 대부업 및 기타 금융업에 대한 당시와 현대의 복합적인 시선을 보여주는 것이라 할 수 있겠다.

7. 근대와 현대
– 이자는 부도덕한 불로소득이 아니다

현대 경제학의 바탕이 되는 18세기 고전파 경제학^{classical economics}의 시대에 이르러서 이자는 더 이상 부도덕한 불로소득으로 여겨지지 않게 되었다. 고전파 경제학의 창시자인 애덤 스미스[Adam Smith, 1723~1790]는 채권자가 돈을 빌려줌으로써 그 돈을 다른 데 써서 얻을 수 있는 이익을 포기하는 데 대해 채무자가 지불하는 대가가 이자라고 말했다.

또 19세기 말 오스트리아 학파에 속하는 경제학자 오이겐 폰 뵘 바베르크[Eugen von Böhm-Bawerk, 1851~1914]는 그의 저서 『자본과 이자』(1884~89)에서 이자를 시차설로 설명했다. 그에 따르면, 인간은 불확실성 등 여러 요인 때문에 현재의 재화를 그와 똑같은 미래의 재화보다 선호한다. 돈을 빌려주는 것은 선호하는 현재소비를 포기하고 미래소비를 위해 기다리는 것이니, 그 대가가 이자라는 것이다.

뵘 바베르크는 또 이자가 우회생산을 돕는다고 했다. 우회생산은 기계와 공장 설비 등의 생산수단을 먼저 만든 다음 그것을 이용해 하는 생산을 가리킨다. 이것이 설비 없는 즉각적 생산보다 생산성이 높지만, 그 장기간의 기다림과 불확실성 때문에 기피될 수도 있다. 이때 자본가가 우회생산을 택하도록 하는 인센티브가 이자라는 것이다.

위의 이론들에 대한 반론도 있다. 어쨌든 현대의 경제학자들이 대체적으로 동의하는 것은, 투자를 위한 자금 수요가 보유 자금을 불리고자 하는 욕망과 만나게 해서 경제활동을 활성화하는 존재가 바로 이자라는 것이다. 현실에서 사업 능력이 있고 투자를 원하지만 돈이 없는 A가 있고, 사업 수완은 없으나 돈이 있고 또 불리고 싶은 B가 있는 경우가 종종 있다. 이때 B가 A에게 돈을 빌려주도록 하는 유인이 이자다.

물론 B는 A에게 돈을 빌려주는 대신, 즉 채권을 구입하는 대신 A의 사업에 주주로 참가해 배당을 받을 수도 있다. 하지만 이 경우 사업이 망하면 책임도 함께 지거나 제한 없는 손해를 봐야 한다. 반면에 주주가 아닌 채권자의 손해는 제한되어 있다. 자본이 있으면서 덜 모험적인 사람이 어떤 사업에 자금을 제공하게 하는 것이 채권이라는 제도이며, 그 대가가 이자인 것이다.

그러나 이것이 세계 모든 지역에서 통용되는 생각은 아니다. 현대에도 이슬람 국가들은 이슬람 율법 샤리아^{Sharia}에 의거해서, 중세 유럽에서와 같은 이유로 이자를 받는 것을 금지한다. 그래서 이슬람 국가에서는 특이한 채권인 수쿠크^{Sukuk}를 발행한다. 이 채권은 이자 대신 배당금 형식으로 채권자에게 수익을 지급한다.

그리고 우리나라를 포함해 이자를 부도덕하게 보지 않는 국가들에서도 사채업 등 제3금융권의 높은 이자율이 논란이 되곤 한다. 종종 생계를 위해서나 절박한 사정으로 급전이 필요하지만 신용등급이 낮은 사람들이 있기 마련이다. 이들은 은행이나 제2금융권(은행을 제외한 제도권 금융기관)에서 돈을 빌릴 수 없어서 주로 제3금융권을 이용한다. 그런데 그 높은 이자율이 그들의 부담을 가중시켜서 사회적 문제를 일으키는 것이다.

따라서 흔히 대부업이라고 부르는 합법적인 사채업의 이자율을 국가가 어느 선까지 제한해야 하느냐를 놓고 논쟁이 벌어지곤 한다. 이자율 상한선을 너무 낮게 잡으면, 대부업자가 신용등급이 낮은 사람들에게 돈을 떼일 위험을 무릅쓰고 돈을 빌려줄 유인이 거의 없어지므로, 공급이 지나치게 줄어든다. 그 경우 급전이 필요한 사람들은 지하의 불법 사채업자들을 찾게 되고, 거기에서 오히려 약탈적인 고리를 물게 될 가능성이 크다. 반면에 이자율 상한선을 너무 높게 잡으면 돈이 급한 어려운 사람들에게 실질적인 도움이 되지 못한다.

이런 문제에서 보듯이 현대에도 이자는 도덕의 문제와 완전히 별개라고 볼 수 없는 것이다.

| 경제용어 3 | **이자율(Interest rate)**

원금에 대한 이자의 비율. 이자 산출 계산의 기초가 된다. 시장에서 이자율이 어떻게 결정되는지에 관해서는 여러 이론이 있는데, 대표적인 것이 대부자금설(loanable fund theory)과 유동성선호설(liquidity preference theory)이다.

대부자금설은 말 그대로 대부 가능한 자금, 즉 소비자의 저축과 기업의 사내유보이윤 등의 공급이 그에 대한 수요와 일치하는 지점에서 이자율이 결정된다는 이론이다. 이 이론은 고전파 경제학에서 생성됐다.

이에 반해서 20세기 영국의 경제학자 존 메이너드 케인스(John Maynard Keynes, 1883~1946)는 이자율이 대부 가능한 자금뿐만 아니라 전체 화폐에 대한 수요와 전체 화폐의 공급에 의해 결정된다고 했다. 그에 따르면, 화폐 수요는 사람들이 증권보다 화폐처럼 더 유동적인 자산을 가지려는 욕구에서 비롯되고 이것을 유동성 선호(liquidity preference)라고 한다. 그래서 이 이론을 유동성선호설이라고 한다.

대체로 현대의 경제학자들은 대부자금설과 유동성선호설이 서로 상충되는 것이 아니라 보완적인 것으로 보고 있다.

| 경제용어 4 | **수쿠크(Sukuk, 이슬람채권)**

이슬람 국가들이 이자를 금지하는 이슬람 율법을 어기지 않기 위해 특수하게 개발해서 발행하는 채권. 이 채권을 산 사람들은 이자가 아닌 배당금이나 임대료 형태로 수익을 받는다.

수쿠크의 한 구체적인 예로 이런 것이 있다. 한 이슬람 국가의 회사가 수쿠크를 발행하면서 그 회사 빌딩의 소유권을 수쿠크를 산 사람들에게 넘긴다. 그리고 회사가 그 빌딩을 계속 사용하면서 임차료 형태로 채권자들에게 수쿠크 수익을 지급한다. 즉 채권을 산 사람들은 이자 대신 임대료를 받는 것이다. 그리고 만기가 되면 회사는 수쿠크 원금을 상환하고 빌딩 소유권을 되찾는다.

수쿠크는 우리나라에서 쟁점이 된 적이 있다. 정부는 2009년 9월 수쿠크 거래를 위한 조세특례제한법 개정안을 제안했다. 앞서 말한 대로 수쿠크는 부동산 등 실물 거래를 낄 수밖에 없기 때문에, 다른 채권에서는 낼 필요가 없는 양도세 등 각종 세금이 붙게 된다. 반면에 달러 등 다른 외화 표시 채권은 면세 혜택을 받는다. 정부는 이것이 차별이라고 보고 수쿠크에 면세 혜택을 주는 개정안을 제안한 것이다. 달러 등에 지나치게 편중돼 있는 해외 자금 조달을 다변화하려는 목적도 있었다.

정부는 이 법안이 2010년 2월 임시 국회에서 통과되기를 원했다. 그러나 반대에 부딪혀 전체 회의 상정을 하지 못했다. 몇몇 전문가들은 어찌 됐건 실물 거래인데 수쿠크에만 각종 면세 특혜를 주는 것이 형평성에 맞지 않는다고 지적했다. 그리고 개신교계의 반대가 특히 격렬했다. 이슬람 우대로 인한 종교 차별이라는 주장이었다. 그래서 이 법안은 결국 무산되었다.

Part_3
여왕은 지구본 위에 손을 얹었다
― 대항해 시대와 중상주의

1. 엘리자베스 1세가 손을 뻗친 지구본의 지역은?

 엘리자베스 1세$^{\text{Elizabeth I, 1533~1603}}$는 유럽의 변방에 불과했던 영국을 열강의 지위로 이끈 탁월한 군주였을 뿐만 아니라 그 업적을 국민에게 선전하는 데에도 또한 뛰어난 군주였다. 그녀는 일찍이 프로파간다의 중요성을 간파하고 자신의 초상화를 대국민 홍보 수단으로 적극 활용했다. 이를 단적으로 보여주는 게 위풍당당하기 짝이 없는 〈아르마다 초상화〉(그림 1)다.

 일단 눈에 들어오는 것은 여왕의 화려한 차림이다. 머리에는 물방울 모양 진주가 빛나고, 가슴에는 진주 목걸이가 겹겹이 드리워졌다. 소매와 스커트의 금빛 자수 위에도 굵은 진주가 알알이 박혀 있다. 여기에 에메랄드와 루비로 장식된 붉은색과 녹색의 리본이 어우러졌고, 정교한 레이스로 만들어진 러프 칼라와 커프스가 더해졌다. 여왕은 왕실 살림을 검소하게 한 편이었지만, 의상은 이렇게 극도로 장려하게 해서 보는 사람들의 경외감을 유도했다고 한다. 특히 진주 장신구를 즐겨 걸쳤는데, 진주는 순결을 상징해서 '버진 퀸$^{\text{The Virgin Queen}}$' ●

● 버진 퀸: '버진 퀸(The Virgin Queen)'은 흔히 '처녀 여왕'으로 번역된다. 하지만 '동정(童貞) 여왕'이라고 번역해야 당시 영국인들이 이 별명에 대해 가졌던 느낌을 더 제대로 살릴 수 있다. 한국어에서 '동정녀'라고 할 때는 주로 일반적인 처녀보다 성모 마리아를 가리키듯이, 영어에서도 virgin이 아닌 the Virgin이라고 할 경우 성모 마리아를 가리킨다. 여왕은 성모처럼 신성하고 존경받는 국모로서 자신의 이미지를 구축하고자 한 것이다.

<그림 1> 엘리자베스 1세의 아르마다 초상화(1588년경), 작자 미상, 개인 소장

〈그림 2〉 〈아르마다 초상화〉의 지구본 부분 확대

이라는 그녀의 별명에도 잘 맞았기 때문이다.

여왕의 뒤로 두 개의 창문이 보인다. 사실 이 창문 너머 광경들은 서로 다른 시간대에 벌어진 일들이다. 왼쪽은 '무적함대'라는 별명으로 불리던 에스파냐의 아르마다^{Armada}가 영국 함대와 대치하고 있는 장면이다. 당시 바다의 제왕이었던 에스파냐는 아메리카와의 교역을 선점해 번영을 누리고 있었는데, 떠오르는 세력인 영국이 교역을 방해하자, 1588년 영국을 침공하러 온 것이었다. 영국은 기동력 좋은 배와 장거리 함포로 맞섰고, 화공법을 써서 에스파냐 함대에 치명타를 가했다. 결국 이름답지 않게 패퇴하던 무적함대는 폭풍까지 만나 극심한 피해를 입었다. 오른쪽 창문은 바로 이 장면을 나타낸 것이다. 엘리자베스 1세가 아버지 헨리 8세에 이어 꾸준히 해군력을 증강해 온 결과였다.

당대의 최강대국 에스파냐를 물리친 여왕은 당당하게 글로브^{globe}, 즉 지구본 위에 손을 올려놓고 있다. 이제 단지 영국의 여왕일 뿐만 아니라 글로벌 리더라고 자부하고 있는 듯하다. 잘 보면 그녀의 손이 아메리카 대륙을 덮고 있다. (그림 2) 바다의 새로운 강자로 떠오른 영국이 대서양 너머 '신대륙'에 본격적으로 힘을 뻗칠 것을 암시한 것이다. 이 그림을 본 당시 영국 국민들은 국가에 대한 자랑스러움과 여왕에 대한 존경심이 솟아오르지 않을 수 없었으리라. 탁월한 대국민 홍보물이다.

〈아르마다 초상화〉는 당대 유럽의 정치·경제·사회 상황을 압축적으로 보여주는 시각적 사료라고 할 만하다. 이 그림은 국왕에 대한 충성과 애국심을 고취하려는 의도가 명백한데, 그만큼 당시가 중앙집권적인 통일국가와 절대군주제의 시대였다는 것을 방증한다. 분권적인 중세 봉건사회에서는 국가나 애국심 등에 대한 개념이 거의 없지 않았던가.

또 창문 너머 보이는 영국과 에스파냐의 범선들은 당대가 '대항해 시대(포르투갈어로 Era das Grandes Navegações)'●였음을 보여준다. 포르투갈, 에스파냐, 나중에는 영국 등 유럽 열강이 항해를 통해 신세계를 발견하고(그 세계에 원래부터 살던 사람들에게는 매우 못마땅한 표현이지만), 그에 대한 패권을 놓고 다투던 시대 말이다.

2. 초상화 속의 지구본, 지구본 속의 '신대륙'

〈아르마다 초상화〉에서 특히 주목할 것은 지구본, 즉 지구를 본떠 구체 위에 나타낸 세계지도다. 세계지도는 고금을 막론하고 지역·국가 간 외교 및 헤게모니와 떼어놓을 수 없는 존재다. 왜 한국과 일본이 다른 나라의 세계지도에서 독도가 어떤 이름으로 표기되는지에 민감한지는 굳이 설명할 필요도 없을 것이다.

지구본은 15~16세기 유럽에서 본격적으로 만들어지기 시작했다. 현존하는 가장 오래된 지구본은 독일의 항해가 마르틴 베하임^{Martin}

● 대항해 시대: 영어로는 'Age of Discoveries(발견의 시대)'라고 한다. 비유럽 세계를 유럽에 의해 '발견'되는 타자로 보는 유럽중심주의적 시각이 강한 말이다.

〈사진 3〉 현존하는 가장 오래된 지구본(1492), 마르틴 베하임 작, 게르만 국립박물관, 독일 뉘른베르크, 사진 출처: Wikimedia Commons

Behaim, 1459~1507이 1492년에 뉘른베르크에서 만든 것이다. (사진 3) 그때까지만 해도 유럽인은 아메리카의 존재를 몰랐기 때문에 이 지구본에는 아예 빠져 있다.

이탈리아의 항해가 크리스토포로 콜롬보크리스토퍼 콜럼버스, Christopher Columbus, 1451~1506가 에스파냐 선단을 이끌고 아메리카를 '발견'한 게 바로 1492년이었다. 콜럼버스 자신도 그게 신대륙인 줄은 몰랐고, 지구를 빙 돌아 도달한 아시아의 일부라고 죽을 때까지 잘못 알고 있었지만 말이다. 10년 뒤인 1502년 아메리고 베스푸치Amerigo Vespucci, 1454~1512의 항해 이후부터 비로소 이곳이 신대륙이라는 인식이 퍼지기 시작했고, 아메리고의 이름을 따서 '아메리카'라고 불리게 됐다.

그와 함께 지구본은 유럽 권력자들의 초상화에 집중적으로 나타나기 시작한다. 그중에서 특히 유명한 그림은 〈아르마다 초상화〉보다 50여 년 앞서 그려진 〈대사들〉(그림 4)이다. 북부 르네상스 초상화의 대가인 한스 홀바인 2세Hans Holbein the Younger, 1497~1543가 그린 작품이다

3. 지구본이 등장하는 유명한 그림, 홀바인의 〈대사들〉

홀바인은 고향인 독일이 종교개혁의 혼란에 휩싸여 활동이 어려워지자 영국으로 와서 헨리 8세의 궁정 화가로 활약했다. 그가 있는 동안 영국 초상화는 사실적이고 생동감 있고 정교한 묘사에 있어서 홀

〈그림 4〉 대사들(1533), 한스 홀바인 2세 작, 오크 패널에 유채, 207×209.5cm, 내셔널 갤러리, 영국 런던

〈그림5〉〈대사들〉의 해골 부분을 측면에서 보았을 때의 모습. 정면으로 보았을 때 일그러지게 보였던 해골의 형태가 제대로 보인다.

쩍 진보했다. 하지만 그가 사망한 뒤 다시 제자리로 돌아갔다. 엘리자베스 1세의 초상이 (당대 영국 최고의 화가가 그렸을 것인데도 불구하고) 한 세대 전에 그려진 아버지 헨리 8세의 초상이나 〈대사들〉보다 더 오래된 것처럼 보이는 이유는 그 때문이다.

〈대사들〉은 당시 영국에 와 있던 외교관들의 초상화다. 왼쪽에 있는 장 드 댕트빌$^{\text{Jean de Dinteville, 1504~1557}}$이 이 그림을 주문했다고 한다. 그는 프랑스 국왕 프랑수아 1세가 영국의 헨리 8세와 로마 가톨릭교회의 화해를 주선하기 위해 파견한 인물이었다. 당시 헨리 8세는 에스파냐 공주 캐서린과 이혼하고 시녀 앤 불린과 결혼하는 세기의 스캔들을 일으켜서 (이 결혼으로 엘리자베스 1세가 태어났다.) 이를 반대한 교황과 사이가 틀어진 상태였다.

드 댕트빌의 임무는 결국 실패로 끝났다. 이 초상화가 그려진 이듬해, 헨리 8세는 로마 가톨릭과 완전 결별을 선언하고 성공회를 주창하는 종교개혁을 벌였으니까. 그나마 영국에 온 덕분에 홀바인을 만나 서양 미술사에서 손꼽히는 중요한 그림의 주인공이 됐으니, 한 가지 소득은 있었다고 해야 할까? 한편 그림 오른쪽의 조르주 드 셀브는 드 댕트빌의 친구이자 프랑스 라보르의 주교였다. 당시 두 사람의 나이는 20대 중후반이었다고 한다. 적어도 초상화에 묘사된 얼굴로 봐서는 어려 보여서 얕잡힐 일은 없었을 것 같다.

〈대사들〉에서 늘 화제가 되는 것은 하단에 있는 해골이다. 커다랗게 그려져 있는데도 불구하고, 형태가 길쭉하게 일그러져 있어서 얼핏 놓치고 지나가기 쉽다. 그림을 측면에서 비스듬하게 봐야만 해골이 제대로 된 모습으로 보인다. (그림 5) 이것을 아나모르포시스^{Anamorphosis} 혹은 왜상(歪像) 기법이라고 한다.

대체 왜 홀바인은 섬뜩하고 불길한 해골을 초상화에 집어넣었을까? 주문자인 드 댕트빌이 재수 없다고 싫어하지 않았을까? 그렇지 않았다. 당대 유럽에서는 그를 포함한 많은 사람들이 '메멘토 모리$^{Memento\ Mori}$', 즉 '죽음을 기억하라'라는 라틴어 경구를 모토로 삼고, 죽음을 상징하는 해골을 그림이나 장신구에 넣어달라고 주문하곤 했으니까. 인간이면 누구나 언젠가는 죽어야 하니, 이승의 부귀영화에 집착하지 않고 덕을 쌓고 또 일분일초를 소중히 해야 한다는 의미를 되새기기 위해서였다. 유럽 미술의 '메멘토 모리' 전통에 대해서는 할 이야기가 많지만, 이제 두 외교관 사이 2단 탁자에 있는 지구본과 다양한 물건들에 집중하도록 하자.

4. 천문 관측 기구와 지구본이 대항해 시대를 증언

그림 〈대사들〉에 등장하는 다양한 물건들은 두 외교관의 지위를 보여주기 위해, 또 이들이 영국에 온 의도를 암시하기 위해 치밀하게 선택된 것들이다. 탁자 상단은 당대의 대표적 사치품인 서아시아 융단으로 덮여 있는데, 두 사람의 옷에 달린 모피와 더불어 그들의 부귀를 드러내고 있다. 탁자 하단에 있는 기타 비슷한 악기는 류트인데, 잘 보면 줄이 하나 끊어져 있다. 종교개혁으로 탄생한 프로테스탄트 신교와 구교인 로마 가톨릭이 대립하며 불협화음을 내고 있다는 뜻이다. 류트 앞에 펼쳐진 책에는 흥미롭게도 루터파 신교의 찬송가 악보가 그려져 있다. 가톨릭 국가인 프랑스에서 온 대사들이 화해의 제스처를 보내는 것으로 해석되기도 하지만 정반대 해석도 있다.

더욱 주목할 것은 탁자 상단에 있는 천문 관측 기구들과 탁자 하단의 지구본이다. 상단 맨 왼쪽에 있는 것도 얼핏 지구본 같지만 이것은 천구의, 즉 구체 위에 나타낸 별자리 지도다. 상단 맨 오른쪽에 있는 것은 토르케툼^{Torquetum}, 별의 위치를 측정하는 기구다. 그 사이에는 원기둥 형태의 휴대용 해시계, 하얀 부채꼴의 사분의(천체의 고도를 측정하는 기구), 다면체 해시계 등등이 놓여 있다. 모두 수학과 천문학을 통해 시간과 장소를 측정하는 도구로서 여행자, 특히 항해하는 사람들에게 필요한 것들이다. 그러니 두 외교관의 학식과 직업을 나타내는 동시에, 당대가 활발한 항해의 시대인 것까지 드러내는 것이다. 탁자 하단에 있는 지구본과 수학 책도 마찬가지다.

지구본 부분을 거꾸로 돌려서 확대해보면 (그림 6) 해골의 아나모르포시스를 볼 때와 마찬가지로 홀바인의 정교한 묘사에 혀를 내두르게 된다. 지구본에 나타난 것이 지중해를 중심으로 한 유럽과 아시아, 아프리카 대륙임을 쉽게 알 수 있다. 게다가 대서양과 아메리카의 일부도 보인다. 〈대사들〉 그림보다 40여 년 전에 만들어진 베하임의 지구본에는, 앞서 언급한 것처럼 아메리카가 아예 빠져 있었다. 반면에 〈대사들〉 이후 50여 년이 흐른 뒤에 그려진 엘리자베스 1세의 〈아르

〈그림 6〉 〈대사들〉의 지구본 부분

마다 초상화〉에서는 지구본이 아메리카를 전면에 내세운다. 그 사이에 얼마나 많은 항해와 탐사가 이루어졌던가. 여왕이 손으로 덮은 북아메리카 동부의 한 지역은 나중에 여왕의 별명 '버진 퀸'을 따서 버지니아^{Virginia}라고 불리게 된다.

이처럼 지구본과 함께 있는 유럽 권력자들의 초상화는 대항해 시대의 시각적 증언이다. 나아가, 대항해를 지원하면서 더 적극적인 무역에 눈을 뜬 군주들이 경제적 중상주의^{mercantilism}를 추진하는 시대를 암시하기도 한다.

5. 대항해 시대가 낳은 활발한 교역과 중상주의

중상주의는 통일되고 체계화된 경제 이론은 아니었다. 16~18세기 절대왕정 국가들의 지도자들과 상인들이 국부^{國富}에 대해 대강 지녔던 생각을 종합한 것이다. 이것을 철학자들이 옹호하거나 반박하는 과정에서 근대적인 경제학이 성립하게 됐다. '중상주의'라는 용어 자체도 막상 그런 생각을 지닌 사람들이 사용한 게 아니라, 18세기 후반 애덤 스미스 같은 근대경제학자들이 그 생각을 비판하면서 사용하기 시작한 것이다. 그렇다면 중상주의적 생각은 과연 어떤 것이었을까?

당시 절대군주들, 경제관료들, 무역상들은 한 국가의 부유한 정도는 그 국가가 보유한 금, 은 등의 귀금속 양에 달려 있다고 생각했다. 그래서 언제나 수입보다 수출을 많이 해서 그 대금인 금·은 화폐가 계속 유입되도록 해야 한다고 생각했다. 그들에게 세계의 부의 총량은 고정되어 있고 국제교역은 어디까지나 제로섬 게임$^{zero-sum\ game}$ ● 이었다. 무역흑자를 보는 나라가 있으면 적자를 보는 나라가 있을 테고 그것은 무조건 손해로 간주되었으니 말이다.

이와 관련해서 영국 동인도회사$^{East\ India\ Company}$의 이사이자 무역상으로 성공한 토마스 먼$^{Thomas\ Mun,\ 1571-1641}$은 이런 말들을 했다.

"외국과의 무역으로 국부와 재물을 늘리는데, 여기서 우리가 잊지 말아야 할 규칙은, 가치로 따져서 매해 우리가 이방인의 것들을 소비하는 것보다 그들에게 더 많이 팔아야 한다는 것이다."

"재물을 획득하는 수단이 국제무역밖에 없다는 것을 판단력이 있는 사람이면 그 누구도 부인하지 않으리라. 우리나라에는 교역을 할 수 있는 금광이 없기 때문이다."

중상주의자들은 무역흑자를 지속하기 위해서는 국가가 나서서 자국의 제조업과 상업을 육성할 필요가 있다고 생각했다. 빠른 성장을 위해 선택된 제조업자와 상인들은 독점권이나 보조금 등의 특혜를 받았다. 그 한 예가 무역독점권을 부여받은 동인도회사인데, 이들은 그 답례로 왕실에 충성해서 절대군주의 위엄을 더욱 돋보이게 했다.

무역흑자를 유지하기 위해 중상주의자들이 또 하나 중요하게 생각

● 제로섬 게임: 게임에 참가하는 이들 중 승자가 되어 얻는 이득과 패자가 되어 잃는 손실의 총합이 0(zero)이 되는 게임을 가리킨다.

<그림 7> 빌라 메디치와 항구 풍경(1637), 클로드 로랭 작, 캔버스에 유채, 102×133㎝, 우피치 미술관, 이탈리아 피렌체

한 것은 식민지였다. 본국의 공산품을 수입하는 시장인 동시에, 본국 제조업에 필요한 원료를 공급하고, 때로는 광산을 통해 부의 척도인 금·은 등을 직접 공급해주니 말이다. 물론 식민지 원주민의 복지는 그들에게 전혀 중요하지 않았지만.

당시 바다를 가로지르던 무역상들은 식민지를 착취하는 데에는 별 죄책감을 느끼지 못하는 한편, 자신들이 국가와 군주의 권위를 드높이는다는 자부심에 가득 차 있었다. 그들은 자신의 생활과 밀접한 항구 풍경을 화가들에게 주문했고, 이것이 하나의 그림 장르로 굳어졌다.

고전주의적 풍경화의 대가인 프랑스의 클로드 로랭$^{Claude\ Lorrain,}$ $^{1600~1682}$은 이 장르에 특히 뛰어났다. 그의 〈빌라 메디치와 항구 풍경〉(그림 7)을 보자. 왼쪽에 웅장한 돛대의 배가 정박해 있고 해안에는 선원과 상인들이 분주하게 움직이고 있다. 일출 또는 일몰 무렵인지 저 멀리 수평선 위에 걸쳐진 해에서 빛이 퍼져 나오면서 그림에 깊이 있는 원근감을 준다. 또 이 햇빛은 그림 오른쪽의 단아한 건물들과 함께 이 항구와 상선들에 숭고하고 기품 있는 분위기까지 부여한다.

6. 프랑스의 콜베르, 강력한 중상주의와 보호무역을 추진

중상주의 정책은 프랑스 루이 14세$^{Louis\ XIV,\ 1638~1715}$ 때의 관료인 장 바티스트 콜베르$^{Jean-Baptiste\ Colbert,\ 1619~1683}$에 의해 특히 힘을 발

휘했다. 그는 재무 장관인 동시에 해군 장관이었는데, 그것만 보더라도 당시 경제 정책에서 해상무역이 얼마나 중요했는지 알 수 있다.

베르사유에 걸린 앙리 테스틀랭$^{Henri\ Testelin,\ 1616~1695}$의 거대한 집단 초상화(그림 8)에서 콜베르의 모습을 볼 수 있다. 그는 화면 중앙에 앉아 있는 루이 14세의 오른팔 위치에 서서 왕립과학원 회원들을 소개하고 있다. 훈장을 단 위풍당당한 모습이다. 절대주의와 중상주의 시대 권력자들의 초상화답게 거대한 천구의와 지구본, 지도들이 이 그림에도 빠지지 않는다.

콜베르는 무역흑자를 내기 위해 자국 업체들이 경쟁력 있는 상품을 만드는 것이 중요하다고 생각했다. 그래서 전문 기술을 가진 외국 근로자들의 유입을 환영했고, 반대로 자국 기술의 유출은 엄금했다. 그리고 몇몇 제조업체와 무역업체들에 특혜를 주어 집중적으로 키워서 외국 기업에 앞서도록 만들려 애썼다. 상품의 품질을 위해 군소업체들이 상품 제조에 뛰어드는 것을 규제했고, 완성된 상품의 품질 규정과 심사도 엄격히 했다. 또 철도와 운하 등의 교통망을 정비하기도 했다.

그의 정책은 프랑스 경제 발전에 기여한 측면이 많았다. 그러나 특혜와 진입 규제는 특혜 바깥에 있는 업체들의 불만을 낳았고 자유로운 경쟁의 기회를 줄였다. 이것이 궁극적으로는 콜베르의 의도와는 달리 자국 산업의 경쟁력을 저하시켰다고 18세기 고전파 경제학자들은 지적한다.

콜베르는 또 자국 산업 보호를 위해 외국에서 수입된 상품에 높은

<그림 8> 왕립과학원의 회원들을 루이 14세에게 소개하는 콜베르(1667), 앙리 테스틀랭 작, 캔버스에 유채, 348×590㎝, 베르사유 궁전, 프랑스 베르사유

관세를 매기는 보호무역^{protective trade} 정책을 취했다. 그러자 다른 나라들도 이에 맞서 프랑스 상품에 관세를 매겼다. 이 관세 전쟁은 17세기 말 네덜란드 전쟁을 초래했고, 콜베르는 국부를 위해 열심히 축적한 금·은이 전쟁 자금으로 나가는 걸 보아야 했다.

7. 중상주의에 대한 비판과 재평가, 그리고 한국의 경우

중상주의의 문제는 이것만이 아니었다. 천연자원과 노동력을 헐값에 제공해야 했던 식민지 주민들은 말할 것도 없고, 유럽의 서민들 또한 중상주의의 폐해를 겪어야 했다. 제조업의 경쟁력을 위해 낮은 임금을 강요받았고, 반면에 물건을 살 때는 경쟁이 없이 독점적으로 공급되는 상품을 비싼 값에 사야 했다. 중상주의가 추구한 국가의 부는 결코 일반 국민의 부가 아니었다. "짐이 곧 국가다"라고 외친 프랑스의 루이 14세 같은 절대군주의 부, 또 그에게 충성하고 특혜를 받은 소수의 부였을 뿐이었다.

더구나 중상주의자들이 추구한 지속적인 무역흑자는 자기모순을 지니고 있었다. 스코틀랜드의 철학자로서 애덤 스미스에게도 영향을 미친 데이비드 흄^{David Hume, 1711~1776}은 무역흑자로 금·은 화폐가 계속 유입되면 물가가 오를 것이고, 그러면 수출 가격이 올라서 수출 경쟁력이 떨어질 텐데, 어떻게 무역흑자를 지속할 수 있느냐고 일침을

놓았다.

훗날 스미스 등 고전파 경제학자들은 중상주의 무역 정책을 비판하면서, 무역은 제로섬 게임이 아니라 윈-윈 게임$^{win-win\ game:\ 참가자들이\ 모두\ 이득을\ 보는\ 게임}$이라고 역설했다. 즉 자유로운 무역$^{free\ trade}$이 효율적인 국제 분업을 가져와 각국의 소비자들이 다양한 물건을 더 싼 값에 살 수 있게 해준다는 것이다. 이러한 자유방임주의 경제학에 밀려 중상주의는 점차 쇠퇴했다.

그렇다면 중상주의는 완전히 낡은 사상일까? 이제 국가의 부의 척도가 금·은이라고는 생각하는 사람은 많지 않을 것이다. 하지만 콜베르의 부국 정책은 어디서 많이 들어본 소리로 들린다. 바로 '한강의 기적$^{Miracle\ on\ the\ Han\ River}$'을 이룬 한국의 1960~70년대 경제 발전 모델이 콜베르의 정책을 닮은 데가 많다. 이런 모델은 경제가 일정 수준에 이른 지금의 한국에서는 더 이상 적용되지 않는다. 그러나 이 모델이 과거 한국의 경제 도약에 효과적이었고, 그러므로 한 국가가 개발 도상 단계에 있을 때는 중상주의적 정책이 필요하다고 보는 학자들이 있다. 물론 그에 반대하는 학자들도 있어서 논쟁이 지속되고 있다.

한국인으로서 영국에서 주로 활동하는 동시대 경제학자 장하준 같은 경우에는, 미국과 서유럽이 지금의 경제선진국 위치에 올라선 것도 결국 자유경쟁 시장 덕분이 아니라 보호무역과 정부 주도 개발의 중상주의적 정책 덕분이라고 본다. 그러므로 이들 선진국이 개발도상국들에 자유무역과 시장 자유주의를 설파하는 것은 '사다리 걷어차기'와 같은 짓이며, 이들 선진국은 성경에서 부상자를 구해주는 '착한 사마리아인'과 정반대로 '나쁜 사마리아인들' 같다는 게 그의 주장이다. 이렇게 중상주의와 자유방임주의의 전쟁은 아직 끝나지 않은 셈이다.

　여기에 사회주의까지 가세하면 문제는 아주 복잡해진다. 중상주의적 경제 정책에서 벗어난 지가 그리 오래되지 않은 한국에서는 경제적 보수주의자와 진보주의자를 구분하기 애매할 때가 있다. 미국이나 서유럽의 경우는 명확한 편이다. 보수주의자는 '작은 정부'와 자유방임주의에 바탕을 둔 시장경제를 지향한다. 그에 맞서는 진보주의자는 적극적인 정부 개입과 사회주의를 가미한 정책을 지지한다. 그러나 한국의 경우 과거 경제 정책이 정부 주도의 중상주의와 자유시장주의가 혼합된 것이다 보니, 특정 부분에서의 진보적 개혁, 이를테면 흔히 재벌이라고 하는 한국적 대기업 집단을 개혁하는 것은 그 형태에 따라 사회주의적 전환이라기보다 오히려 자유주의의 강화일 수 있다. 그러니 이런 식의 재벌 개혁을 지지할 경우 보수인가, 진보인가?

　이에 대해서 이미 많은 국내 학자들이 논쟁을 벌이고 있다. 이것을 본격적으로 논하려면 따로 책 한 권이 있어야 할 것이다. 그러니 여기서는 그런 논란이 있다는 점을 언급만 하고 이만 넘어가겠다.

경제용어 5 | 무역수지(balance of trade)

일정 기간 동안의 상품 수출액과 상품 수입액의 차이. '상품수지'라고도 불린다. 상품 수출이 수입을 초과하는 상태를 무역흑자(trade surplus)라 하고, 반대로 수입이 수출을 초과하는 상태를 무역적자(trade deficit)라고 한다.

무역수지와 무역외수지를 합해 경상수지(current account balance)라고 한다. 무역외수지는 ①관광, 교육, 의료, 지적재산권 등 서비스로 벌어들이는 액수와 지출하는 액수의 차이인 서비스수지, ②임금, 이자 등 노동과 자본의 이용 대가로 유입되는 액수와 유출되는 액수의 차이인 소득수지, ③대가 없이 제공되는 무상원조, 교포 송금 등의 유입과 유출 차이인 경상이전수지로 나뉜다. 현대에는 서비스수지 등 무역외수지의 규모와 중요성이 증가했으나 과거에는 상품수지, 즉 무역수지만이 관심사였다.

16~18세기 중상주의자들은 한 국가가 부를 축적하기 위해서는 계속해서 무역흑자를 유지해야 한다고 보았다. 무역흑자를 지속하는 궁극적인 방법은 식민지 건설이었다. 식민지는 본국의 공산품을 수입하는 시장인 동시에 천연자원, 특히 중상주의자들에게 부의 척도로 여겨진 금·은 귀금속을 수출하는 원료 공급지였다. 반면에 18세기 중반 이후 고전파 경제학자들은 무역수지를 흑자 상태로만 유지할 필요가 없다고 했다. 오히려 흑자만 지속하는 것은 그만큼 화폐를 쌓아놓기만 하고 진정으로 국부를 증가시킬 수 있는 상품을 수입하는 데 쓰지 않는다는 것이므로 바람직하지 않다고 했다. 이를 바탕으로 자유무역(free trade)이 점차 지지를 받게 되었다.

현대에 무역적자는 대개 그 나라 통화의 평가절하를 가져온다. 이렇게 되면 자국 상품이 해외시장에서 상대적으로 값이 싸져서 경쟁력을 지니므로 수출이 증가하는 경우가 많다. 이 과정에서 무역적자는 자연스럽게 사라지게 된다. 그러나 무역수지가 만성적으로 적자를 보이는 경우도 있으므로, 각국은 여전히 수지 균형에 민감하다.

| 경제용어 6 | **동인도회사**(East India Company)

17세기 초 영국, 네덜란드, 프랑스 등이 각각 동양 무역을 위해 조직하고 독점권을 부여한 무역회사들의 통칭. 유럽 중상주의의 상징과도 같다. 중상주의자들의 지상 목표는 무역으로 금·은 화폐를 축적하는 것이었고, 이를 실현하는 가장 좋은 방법 중 하나가 인도와 동남아시아에서 후추 등 향신료를 사들여 다른 유럽 국가에 비싸게 팔아 수익을 남기는 것이었다.

16세기에는 에스파냐와 포르투갈이 동인도 향신료 무역을 독점해 막대한 부를 축적했다. 그러나 1588년 영국이 에스파냐의 무적함대를 격파하고, 영국과 네덜란드가 새로운 항로를 개척하면서 이들에게도 향신료 무역의 길이 열렸다. 그런데 여러 회사가 무역에 참여하면서 경쟁이 치열해지고 향신료의 가격이 폭락했다. 그러자 영국, 네덜란드, 프랑스는 각각 1600년, 1602년, 1604년에 국가가 독점무역권을 부여한 동인도회사를 출범시켰다.

이들 동인도회사는 인도와 동남아시아의 여러 지역을 정복하고 직접 지배 또는 그 지역의 지배세력을 통한 간접 지배를 행했다. 특히 영국 동인도회사는 인도에서 프랑스 동인도회사와 격렬하게 다투어 승리한 후 인도 무역을 거의 독점하고 동시에 인도의 식민지화를 추진했다. 그러나 18~19세기 들어서 자유방임적인 시장경제가 확대되고 독점무역권에 대한 비난이 일어나면서 동인도회사는 하나둘 해체되고 식민지 지배권은 본국 정부에 귀속되었다.

Part_4

네덜란드 황금시대의 '튤립 광풍'

－투기와 버블의 역사

1. 가장 희귀하고 비싼 튤립의 황제 '셈페르 아우구스투스'

루이스 캐럴의 동화 『이상한 나라의 앨리스』(1865)에는 하얀 장미를 페인트로 빨갛게 칠하는 정원사들이 나온다. 그들은 서로 말다툼하다가 한 명이 다른 한 명에게 이렇게 소리친다.

"하트의 여왕님이 네 목을 댕강 잘라 마땅하다고 하시더라… 네가 요리사에게 양파 대신 튤립 알뿌리를 갖다 줬기 때문이지."

어릴 때 이 부분을 읽고는 튤립 구근이 정말로 양파같이 생겼는지 굉장히 궁금했다. 나중에 볼 기회가 있었는데, 과연 누렇고 둥근 모습이 겉껍질을 벗기지 않은 양파와 비슷해서 고개를 끄덕였다. 그리고 더 나중에 19세기 스코틀랜드의 언론인 찰스 매케이$^{\text{Charles Mackay, 1814~1889}}$가 쓴 고전 『대중의 미망과 광기』(1841)를 읽고는 다시 고개를 끄덕이게 됐다. '아하, 캐럴은 아마 이 책을 읽고 여기 소개된 튤립 알뿌리 사건을 패러디한 것이었겠구나' 하고.

매케이의 책에 나오는 에피소드는 다음과 같다. 1630년대에 한 네덜란드 상인이 동방무역을 도운 선원을 집에 초대해 청어 요리를 대접했다. 그런데 그가 잠시 자리를 비운 사이, 선원은 청어를 더욱 맛있게 먹겠다는 일념에서 상인의 책상에 놓여 있던 양파를 곁들였다. 돌아온 상인은 그가 양파를 먹는 것을 보고 '으헉!' 하며 뒷목을 부여

잡았다. 그것은 사실 양파가 아니라 어마어마하게 비싼 '셈페르 아우구스투스Semper Augustus'라는 품종의 튤립 구근이었기 때문이다. 상인은 선원을 고소했고, 선원은 양파인 줄 알고 튤립 알뿌리를 먹어치운 죄로 몇 달간 징역을 살아야 했다.

역시 남의 집에 가서 뭔가 먹을 때는 주인에게 먼저 물어보고 먹어야 하는 법. 하지만 대체 튤립 구근이 얼마나 비쌌기에 그걸 먹었다고 옥살이까지 하게 되나 궁금해지지 않을 수 없다. 매케이에 따르면 1633년에 셈페르 아우구스투스는 한 뿌리에 5,500플로린에 팔렸다고 한다. 황소 한 마리가 120플로린이었고, 돼지 한 마리가 30플로린이었던 시절이니 황소 46마리, 또는 돼지 183마리에 맞먹는 값이다! 게다가 1636년에는 12에이커(4.86헥타르), 즉 축구 경기장 6개 넓이의 땅과도 바꿀 수 없었다고 한다.

대체 어떻게 생긴 튤립이기에 이다지도 비싸고 이름까지 '셈페르 아우구스투스'인가? 그 이름은 라틴어로 '언제나 존엄한 이'라는 뜻으로서, 동로마제국 황제들에 대한 경칭이기도 했다. 17세기 네덜란드 화가인 한스 볼론기르Hans Gillisz. Bollongier, 1600~1645의 〈꽃 정물화〉(그림 1) 속에서 이 튤립의 귀하신 몸을 구경할 수 있다.

17세기 네덜란드는 유럽 교역의 중심지로서 '황금시대Dutch Golden Age'를 누리고 있었다. 이때 무역으로 목돈을 번 상인들은 앞다투어 풍경화와 정물화를 주문해 집을 장식했다. 덕분에, 르네상스 시대까지만 해도 주로 습작이나 인물화의 배경에 불과했던 풍경과 정물은, 독립된 그림 장르로서 17세기에 집중적으로 발전했다. 그러면서 꽃

〈그림 1〉 꽃 정물화(1644), 한스 볼론기르 작, 패널에 유채, 27×20.5cm, 프란츠 할스 박물관, 네덜란드 하를렘

정물화, 먹거리 정물화 등의 서브장르로 세분화되어 각 서브장르에 특화된 화가들이 생겨났다. 볼론기르는 꽃 정물화 전문 화가였다. 그는 네덜란드 꽃 거래의 중심지인 하를렘에서 활동했다.

이 시기 꽃 정물화의 관습은 가장 아름답고 값진 꽃을 맨 위쪽에 배치하고 전체적으로 원뿔형 구도가 되게 하는 것이었다. 볼론기르의 그림에서 맨 위쪽에 자리 잡은 것이 바로 튤립 중에서도 가장 희귀하고 비쌌던 튤립의 황제 셈페르 아우구스투스다. 흰 바탕에 진홍색 줄무늬가 타오르는 불꽃처럼 그려져 있어서 확실히 독특하고 강렬한 아름다움이 있다. 하지만 아무리 아름답다고 해도 튤립 한 뿌리가 그렇게 비쌀 수가?

2. 튤립 투기의 전개
- 포트의 그림 속 질주하는 바보들의 수레

튤립은 16세기 중반에 오스만튀르크 제국에서 유럽으로 처음 들어왔다. 요즘은 튤립 하면 먼저 떠오르는 나라가 네덜란드지만, 사실 네덜란드에 튤립이 들어온 지는 몇백 년 안 되는 셈이다. 이때 네덜란드의 귀족과 성공한 상인들은 그림을 사들이는 것 외에도 고급스러운 정원 가꾸기로 부와 교양을 과시하고 있었다. 그들의 럭셔리 정원에 튤립은 안성맞춤이었다. 물 건너온 이국적인 꽃인 데다가, 꽃봉오리는 왕관을 닮았고 쭉 뻗은 잎사귀는 귀족의 검을 닮아서 기품 있는 꽃으로 여겨진 것이다. 이 동방에서 온 명품을 가져야 교양인의 축에 빠지지 않을 정도였다. 그래서 처음에는 꽃 자체에 대한 인기와 그 희소성으로 가격이 상승했다.

곧이어 튤립 값이 더 오르리라는 생각에서 차익을 보기 위해 튤립을 사들이는 사람들이 나타났다. 그 때문에 1630년대 들어서는 셈페르 아우구스투스를 비롯한 희귀한 줄무늬 튤립의 가격이 비정상적으로 치솟기 시작했다. 그러자 튤립 값이 계속 오를 것이라는 기대로 사람들이 신분, 직업을 막론하고 너도나도 튤립을 사들이기 시작했다. 매케이에 따르면 당시 최저 소득층인 "굴뚝청소부까지 튤립 투기에 나섰다"는 것이다. 덕분에 그 가격은 더욱 미친 듯이 올랐다.

이 상황을 풍자한 네덜란드 화가 헨드리크 포트$^{\text{Hendrik Gerritsz Pot,}}$ $^{1580~1657}$의 그림 〈플로라와 바보들의 수레〉를 보자. (그림 2) 돛을 단 커다란 수레가 바람을 안고 해변을 달려간다. 수레 위 높은 자리에는 튤립이 그려진 깃발이 휘날린다. 거기에 로마 신화의 꽃의 여신 플로라^{Flora}가 값비싼 줄무늬 튤립을 한 아름 안고 앉아 있다. 수레의 맨 앞에는 얼굴이 앞뒤로 하나씩 달린 여자가 앉아 있다. 이 그림을 소장한 프란츠 할스 박물관에 따르면, 헛된 희망을 상징한다고 한다. 아마도 그 헛된 희망이란 '튤립 값이 지금까지 올랐으니 앞으로도 오르겠지. 지금 사서 팔면 떼돈을 벌 수 있어!'일 것이다.

그 뒤로는 어릿광대 복장을 하고 머리 양쪽에 튤립을 꽂은 남자 세 명이 있다. 박물관에 따르면, 세 남자는 헛된 희망과 함께 튤립 투기를 일으킨 원동력인 탐욕과 헛소문을 상징한다. 돈자루를 든 영감은

<그림 2> 플로라와 바보들의 수레(1640), 헨드리크 포트 작, 61×83cm, 프란츠 할스 박물관, 네덜란드 하를렘

'탐욕', 길다란 잔을 들고 술을 퍼마시는 남자는 '탐식'의 의인화다. 그리고 배 끝에 앉은 남자가 '헛소리'다. 그는 '누구누구가 튤립으로 떼돈 벌었다더라' 하는 소문을 떠벌리면서, 그 말에 솔깃해서 수레를 따라오는 사람들에게 손을 내밀고 있다. 이 사람들은 네덜란드 하를렘 시의 직공들로서, 생업도 내팽개치고 수레를 뒤쫓고 있는 중이다.

왜 그들은 튤립 투기에 뛰어들었을까? 하루하루 치솟는 튤립 가격이 일확천금을 바라는 인간의 욕심을 부추겼기 때문일 것이다. 1636년 말에는 자고 나면 몇백 플로린씩 값이 뛰었다. 그 시기에 이런 대화가 오갔을지도 모른다.

"우리 옆집 사람이 소 열 마리 판 돈 1,200플로린 갖고 튤립 한 뿌리 샀거든. 그거 보고 미쳤다고 생각했는데, 글쎄, 그걸 석 달 만에 1,500플로린에 팔았대."

"뭐? 죽어라 직공 일 해도 1년에 200플로린 벌까 말깐데… 나도 때려치우고 튤립 장사나 해볼까!"

당시 목수나 재단사 같은 기술직의 연평균 소득이 150~300플로린 정도였다는데, 누구는 그냥 앉아서 튤립만 사고팔아서 그 몇 배를 벌어들인다니, 사람들이 눈이 뒤집히지 않겠는가! 그래서 다양한 직업의 사람들이 너도나도 튤립 거래에 뛰어든 것이다. 이렇게 되자 1634년에는 하를렘을 포함한 몇 곳에 튤립 거래소까지 생겼다.

튤립 구근 실물이 거래되는 시기는, 튤립이 피었다 진 이후인 6월부터 구근을 심는 시기인 9월까지로 한정되어 있었다. 그래서 아직 땅속에 있는 구근을 계약서만으로 거래하기도 했다. 일종의 선물^{先物} 거래인 셈이다. 당시 그런 거래를 '바람장사^{Windhandel}'라고 불렀다. 이 말은 포트의 그림 속, 바보들의 수레를 미는 바람과도 잘 어울린다.

3. 튤립 버블의 붕괴
– 브뤼헬의 그림 속 울부짖는 원숭이들

그러다 1637년 2월, 반전이 일어났다. 몇몇 사람들이 튤립을 팔러 내놨으나 오를 대로 오른 가격 때문에 더 이상 사려는 사람이 없었다. 그러자 불안을 느낀 그들은 값을 낮추어서라도 팔려고 했다. 그들의 불안감이 순식간에 다른 튤립 거래자들에게도 퍼져나갔고, 너도나도 튤립을 내놓기 시작했다. 튤립 값은 마구 내려가 이틀 만에 무려 95%나 폭락했다. 당황한 사람들은 투매를 시작했고, 덕분에 가격은 더욱더 빠른 속도로 떨어졌다.

"네덜란드 전체에 한숨이 울려퍼졌다 … 많은 상인들이 무일푼이 되었고, 많은 귀족들이 채무자가 되었다"라고 매케이는 전하고 있다.

이것이 바로 오늘날 IT 주식 버블이나 부동산 버블 등이 문제가 될 때마다, 투기와 버블의 역사적 선례로 언급되곤 하는 '튤리포마니아^{Tulipomania}', 즉 '튤립 광풍'이다. 어떤 물건에 대한 전문적인 정보 없이, 그 물건의 근본적인 가치에 대한 고찰 없이, 단지 그 물건이 지금까지 값이 올랐기 때문에 앞으로도 오르리라는 기대로 그 물건을 사는 것을 보통 투기라고 한다. 그리고 너도나도 이런 식으로 투기를 해서 값이 더욱 부풀게 만들 때, 그 값은 맥주 위로 뭉게뭉게 솟아올라 맥주가 실제보다 많아 보이게 만드는 거품, 버블에 비유되는 것이다.

튤립 광풍은 매케이의 글을 통해 유명해졌는데, 현대의 어떤 경제사학자들은 매케이의 글이 과장됐다고 말하기도 한다. 튤립 투기는 그렇게 광범위한 것이 아니었고 일부 상인들 사이에 국한되었다는 것이다. 하지만 플랑드르의 화가 얀 브뢰헬 2세Jan Brueghel the Younger, 1601~1678가 1640년경에 그린 〈튤립 광풍 풍자화〉(그림 3)를 보면 매케이의 글이 그렇게 과장된 것 같지도 않다.

그림 왼쪽의 화단에는 값비싼 줄무늬 튤립을 포함해서 색색의 튤립이 만발하다. (그림 4-1) 원숭이 한 마리가 그 앞에 서류를 들고 서 있다. 이 그림을 소장한 프란츠 할스 박물관에 따르면, 이 원숭이는 검을 차고 있는 것으로 보아 귀족 신분이며, 값진 튤립의 목록을 뿌듯한 마음으로 읽고 있는 것이다. 가운데에는 역시 튤립 투기에 뛰어들까 망설이는, 검을 찬 귀족 원숭이가 보인다. 그 뒤에 있는 원숭이는 귀한 튤립 하나 건졌다고 희희낙락이다.

그 오른쪽으로는 튤립 알뿌리의 무게를 달고 있는 원숭이가 보인다. 또 튤립 대금으로 받은 금화와 은화를 세고 있는 원숭이들도 있다. 그림 왼쪽 저택의 발코니에는 튤립으로 부자가 됐다고 생각하는 원숭이들이 테이블에 진수성찬을 차려놓고 흥청망청 파티를 즐기는 중이다.

하지만 그림 맨 오른쪽에는 튤립 버블이 붕괴된 뒤의 처절한 상황이 펼쳐진다. (그림 4-2) 한 원숭이는 붉은 줄무늬 튤립을 내팽개치고

〈그림 3〉 튤립 광풍 풍자화(1640년경), 얀 브뢰헬 2세 작, 패널에 유채, 31×49cm, 프란츠 할스 박물관, 네덜란드 하를렘

〈그림 4-1〉〈그림 4-2〉〈튤립 광풍 풍자화〉 부분 확대

거기에 분노의 오줌을 싸 갈긴다. 한때는 보석처럼 귀했고, 그것을 지닌 자신은 자산가라고 생각했다. 그런데 이제는 그저 풀에 지나지 않고, 자신은 빈털터리인 것이다. 그 뒤로 한 원숭이가 역시 쓸모없어진 노란 줄무늬 튤립을 든 채 손수건으로 눈물을 훔치며 어디론가 들어가고 있다. 박물관의 설명에 따르면 그는 튤립 투기로 빚더미에 앉아 법정에 끌려가는 것이다. 법정 안에도 손수건을 얼굴에 대고 우는 원숭이가 있다. 이제는 가치 없는 튤립을 무슨 미련이 남았는지 손에 꼭 쥔 채로 말이다.

저 멀리에는 '네가 투자하라고 했잖아' '아니야, 네가 부추겼잖아' 하며 결투까지 벌어졌다. 더 멀리 오른쪽 묘지에는 장례 행렬도 보인다. 아마 튤립 값 폭락으로 빚더미에 앉아서 스스로 목숨을 끊었거나 화병에 걸려 숨을 거둔 원숭이의 운구 행렬일 것이다.

이들은 물론 사실 원숭이가 아니라 사람들이다. 화가 얀 브뢰헬은 튤립 투기자들을 멍청한 원숭이로 그려 조롱한 것이다. 그는 시니컬한 그림으로 유명한 플랑드르 미술의 거장 대* 피테르 브뢰헬^{브뢰겔}의 손자이기도 했다.

하지만 튤립 투기에 뛰어든 사람들이 과연 모두 바보였을까? 매케이는 합리적이고 현명한 개인도 집단행동에 가담하면서 비합리적이고 어리석은 행동을 하게 되는 경우가 많다고 보았다. 그런 예로 연금술 열풍, 마녀사냥 등등과 함께 튤립 광풍을 소개한 것이었다. 튤립 거래자들은 군중의 열기에 휘말려 튤립 값이 언젠가 떨어지리라는 것을 잊고 있었다고 그는 보았다.

그뿐만 아니라 언젠가 튤립 값이 떨어질 것을 알면서도 투기에 뛰어든 사람들도 있었을 것이다. 그들은 주변 사람들이 계속 사는 것을 보며 이렇게 생각하는 것이다. '얼마 동안은 더 오를 거야. 이걸 사서 내리기 직전에 팔아야지.' 하지만 거품이 언제 터질지, 즉 가격 폭락이 언제 시작될지는 그야말로 신만이 아실 일이다. 투기가 곧잘 아슬아슬한 '폭탄 돌리기'에 비유되는 것은 이 때문이다.

4. 튤립 광풍의 후유증 – 바니타스(헛됨) 정물화

1637년 튤립 버블이 붕괴돼 가격이 폭락하면서 파산한 사람들이 무더기로 나오게 됐다. 이들의 소비가 줄다 보니 생산도 위축되어서, 결국에는 튤립 투기에 가담하지 않은 사람들까지 피해를 입게 됐다. 이런 악순환 속에서 네덜란드 경제는 한동안 후유증을 겪었다. 버블 붕괴가 무서운 것은 이렇게 경제 전체에 치명타를 가하기 때문이다.

튤립 광풍이 휩쓸고 간 한 세대 후에 플랑드르 출신의 프랑스 화가 필리프 드 샹파뉴$^{Philippe\ de\ Champaigne,\ 1602~1674}$는 튤립이 해골과 모래시계와 함께 등장하는 섬뜩한 그림을 그렸다. (그림 5) 이 그림은 '바니타스^{Vanitas}' 정물화의 일종으로, 바니타스는 라틴어로 '헛됨'을 의미한다.

이 장르의 정물화에는 '메멘토 모리', 즉 '죽음을 기억하라'라고 외치는 해골이 거의 반드시 등장한다. 또, 시시각각 죽음이 다가오고 있음을 상기시키는 모래시계가 여러 사치스러운 물건들과 함께 등장한

〈그림 5〉 바니타스(1671), 필리프 드 샹파뉴 작, 판자에 유채, 28×37cm, 테세 박물관, 프랑스 르망

다. 그래서 인간이면 누구나 죽음을 피할 수 없고, 그런 죽음 앞에서는 부귀영화도 다 헛되고 부질없다는 메시지를 던지는 것이다.

보통 바니타스 정물화에는 네덜란드 화가 다비트 바일리$^{David\ Bailly,\ 1584\sim1657}$의 작품(그림 6)처럼 해골과 모래시계 외에도 상징적인 사물이 더 많이 등장하곤 한다. 인간의 삶이 잠깐이고 덧없다는 것을 알려주는 비눗방울과 꺼진 초, 젊음이 오래가지 못한다는 것을 나타내는 시든 꽃 등은 바니타스 정물화의 단골 소재다. 그 밖에 금화와 진주, 공예품 등은 부귀를, 악기, 담뱃대, 조각, 책 등은 감각적 쾌락과 교양을 상징하는데, 이들은 모두 죽음으로 덧없어질 허영의 사물들이다.

그런데 샹파뉴의 그림에는 이런 사물이 하나도 없고 오로지 튤립 한 송이가 있을 뿐이다. 샹파뉴는 한 세대 전 튤립 광풍의 이야기를 듣고 그 모든 부와 교양과 허영의 상징으로 튤립 하나면 충분하다고 생각했을지도 모를 일이다.

이 그림이 이후의 투자자들에게 좀 교훈이 되었을까? 그러나 그 뒤에도 투기와 버블의 역사는 계속되었다. 또 하나의 대표적인 사례가 100년 후 벌어진 영국의 남해회사 거품 사건$^{South\ Sea\ Bubble}$이다.

5. 튤립 광풍의 후예 – 영국 남해회사 버블 사건

18세기 초 영국 정부는 에스파냐 계승 전쟁의 비용을 대느라 국채를 남발했고, 그 이자 부담으로 허덕이고 있었다. 그러자 1711년 설

〈그림 6〉 바니타스 정물이 있는 자화상(1651), 다비트 바일리 작, 목판에 유채, 89.5×122cm, 라켄할 미술관, 네덜란드 레이던

립된 남해회사가 국채의 상당량을 사들여 정부 재정 부담을 줄이는 대신, 정부로부터 에스파냐령 남아메리카와의 무역독점권을 받아 가졌다. 남아메리카 무역으로 큰 이익을 거두면 정부 부채 값을 메우고도 남으리라고 생각한 것이다.

회사의 이런 선전과 소문 덕분에 남해회사의 주식은 인기가 많았다. 그러나 실제로 남아메리카 무역의 성과는 그저 그랬다. 그럼에도 1720년에 남해회사가 국채 전액을 인수하겠다는 제안서를 의회에 내자, 영국 국민은 남해회사가 남아메리카 무역으로 엄청난 이익을 낼 것으로 생각하게 됐다. 그래서 막대한 배당금을 받으리라는 환상에 빠져 앞다투어 그 주식을 샀다. 덕분에 1월 주당 128파운드였던 주가는 8월에 1,000파운드로 수직 상승했다. 물론 주가 상승이 주식 투기를 더욱 부추긴 결과이기도 했다.

그러나 주가가 정점을 찍은 후 회사에 대한 불안이 파급됐다. 결국 사업 내용이 부실한 것으로 밝혀지면서, 사람들은 투매를 시작했다. 주가는 폭락해서 12월에 124파운드에 이르렀다. 파산자가 속출했다. 이렇게 남해회사에 투자했다가 돈을 날린 사람들 중에는 위대한 과학자 아이작 뉴턴$^{Isac\ Newton,\ 1642~1727}$도 있었다! 2만 파운드를 날린 뉴턴은 돌아서며 이렇게 투덜거렸다고 한다. "천체의 움직임은 계산할 수 있지만 사람들의 광기는 예측하지 못하겠다"고.

풍자적이고 교훈적인 그림과 판화로 유명한 영국 화가 윌리엄 호가스$^{William\ Hogarth,\ 1697~1764}$가 남해회사 사건(사우스시 버블)을 다루지 않았을 리가 없다.(그림 7) 그의 상징적 풍자화는 꽤 끔찍하다. 그림 왼쪽에

<그림 7> 남해회사 음모에 관한 상징적인 판화(1721), 윌리엄 호가스 작, 동판화, 22.2×31.8cm

서는 악마가 행운의 여신의 사지를 절단해 던지는데, 군중은 그 고기에 하이에나처럼 달려든다. 그림 가운데에는 각계각층의 사람들이 악마의 회전목마를 타고 놀아난다. 그 와중에, 그림 오른쪽에서는 의인화된 정직이 수레바퀴에 묶여 이기심에게 고문을 당한다. 그리고 의인화된 명예는 기둥에 묶여 악덕에게 채찍질을 당한다.

6. 세계 금융위기의 원흉은 부동산 버블

다 먼 과거의 이야기일까. 우리나라의 금융시장까지 뒤흔든 2008년 세계 금융위기의 시작은 바로 미국의 부동산 버블이었다.

미국 연방준비제도이사회$^{FRB:\ Federal\ Reserve\ Board}$는 경기 부양을 위해 2001년에 기준금리를 1%까지 낮췄다. 그러자 사람들이 낮은 금리로 돈을 빌려 주택을 사면서, 수요 증가로 주택 가격이 상승했다. 집값이 오르고 있으니 집을 사면 이익이라는 생각에 신용등급이 낮은 저소득층까지 금융회사에서 돈을 빌려 집을 샀다. 금융회사들 또한 높은 집값을 믿고 이런 저소득층에 대한 주택담보대출, 즉 서브프라임 모기지론$^{subprime\ mortgage\ loan}$을 집값의 90% 이상 되는 액수로 남발했다.

그러나 경기 과열로 인해 인플레이션 문제가 심각해지자 FRB는 2004년 6월부터 2006년 6월까지 기준금리를 0.25%씩 17차례에 걸쳐 1%에서 5.25%로 인상했다. 대출로 집을 산 저소득층은 높아진

이자 부담을 감당하지 못해 연체를 거듭하게 됐다. 2007년에 이르러 서브프라임 모기지 연체율은 사상 최고인 16.31%를 기록했다. 그 와중에 집값은 하락했고 수많은 금융기관들이 대출금을 제대로 회수하지 못하게 됐다.

그 결과 2007년 4월부터 주택담보대출 전문 회사들이 줄줄이 파산을 신청했고, 이러한 서브프라임 모기지를 증권화해서 거래하던 대형 금융회사들도 파산에 이르게 됐다. 이것이 세계 금융시장을 얼어붙게 만들고, 제조업 같은 실물경제에 투자될 돈줄까지 묶어 세계 경제침체가 나타나게 한 것이다.

외국만의 문제도 아니다. 우리나라도 몇 년 전까지 부동산 버블 논란에 싸여 있지 않았던가? 그 여파로 이른바 하우스푸어^{House Poor} 문제가 심상치 않다. 하우스푸어는 주택담보대출을 받은 후 이자와 원금 상환 부담 때문에 가난하게 사는 가구들을 가리킨다.

한국이 1980년대 일본 부동산 버블의 전철을 밟지 않도록 조심해야 한다는 경고는 예로부터 많이 나왔다. 80년대 일본의 금리는 낮게 유지되었고, 부동산 가격은 55년부터 꾸준히 오르는 상태였다. 그래서 일본인들은 부동산이 더 오르리라는 기대에 부지런히 은행에서 돈을 빌려 부동산을 샀다. 그 바람에 1985~1990년 도쿄를 포함한 6대 도시 평균 지가는 3.7배 급등했다. 그러자 일본 중앙은행이 버블 확장을 막기 위해 정책 금리를 올렸다. 이자 부담을 감당하지 못한 사람들이 다시 부동산을 팔면서 1991년 이후 10년에 걸쳐 집값은 60% 폭락했다. 때문에 일본 경제는 10년 불황의 늪에 빠졌다.

물론 주택은 튤립이나 주식과는 다른 필수재이기 때문에 그와 관련한 문제는 그저 투기 심리에 대한 경계만으로 해결될 것은 아니다. 다만 우리가 유념할 것은 어떤 상품이든, 자산이든, 단지 남들이 산다고 해서, 또 지금까지 값이 올랐다고 해서 따라 사는 어리석음을 범하지 않는 것이다. 그러기 위해 튤립과 해골이 그려진 옛 바니타스 정물화의 카피라도 구해서 걸어놓는 것이 어떨까? 그림 속 해골은 단지 '메멘토 모리'라고만 외치지 않을 것이다.

'메멘토 툴리포마니아(튤립 광기를 기억하라).'

| 경제용어 7 | **버블(bubble)**

어떤 상품, 특히 자산의 시장가치가 급격히 팽창하는 현상. 특히 자산에서 발생할 것으로 합리적으로 예상되는 미래소득의 현재가치를 훨씬 뛰어넘는 현상. 한 상품의 시장가치는 경제주체 각자의 정보를 바탕으로 한 수요와 공급에 의해 결정된다. 이때 그 정보가 단순한 주변 정황이나 소문에 의존하는 경우가 종종 있는데, 그것이 자산의 미래 예상소득에 대해 너무 낙관적인 기대('튤립 가격이 앞으로도 계속 상승할 것이다'와 같은)를 부추길 경우 수요가 급증해 버블이 발생할 수 있다.

버블이 커지면서 문제의 상품 또는 자산을 매입하는 비용이 급상승하면 더 이상 자산을 살 사람이 없게 되고, 또 현재 자산가치에 내재된 만큼의 미래소득을 창출할 수 없게 되어, 갑자기 가격이 폭락하면서 버블이 붕괴된다. 이때 버블 붕괴의 충격으로 경제 전체에 위기를 초래할 수도 있다.

| 경제용어 8 | **투기(speculation)**

단기간에 발생하는 가격 변동에서 차익을 얻으려는 목적으로 하는 매매를 일컫는다. 따라서 모든 상품은 투기의 대상이 될 수 있으나 (튤립 광풍의 예처럼 식물까지) 대체로 주식, 부동산 등이 투기의 대상이 된다.

투기와 투자(investment)의 차이점은, 투기가 장기적 미래소득에 대한 확신 없이 오히려 불확실성을 이용해 일종의 모험적 매매를 해 일시적 차익만을 노리는 행위인 데 반해, 투자는 장기적이거나 규칙적인 미래소득에 대한 합리적인 기대를 바탕으로 한 행위라는 것이다. 그러므로 경제활동에서 투자는 생산적이지만, 투기는 기생적 성격을 띤다고 한다. 그러나 현실적으로는 투기와 투자를 구분하기 어려운 경우가 많다.

Part_5
왕의 연인, 백과사전과 경제학을 후원하다

— 계몽주의 시대와 중농주의

1. 퐁파두르 부인의 책상 위에 놓인 백과사전

프랑스 왕 루이 15세를 사로잡은 여인 퐁파두르 후작부인$^{Marquise\ de\ Pompadour,\ 1721-1764}$은 많은 초상화를 통해 그녀의 미모와 패션 감각을 현대인들에게도 증명하고 있다. 그중 모리스 캉탱 드 라투르$^{Maurice\ Quentin\ de\ La\ Tour,\ 1704~1788}$가 파스텔로 그린 초상화(그림 1)를 보자. 18세기 로코코^{Rococo} 회화답게 화면 전체가 마치 아지랑이가 감도는 봄날의 대기처럼 부드럽고 나른한 그림이다.

상아색 살결에 청회색 눈동자를 지닌 퐁파두르 부인은 산호색 입술 꼬리를 아주 살짝 올리고 더없이 미묘한 미소를 짓는다. 진주색 바탕에 금빛과 푸른색의 무늬가 놓인 드레스는 그녀의 피부색과 더불어 벽면의 차분한 푸른색과 우아한 조화를 이룬다. 그녀의 매력은 이게 다가 아니다. 악보를 넘기고 있는 그녀의 주변에는 악기와 화첩, 책, 지구본 등이 놓여 있다. 그녀가 문화 다방면에 조예가 깊다는 의미다. 실제로 그녀는 한낱 왕의 정부^{情婦}가 아니라 당시 많은 학자와 예술가들의 강력한 후원자였다.

그녀의 주요 후원 업적 중 하나가 이 그림에 숨어 있기도 하다. 바로 서가 오른쪽에 꽂혀 있는 묵직해 보이는 책이다. 이 책의 등에는 금박 글씨로 '앙시클로페디^{Enciclopédie}', 즉 '백과전서'라고 선명하게 적혀 있다. (그림 2) 백과전서는 그때까지 이루어진 과학적 발견을 포함한 다양

〈그림 1〉 퐁파두르 후작부인(1755), 모리스 캉탱 드 라투르 작, 종이를 댄 캔버스 위에 파스텔, 213.6 ×178㎝, 루브르 박물관, 프랑스 파리

〈그림 2〉 〈퐁파두르 후작부인〉 부분 — 오른쪽 끝에 백과전서가 보인다.

한 학문, 예술, 기술의 지식을, 드니 디드로$^{Denis\ Diderot,\ 1713~1784}$를 비롯한 당대의 학자들이 계몽주의적 신념으로 모아서 엮은 것이었다.

계몽주의는 통일된 사상은 아니었지만, 대체적으로 '자연', '이성', '진보' 등의 단어로 설명할 수 있다. 계몽주의 사상가들은 자연과 세계가 기계적 법칙으로 움직이고 있으며, 그 법칙의 진실은 결코 신만이 아실 일이 아니라 인간의 이성으로 접근할 수 있다고 생각했다. 또 인간 본성을 포함한 자연의 법칙을 파악함으로써 개인과 사회가 더 나은 방향으로 진보할 수 있다고 믿었다.

따라서 백과전서에는 기존의 신학에 도전하는 부분이 많을 수밖에 없었다. 그래서 그때까지만 해도 권력을 어느 정도 지니고 있던 교회의 반발을 사서 한때 발행 금지를 당하기도 했다. 하지만 그런 와중에도 1751과 72년 사이에 도판을 포함한 30여 권의 백과전서 초판이 발행됐다. 볼테르, 장 자크 루소 등 당대의 내로라하는 지성인들이 편찬에 참여했는데, 그중에 프랑수아 케네$^{François\ Quesnay,\ 1694~1774}$라는 의사도 있었다. (그림 3)

2. 퐁파두르 부인의 주치의였던 케네, 중농주의 학파를 창시

케네는 퐁파두르 부인의 주치의로서, 의학뿐만 아니라 경제에도 관심이 많았다. 그는 당시 왕과 경제 관료들을 지배하고 있던 중상주의

<그림 3> 프랑수아 케네의 초상화, 작가 미상

사상이 못마땅했다. 중상주의자들은, Part 3에서 소개한 대로, 국가의 부는 금·은 화폐 보유량에 달려 있으며, 금·은을 획득하기 위해 무역흑자를 지속하는 것이 무엇보다도 중요하다고 여겼다. 그래서 상업과 제조업을 중시하고, 일부 상업과 제조업 길드에 특혜를 주어 육성했으며, 보호무역을 고수했다.

문제는 중상주의 정책이 추구한 국가의 부가, "짐은 곧 국가다"라고 외친 절대군주 루이 14세의 말마따나 국왕의 부였지, 국민의 부가 아니었다는 점이다. 특혜를 받은 몇몇 상공업 길드는 번영을 누렸으나 농민은 고질적인 기근과 높은 세금에 시달리고 있었다. 중상주의 정책하의 유럽 각국은 앞다투어 보호무역을 하고 식민지를 넓히려 애쓰면서 서로 충돌이 불가피했다. 그 연이은 전쟁의 비용은 고스란히 농민의 세금 부담으로 전가됐다.

이 상황에서 케네는 부가 화폐 축적이 아닌 실물 생산에서 나오며, 그것도 농업 생산에서만 나온다고 보았다. 자연으로부터 곡물, 과일 등의 원료를 얻는 데서만 투입된 것 이상의 가치가 창출된다는 것이 그의 견해였다. 그 원료를 가공해 상품으로 만드는 제조업은 가치 형태를 바꾸는 것뿐이고, 또 그 상품을 사고파는 상업은 그 가치를 분배하는 것뿐이라는 것이다. 그래서 그는 상공업자는 '비생산적 계급'이라고 보았으며, 토지와 농업만이 부의 원천이라고 생각했다.

그렇다면 상공업은 때려치우고 모두 농사만 짓자는 말인가? 그게 아니라 케네의 생각은 공업과 상업이 원활하게 돌아가야만 농업에 자본이 투입될 수 있다는 것이었다. 그러려면 지나친 규제와 보호무역이 사라지고 당시의 갖가지 무거운 세금이 줄어야 했다. 계몽주의 시대의 의사였던 케네에게 농업, 제조업, 상업 사이의 자연스러운 순환은 인간의 혈액 순환 내지는 자연의 법칙과도 같은 것이었다. 이렇게 경제 각 분야의 상호작용과 순환관계에 주목했다는 것이 현대경제학에 미친 케네의 가장 큰 공헌이다. 그는 퐁파두르 부인의 후원으로 중농주의^{重農主義}, Physiocracy라는 학파를 창시했는데, Physiocracy의 뜻은 '자연이 지배한다'였다.

3. 중농주의가 근대경제학에 미친 영향

농업만이 부를 창출한다는 케네의 생각은 이후에 제조업과 유통, 기타 서비스 활동에서도 새롭게 추가되는 부, 즉 부가가치$^{value\ added}$● 가 발생한다고 보는 근대경제학에 의해 밀려났다. 현대에 한 나라의 경제수준을 나타내는 대표적 지표로 사용되는 국내총생산$^{GDP:\ gross\ domestic\ product}$은 일정 기간 동안 농업, 제조업, 서비스업 등 모든 산업에서 발생한 이러한 부가가치의 총합이다.

하지만 부가 금·은 획득이 아닌 생산에서 나온다는 생각과, 되도록 정부 간섭과 각종 규제를 줄이는 방향으로 가야 한다는 자유방임

● 부가가치: '산출액-중간투입액(원료비) = 총부가가치'다. 여기에는 제조에 필요한 기구나 기계가 닳는 것, 즉 '고정자본소모'는 고려하고 있지 않다. 이것까지 고려하면 '산출액-중간투입액-고정자본소모 = 순부가가치'다. 국내총생산은 국내에서 발생한 총부가가치의 합을 말한다.

주의는 근대경제학의 아버지 애덤 스미스에게 영향을 미쳤다. 자유방임주의를 요약하는 유명한 구호 '레세 페르$^{laissez\ faire}$'도 스미스 이전에 중농학파가 먼저 외친 것이었다. '레세 페르'는 한마디로 '내버려두라'는 소리로, 비틀스의 유명한 노래 제목 '렛잇비$^{Let\ It\ Be}$'와 같은 뜻이라고 보면 된다. (비틀스의 노래는 경제적 자유방임주의와 아무 상관 없지만.)

케네를 비롯한 중농학파는 최초의 체계화된 경제학자라 할 만했다. 케네는 1758년에 농민, 지주, 상공업자 간의 가치 순환을 나타내는 '경제표$^{Tableau\ économique}$'를 발표했는데, 이것만 보아도 그가 도표 그리기를 좋아하는 현대 경제학자들의 선구자라는 것을 알 수 있다! 비록 베스트셀러 『죽은 경제학자의 살아있는 아이디어』(1989)를 쓴 토드 부크홀츠$^{Todd\ G.\ Buchholz}$에 따르면, 이 경제표가 너무 난해해서 케네의 수제자조차 제대로 이해를 못 할 정도였다지만 말이다.

중농주의 사상이 당시 프랑스 조세 정책에 반영되었다면 역사의 흐름이 조금 달라졌을지도 모른다. 앞서 말한 바와 같이 중농주의 학자들은 전반적으로 세금을 줄이거나 폐지해야 한다고 주장했다. 반면에 유일하게 징세를 해야 할 대상으로 지주들을 지목했다. 그들의 이론대로라면 토지와 농업만이 투입 이상의 가치인 순생산, 즉 부를 창출하는데, 그 부가 지대^{地代}의 형태로 지주들에게 돌아오니 말이다. 그렇다고 중농학파가 혁명적 반항아들이었던 것은 아니다. 그들은 동시에 토지 소유자가 지대를 받을 권리를 인정했으니까.

그럼에도 불구하고 이 주장은 당시의 앙시앵 레짐$^{Ancien\ Régime}$, 즉 구체제하에서 많은 땅을 소유하고도 면세 특권을 누리고 있던 제1신분 성직자와 제2신분 귀족을 심히 불쾌하게 했다. 반면에 제3신분에 속하는 이들, 특히 이런 신사상에 밝고 전문 기술과 지식으로 어느 정도 부와 힘을 축적했으나 여전히 차별받던 부르주아지^{bourgeoisie}, 즉 시민계급에게 큰 환영을 받았다.

4. 샤르댕의 그림에 스며 있는 시민계급의 계몽주의

당시 성장한 시민계급의 힘은 미술에도 나타난다. 로코코 시대라고 해서 모든 화가들이 향락적인 귀족들의 생활이나 관능적인 그리스 신화만 그린 것은 아니었다. 장 바티스트 시메옹 샤르댕^{Jean-Baptiste-Siméon Chardin, 1699~1779}은 시민계급과 서민의 일상을 차분한 색조와 미묘한 빛의 섬세한 묘사, 단정한 구도를 통해 소박한 기품을 지닌 장면으로 그려냈다. (그림 4) 백과전서 출판을 주도한 디드로는 이런 샤르댕을 극찬했다.

디드로는 최초의 본격적인 미술평론가로 여겨지기도 한다. 왜냐하면 프랑스 왕립 아카데미에서 2년마다 개최하는 전시회 '살롱^{Salon}'을 보면서 각 그림에 대한 자세한 묘사와 평을 잡지에 기고했기 때문이다. 그는 샤르댕의 담담하면서도 날카로운 관찰이 담긴 그림이 무엇보다도 "자연과 그 진실 그 자체"이기 때문에 훌륭하다고 평가했다. 반면에 당대 귀족들에게 인기 최고였던 프랑수아 부셰^{François Boucher,}

<그림 4> 식전 기도(1740년경), 장 바티스트 시메옹 샤르댕 작, 캔버스에 유채, 49.5×38.5cm, 루브르 박물관, 프랑스 파리

<그림 5> 퐁파두르 후작부인(1756), 프랑수아 부셰 작, 캔버스에 유채, 212×164cm, 알테 피나코텍, 독일 뮌헨

1703~1770의 그림들에 대해서는 비난을 퍼부었다.

부셰는 백과전서를 후원한 퐁파두르 후작부인에게서도 많은 지지를 얻어서 그녀의 초상화를 여러 번 그렸다. (그림 5) 그러나 디드로는 그의 작품에 아주 신랄했다. 특히 1761년 살롱 평에서 부셰의 파스토랄pastoral, 전원의 목동을 낭만적이고 이상화된 모습으로 그린 장르에 대해 이렇게 비꼬았다.

"기막힌 색채! 굉장한 다채로움! 이 사람은 진실 이외의 모든 것을 가지고 있다. 대체 어디에서 이렇게 우아하고 화려하게 차려입은 목동들을 볼 수 있나?"

그가 지적한 것이 부셰의 많은 파스토랄 중에 어느 것인지는 분명치 않다. 그러나 어느 파스토랄을 봐도 무엇을 문제 삼았는지 곧 알 수 있다. 부셰의 전형적인 파스토랄 중 하나인 〈낮잠 훼방 놓기〉(그림 6)를 보자. 분명히 아름답고 사랑스러운 그림이지만, 딱 봐도 실제 농촌 목동들의 생활과는 한참 거리가 멀다.

특히 여자 양치기는 얼굴과 손이 하얀 데다가, 때 타기 좋은 엷은 핑크색 스커트를 걸치고 있다. 반면에 Part 8에서 소개할 19세기 화가 장 프랑수아 밀레의 사실적인 농촌 그림을 보면, 양 치는 소녀가 그을린 얼굴에 남루한 망토를 걸치고 있다. 그것이 현실의 양치기 소녀의 모습이다. 부셰의 아가씨는 진짜 양치기가 아니라 양치기 흉내를 내는 것에 불과하다. 마치 루이 16세의 왕비 마리 앙투아네트가 베르사유의 별궁 안에 작은 농촌 마을을 꾸미고 양치기 여인 역을 하며 놀았던 것처럼. 이 그림은 현실의 전원이 아니라 도시 귀족의 유희적 환상일 뿐인 것이다.

<그림 6> 낮잠 훼방 놓기(1750), 프랑수아 부셰 작, 캔버스에 유채, 81.9×75.2cm, 메트로폴리탄 박물관, 미국 뉴욕

또 이 여자 양치기가 가슴이 많이 파인 옷을 입고 나른한 자세를 취하고 있는 것도 디드로에게는 거슬렸을 것이다. 그는 부셰의 그림들, 특히 누드화가 이전 세대 화가들의 누드화보다도 더 퇴폐적이라고 비난하면서 "이 사람은 오로지 젖가슴과 엉덩이를 보여주기 위해서 붓을 든다"고 빈정댔다. 하긴 부셰의 그림은 파스토랄이든 누드화든 로코코적인 교태를 부리는 느낌이 특히 강하게 드는 것이 사실이다.

이처럼 디드로에게 있어서 미술 비평의 중요한 기준은 사실성과 도덕성이었다. (그런 기준에 반기를 든 평론가들이 후대에 계속 나타나게 되지만.) 그런 디드로가 특히 좋아했을 만한 그림이 샤르댕의 〈가정교사〉(그림 7)다.

어린 소년이 겸연쩍은 표정으로 서 있고, 그 발치에는 배드민턴 채와 카드 등의 놀이기구가 흩어져 있다. 아마 노느라 정신이 없어서 학교 가는 것도 잊고 있었던 모양이다. 가정교사가 소년의 모자를 든 채 훈계를 하고 있다. 하지만 그녀는 화를 낸다기보다 진지하고 자상하게 타이르는 모습이다. 소년도 수긍하는 표정으로 이미 책을 옆구리에 끼고 있다. 이제 소년은 가정교사가 솔로 털어준 모자를 쓰고 학교에 갈 것이다.

이 그림이야말로 디드로가 원했던 시민계급의 계몽주의적이고 건전한 생활을 보여주는 것이었다. 게다가 샤르댕은 이 장면을 요란하거나 설교조로 표현하지 않고 담담하고도 정감 있게 나타내 현대인에게도 지속적으로 어필하고 있다.

〈그림 6〉 가정교사(1739), 장 바티스트 시메옹 샤르댕 작, 캔버스에 유채, 47×38cm, 캐나다 국립 미술관, 캐나다 오타와

5. 귀족의 반발로 실패한 튀르고의 중농주의 정책

시민계급의 자긍심과 귀족에 대한 반발심이 증가하던 시기, 또 여러 전쟁으로 왕실 재정이 형편없던 시기에, 케네의 영향을 받은 학자 안느 로베르 자크 튀르고$^{\text{Anne-Robert-Jacques Turgot, 1727~1787}}$가 재무총감의 자리에 올랐다. 그는 1776년에 특권 길드를 없애고 부역을 폐지하며 지주들에게서 세금을 걷는 중농주의적 안이 포함된 개혁 조치를 내놓았다.

하지만 귀족의 엄청난 반발로 튀르고는 개혁안을 내놓은 지 불과 몇 달 만에 해임됐다. 그리고 12년 후 프랑스는 대혁명의 소용돌이에 휩싸였다. 아름답고 철없는 양치기 여인이었던 마리 앙투아네트는 단두대의 이슬로 사라지고 말았다.

만약 튀르고의 개혁이 성공했다면 어땠을까? 당시 대부분의 계몽주의자들이 원했던 대로 피의 혁명보다 개혁의 길을 가게 되지 않았을까?

경제용어 9 | 레세 페르(Laissez faire)

직역하면 '그대로 내버려 두라'는 뜻의 프랑스어로 대개 '자유방임주의(自由放任主義)'로 의역된다. 개인과 사회의 경제 생활에서 정부의 간섭과 규제를 최소화하자는 사상과 정책을 말한다.

프랑스 중농주의 경제학자들에게서 기원했으며 그 후 영국에서 애덤 스미스를 비롯한 고전파 경제학자들의 지지를 얻으며 발전했다. 스미스는 『국부론』(1776)에서 개인의 이익을 추구하는 자유로운 경제활동이 '보이지 않는 손(시장 메커니즘의 기능)'에 의해 부의 가장 효율적인 배분을 실현하며, 결국 개인이 속한 사회를 위한 최선의 결과로 귀결된다고 보았다.

중농주의 학자들에 있어서나, 스미스에 있어서나, 자유방임주의는 결코 전지적일 수 없는 정부가 자원 배분에 개입해서 오히려 불필요한 곳에 과다 자원이 가게 한다든지, 필요한 곳에 자원이 제대로 가지 못하게 하는 등 부작용을 낳는 것에 반대하는 것이었다. 또한 정부의 각종 규제가 정부와 결탁한 독점기업, 또는 담합기업을 만들어내는 데 저항하는 것이기도 했다.

이것은 19세기 산업화된 서구 국가들의 지배적 이념이 되었고, 1870년대에 그 인기가 절정에 달했다. 그러나 아이로니컬하게도 19세기 말 기업 활동의 자유가 독점기업을 등장시켜 오히려 기업의 자유로운 경쟁을 해치는 상황이 나타났다. 자유방임주의에서의 빈부 격차의 확대 또한 문제였다. 결국 1920년대 말 미국발 대공황(The Great Depression)을 기점으로 정부의 적절한 규제와 간섭을 인정하는 케인스 경제학(Keynesian economics)과 수정자본주의가 자본주의 국가들의 지배적 정책 이념으로 떠오르게 되었다.

1970년대 세계 불황에 이르러 케인스 경제학의 한계가 지적되면서 다시 레세 페르 정신을 기반으로 한 신자유주의(Neoliberalism)가 대두하게 되었으나, 2008년 세계 경제위기와 함께 신자유주의가 강하게 공격받으면서 자유방임주의는 다시 약화되고 있다. 이처럼 유기적으로 변하는 현실 경제 상황 속에서 특정 경제 사상도 힘을 얻었다 잃었다를 반복하는 양상을 보이는 것이다.

| 경제용어 10 | **경제표(Tableau Économique)**

중농주의의 주창자 프랑수아 케네가 만든 도표. 그는 사회 구성원을 실제 순생산을 하는 농부 계급, 순생산의 원천인 토지를 보유한 지주 계급(제1신분 사제와 제2신분 귀족 포함), 그리고 그가 비생산 계급이라고 생각한 상공업자로 나누었다. 그리고 이 세 가지 계급 사이에서 생산물이 어떻게 생산되고 교환되고 분배되면서, 자본이 순환 재생산되는가를 하나의 표로 만든 것이다.

농업만이 순생산, 즉 부를 창출한다는 케네의 생각은 이후에 오류로 지적되었다. 그러나 경제표는 경제학을 처음으로 하나의 과학으로 발전시킨 증거이며, 이후 20세기 러시아 출신 미국 경제학자 바실리 W. 레온티예프(Wassily W. Leontief, 1906~1999)의 유명한 산업연관표에 영향을 미쳤다.

Part_6
혁명적 속도에 매혹된 화가와 학자
− 산업혁명과 애덤 스미스의 고전파 경제학

1. 터너의 그림 속 증기선에 끌려가는 범선

지는 해의 광선이 장려한 트럼펫 소리처럼 대기 중으로 뻗어나가 구름과 강물 위에 찬란한 금빛 울림을 남겨놓았다. 이때, 유령같이 창백하고 거대한 범선이 돛을 내린 채 그보다 작은 체구의 검은 증기선을 앞세우고 나타난다. 영국 낭만주의 풍경화의 거장인 조지프 말로드 윌리엄 터너$^{Joseph\ Mallord\ William\ Turner,\ 1775~1851}$의 그림 〈전함 테메레르$^{The\ Fighting\ Temeraire}$〉 이야기다. (그림 1)

범선과 증기선 중 어느 쪽이 전함 테메레르일까? 이 그림의 원제는 '해체를 위해 최후의 정박지로 이끌려가는 전함 테메레르'다. 저 장엄하지만 빛이 바랜 듯 희끄무레한 범선이 테메레르인 것이다. 증기선은 그것을 끌고 가는 예인선이고.

테메레르는 1805년 트라팔가르 해전$^{Battle\ of\ Trafalgar}$●에서 크게 활약해서 영국 국민의 사랑을 받던 전함이었다. 그러나 이 이름 높은 배도 세월이 흘러 낡을 대로 낡은 데다가 증기선의 시대가 도래하면서 결국 1838년 해체의 운명을 맞게 됐다. 그 소식을 접한 터너는 템스강에 나가 이 노장^{老將}의 장례 행렬과도 같은 모습을 지켜봤다. 그리고

● 트라팔가르 해전: 1805년 호레이쇼 넬슨 제독이 이끄는 영국 함대가 프랑스-에스파냐 연합함대를 에스파냐 남서쪽 끝의 트라팔가르 곶 앞바다에서 격파한 해전이다. 이 해전으로 나폴레옹의 영국 침공 시도는 좌절되었다.

<그림 1> 전함 테메레르(1838), 조지프 말로드 윌리엄 터너 작, 캔버스에 유채, 91×122cm, 내셔널 갤러리, 영국 런던

는 붓을 휘둘러 그 모습을 캔버스에 담은 것이 바로 그림 〈전함 테메레르〉다.

따라서 〈전함 테메레르〉는 기본적으로 실제 사건을 묘사한 그림이다. 하지만 그림을 소장한 런던 내셔널 갤러리에 따르면, 원래 이 범선이 이끌려간 곳은 서쪽이었으므로 석양을 등지고 있는 것은 불가능하다고 한다. 낭만주의^{Romanticism} 화가 터너는 당시 자신이 느꼈던 벅찬 감정을 저녁놀의 장려한 빛과 대기의 떨림으로 드러내는 동시에 범선이 증기선을 앞세우고 드라마틱하게 등장하도록 장면을 재구성한 것이다. 그렇게 해서 사실을 바탕으로 하면서도 마치 하나의 알레고리● 같은 작품, 즉 저물어가는 옛 문명과 떠오르는 새로운 기계문명을 상징적으로 보여주는 듯한 그림을 만들어냈다.

수평선 위로 기울어진 태양은 전함 테메레르의 과거의 영광과 현재의 쇠락을 말해주는 듯하다. 그 석양이 불그레한 금빛으로 물들인 구름은 마치 죽은 노장을 위해 쏘아 올려진 예포의 포연처럼 대기 중으로 퍼진다. 그리고 증기선이 뿜어내는 불 같은 연기는 그 석양의 마지막 빛과 대구를 이루며 새 시대의 시작을 알린다. 바로 영국의 산업혁명$^{Industrial\ Revolution}$ 시대 말이다.

● 알레고리: 문학이나 미술에서 추상적인 개념들을 구체적인 형상을 빌려 의인화하거나 은유하면서, 그렇게 의인화된 인물들이나 은유된 사물들로 하나의 이야기 혹은 하나의 이미지를 구성한 것.

2. 증기기관, 산업혁명을 견인하다

 산업혁명이라는 말이 넓은 의미로 쓰일 때는 시대와 지역을 막론하고 농업 중심 사회에서 공업 중심 사회로 이행하는 것을 가리킨다. 하지만 좁은 의미로 쓰일 때는 최초에 영국에서 1780년부터 1840년까지 일어난 대규모 산업화를 가리킨다. 그 변혁의 주요 동력은 바로 터너의 그림 속 증기선에 사용된 것 같은 증기기관의 발명과 그 밖의 기술 혁신이었다.

 물론 단지 증기기관의 발명으로 갑자기 천지개벽하면서 농업과 가내수공업이 주를 이루던 사회가 기계 공업 사회로 변모한 것은 아니다. 영국은 18세기부터 그 여건이 만들어지고 있었는데, 이미 봉건사회적 길드가 공장제 수공업으로 전환됐고, 또 농업의 대형화에 따라 몰락한 군소 농민들이 도시의 노동자로 몰려오고 있었다. 게다가 식민지 개척으로 면화를 포함한 풍부한 자원이 해외에서 들어오고 있었고 해외시장이 커지고 있었다.

 이런 상황에서 18세기 후반에 새로운 방적기가 연이어 발명되면서 본격적인 공장 시대가 열렸다. 기계 제작에 필요한 철을 가공하는 제철업과 제철을 위한 석탄산업이 발전했으며, 마침내 제임스 와트가 증기기관을 발명하기에 이르렀다. 증기기관으로 대규모 기계를 돌릴 수 있게 됐을 뿐만 아니라, 증기선과 증기기관차가 나타나 운송의 혁신이 일어났던 것이다.

 이런 격변을 미술가들은 어떻게 보았을까? 여러 평론가들은 〈전함

<그림 2> 〈전함 테메레르〉의 부분 확대

테메레르〉가 위대한 옛것에 대한 향수와 새로운 기계문명에 대한 거부감을 담고 있다고 설명한다. 드높은 돛대를 단 창백한 범선 테메레르는 마치 몰락했으나 여전히 기품 있는 왕족처럼 숭고하고 영적으로 묘사된 반면에, 그것을 끌고 가는 시커먼 증기선은 마치 천박한 신흥세력처럼 속되고 물질적인 모습으로 묘사돼 있다는 것이다. (그림 2)

하지만 터너는 정말 산업혁명으로 인한 변화에 거부감을 갖고 있었을까? 그의 또 다른 유명한 그림 〈비, 증기, 속도〉(그림 3)를 보면 그렇다고만 단정할 수 없다.

3. 기차놀이가 낳은 걸작 〈비, 증기, 속도〉

터너를 강력히 지지했던 유력 예술·사회평론가 존 러스킨[John Ruskin, 1819~1900]에 따르면, 〈비, 증기, 속도〉는 터너가 기차를 보면서 그린 게 아니라, 기차를 타본 다음 그 인상을 바깥에서 본 시점으로 재구성해서 그린 것이라고 한다.

당시 많은 영국인이 특별히 목적지가 없어도 증기기관차에 오르곤 했다. 기차라는 새로운 탈것이 주는 그 놀라운 속도감과, 차창 밖으로 펼쳐지는 획기적인 풍경을 즐기기 위해서였다. 한국에도 '시골 영감 처음 타는 기차놀이에~'로 시작되는 노래가 있듯이, 기차를 타는 것은 산업화와 근대화를 감각적으로 체험하는 일종의 '놀이'였다.

런던 토박이 터너는 '시골 영감'은 아니었지만 이 그림이 그려질 당

〈그림 3〉 비, 증기, 속도-대서부철도(1844), 조지프 말로드 윌리엄 터너 작, 캔버스에 유채, 91× 121.8cm, 내셔널 갤러리, 영국 런던

시 이미 영감님이긴 했다. 그는 어느 비 오는 날 기차를 타고 가면서, 차창 밖 풍경이 열차의 빠른 속도로 인해 쭉쭉 늘어나고 흔들리고, 빗줄기 속에서 어그러지며 빛과 뒤섞이는 것을 봤다. 또 차창 밖으로 머리를 내밀어 바람으로 그 속도를 느꼈다. 현대의 우리에게는 일상적인 이미지와 느낌이지만 당시 사람들에게는 충격적일 수밖에 없었다. 터너는 그 새로운 감각적 경험을 젊은이들 못지않게 온몸으로 받아들여 혁신적인 그림으로 그려냈던 것이다.

〈비, 증기, 속도〉의 과장된 원근법은 그림의 주인공인 증기기관차가 더욱 극적으로 속도감 있게 모습을 드러내게 해준다. 빗줄기와 안개를 뚫고 나타나는 기차의 불빛을 보고 있으면 증기기관의 굉음까지 귀에 들릴 듯 박진감이 넘친다. 고전주의 풍경화들과 달리 거친 붓질로 묘사된 빛과 대기의 떨림이 역동성과 속도감을 더해 준다.

이 그림이 증기기관차와 새로운 기계문명에 대해 두려움과 거부감을 드러내는지, 반대로 흥미와 끌림을 나타내는지 애매하다고 평론가들은 말한다. 터너를 지지한 러스킨 같은 경우에는 산업혁명에 강한 반감을 갖고 있었다. 그래서 이 그림에 대해서도 '참으로 추한 소재'를 애써 잘 다뤘다고 할 정도였다. 하지만 터너는 그전부터 동적인 에너지에 관심이 많았고, 또 굳이 기차를 타보고 이 그림을 그렸다는 걸 보면, 새로운 탈것이 주는 속도감과 에너지에 매혹되지 않았나 싶다.

4. 산업혁명, 기계와 분업이 가져온 속도의 혁명

산업혁명은 곧 속도의 혁명이기도 했다. 이것을 거론한 대표적인 학자로 프랑스의 사회·문화평론가 폴 비릴리오$^{\text{Paul Virilio, 1932~}}$가 있다. 그는 인류의 역사와 미래를 분석하는 데 있어서 '속도'를 핵심 관건으로 보고 '드로몰로지$^{\text{Dromologie: 질주학, 경주학 등으로 번역된다}}$'라는 이론을 선보였다.

비릴리오의 이론에 특히 영감을 준 것은 중국의 고전 군사학서 『손자병법^{孫子兵法}』(BC 5~6세기 추정)이었다. 손자의 유명한 경구 중 하나가 이것 아닌가. "큰 것이 작은 것을 잡아먹는 것이 아니라, 빠른 것이 느린 것을 잡아먹는 법이다." 비릴리오에 따르면, 인류 역사의 각종 전쟁·봉기·혁명은 이동의 자유와 속도의 패권을 두고 경쟁하고 투쟁하는 과정이며, 그래서 가속화와 함께 실질적인 공간과 권력이 재편되는 과정이다. 그에게 있어서 산업혁명 또한 폭발적인 가속화의 사건이었다.

독일의 경제사학자 페터 보르샤이트$^{\text{Peter Borscheid, 1949~}}$ 역시 속도를 관건으로 역사를 설명했는데, 약간 다르게 스피드^{speed}보다 페이스^{pace} 혹은 템포^{tempo}에 주목했다. 그는 산업혁명이 일어나면서 페이스의 가속화가 일종의 바이러스처럼 — 그는 이것을 '템포 바이러스$^{\text{Das Tempo-Virus}}$'라고 부른다 — 운송과 공업 생산부터 일상생활과 예술에까지 파고들게 되었다고 말한다.

이런 생각들을 바탕으로 볼 때, 산업혁명은 증기기관차와 증기선

〈그림 4〉 애덤 스미스의 (사후) 초상(1795), 작가 미상, 캔버스에 유채, 78×64.5cm, 스코틀랜드 내셔널갤러리, 스코틀랜드 에든버러

등으로 인한 운송 속도의 혁명과, 공장 기계 도입으로 인한 생산 속도의 혁명뿐만 아니라 분업으로 시간을 절약하는 데 따른 속도의 혁명까지 아우른다고 할 수 있다. 여기에서 분업 하면 근대경제학의 아버지라 불리는 스코틀랜드의 철학자 애덤 스미스를 떠올리지 않을 수 없다. (그림 4)

스미스는 고전 『국부론 An Inquiry into the Nature and Causes of the Wealth of Nations』(1776)에서, 그 전까지 금·은 화폐를 축적하는 것이 부라고 생각한 중상주의를 배격하면서, 부의 원천은 노동에 의한 생산이라고 했다. 그리고 부의 증진은 노동생산성의 개선으로 이루어지며, 노동생산성은 분업을 통해 개선된다고 했다.

스미스는 『국부론』 제1편 1장부터 분업에 관한 이야기로 시작한다. 그는 핀 공장을 예로 든다. 숙련되지 않은 사람은 하루 핀 1개를 제작할 수 있고, 숙련된 사람은 하루 20개를 제작할 수 있다. 그러나 핀 제작 과정을 몇 단계의 전문 작업으로 분화한 공장에서는 분업과 협업을 통해 노동자 10명이 하루 4만 8천 개의 핀을 생산해낸다.

"노동자 개개인의 솜씨가 향상되고, 한 작업에서 다른 작업으로 옮길 때 잃는 시간이 절약되며, 단순한 일에 집중하던 노동자들이 그 일을 좀더 쉽고 빨리 해낼 수 있는 기계를 발명하기 때문"이라고 스미스는 말한다. 이렇게 분업으로 생산 속도가 빨라지는 것이다.

스미스는 공장뿐만 아니라 사회 전체에서의 분업에 대해서도 이야기한다. 현대 사회의 직업과 학문 세분화를 예견한 셈이다. 스미스의 시대에는 아직 경제학도 철학의 일부였으며, 정치학, 사회학 등 모든 분야가 다 철학으로 뭉뚱그려져 있는 상태였다. 그것을 감안하면서 『국부론』의 다음 구절을 읽어보자.

> 사회가 진보하면서, 다른 직업들과 마찬가지로, 철학과 사색도 특정 시민계급의 주요하거나 유일한 직업이 되었다. 또 다른 직업들과 마찬가지로, 이것도 여러 다양한 분야로 세분되어 … 기능 증진과 시간 절약을 가져왔다. 각 개인이 자기의 독자적인 분야에서 더욱 전문가가 되고 전체적으로 더 많은 일을 해내어 전문 지식의 양도 상당히 증가되었다. 이런 분업의 결과로 모든 분야에서 생산물이 대폭 증가해서, 잘 통치되는 사회에서는 최저 계층 사람들까지 보편적 부를 누릴 수 있게 된다.

5. 애덤 스미스 – 분업을 촉진하는 것은 시장경제

그렇다면 그러한 노동의 분업이 생기도록 한 원동력은 무엇인가? 그것이 바로 자유로운 시장경제^{free market economy}다. 스미스는 『국부론』 제1편 제2장에서 다음과 같은 유명한 구절로 분업이 생기는 원리를 설명한다.

> 분업은 … 인간 본성의 어떤 성향, 즉 어떤 것을 다른 것과 거래하고 교환하고 교역하려는 성향이 낳은, 매우 점진적이면서도 필연적인

결과이다. (중략)

    인간은 거의 언제나 동료의 도움을 필요로 하는데, 그 도움을 동료의 자비심에 기대하는 것은 헛수고다. 그보다는 오히려 그들의 자기애를 자극해서 자신을 도와주는 것이 그들에게도 이익이 된다는 것을 보여주는 편이 효과적이다. 남에게 어떤 거래를 제의하는 사람은 누구나 '내가 원하는 그것을 주시오, 그러면 당신이 원하는 이것을 주겠소'라고 하며, 이와 같은 방법으로 우리가 필요로 하는 다른 사람의 호의 대부분을 얻게 되는 것이다.

    우리가 저녁 식사를 마련할 수 있는 것은 푸줏간, 술집, 빵집 주인의 자비심이 아니라, 자신의 이익에 대한 그들의 관심 때문이다. 우리가 호소하는 것은 그들의 자비심이 아니라 그들의 자기애이며, 우리가 말하는 것은 우리의 필요가 아니라 그들 자신의 이익이다.

즉 스미스가 말하는 것은 개개인의 이기심이 경제행위의 동기이며, 이런 경제행위는 그 유명한 '보이지 않는 손$^{invisible\ hand}$', 즉 시장 메커니즘의 기능에 의해 조화되어서 궁극적으로는 모두에게 이익이 된다는 것이다. 시장의 자유로운 교환과 거래가 보장되는 사회에서는 개개인이 필요한 것을 스스로 다 생산하지 않아도 되니 좀더 효율적인 생산을 위해 자연스럽게 사회적 분업을 하게 되고, 그 결과 노동생산성이 향상된다는 것이다.

    노동생산성의 개선은 곧 부의 총량의 증가로 이어진다. 그 경우, "잘 통치되는 사회에서는 최저 계층 사람들까지 보편적 부를 누릴 수 있게 된다"는 게 스미스의 생각이었다. '잘 통치되는 사회'란 시장 기능이 원활하게 돌아가고 부당한 약탈이 방지되는 사회다. 그는 시장경제가 발달한 유럽 국가의 소박한 농부가 그 나라 대표 부자만큼의 생활수준은 누리지 못하더라도, 1만 명의 노예를 거느린 아프리카 추장보다 훨씬 높은 수준의 생활을 한다고 했다. 또한 그 농부와 아프리카 추장 사이의 생활수준 차이가, 그 농부와 그 나라 대표 부자 사이의 생활수준 차이보다 훨씬 크다고 역설했다.

이렇게 볼 때, 시장이 커지면 커질수록 분업은 더욱 활발해지고 그만큼 노동생산성이 향상되어 부의 총량이 증가한다. 이런 맥락에서 스미스는 서로 다른 지역을 하나의 큰 시장으로 묶을 수 있는 자유무역을 지지했고 중상주의적 보호무역을 배격했던 것이다.

이런 자유주의적 고전파 경제학은 산업혁명으로 성장한 신흥 산업자본가들에게 적극적으로 받아들여졌다. 그들이 기존의 지배층인 귀족과 지주 계급을 압도하면서, 중상주의적 보호와 통제 정책이 무너지고 자유방임주의와 자유무역 정책이 주류를 이루게 된다. 그리고 자본가와 임금노동자 계급이 사회의 중요한 두 축을 형성하면서 자본주의 사회가 성립한다.

6. 분업의 부작용도 통찰했던 애덤 스미스

자유로운 시장이야말로 분업의 촉진과 노동생산성의 향상을 가져오고 개개인의 이기적 행위를 조화시켜 모두의 이익으로 돌아가게 한다고 애덤 스미스는 설파했다. 그리고 시장의 원활한 작동을 막는 각종 규제를 비판했다. 그래서 오늘날, 시장의 기능을 무한히 신뢰하고 정부의 시장 개입을 강력히 비판하는 신자유주의자^{Neoliberalist}들에게 '애덤 스미스 넥타이를 맸다'라는 표현을 쓰곤 한다. 1980년대 미국 레이건 정부 관리들의 패션에서 비롯된 표현이다. 그들은 신자유주의적 경제 정책을 내세우면서, 그 신념의 표시로 스미스의 옆모습이 패턴으로 들어간 넥타이를 실제로 매고 다녔던 것이다.

하지만 과연 '애덤 스미스=신자유주의'였을까? 놀랍게도 스미스는 『국부론』 제5편에서 분업의 부작용과 이것을 보완할 정부 정책에 대해서 이야기했다.

> 분업이 진행됨에 따라 노동으로 생활하는 사람들, 즉 대다수 사람들은 한두 가지밖에 안 되는 극히 단순한 작업만 하게 된다. 그 결과 인간은 더 이상 불가능할 정도로 우둔하고 무지해진다 … 오히려 수렵민이나 유목민으로 구성된 소위 야만적인 사회에서는 각자가 다양한 일을 해야 하고, 늘 발생하는 어려움을 해결하기 위해 자신의 능력을 발휘하고 방편을 고안해야 한다. 그래서 사람들의 창의력이 살아있게 되고 문명사회 하층민처럼 졸고 있는 듯한 우매함에 빠지는 것을 피할 수 있다 … 문명사회에서는 사회가 어느 정도 지위나 재산이 있는 사람들보다 일반인의 교육에 더 많은 배려를 해야 한다. 전체 국민에게 기본 교육이 가능하게 해야 하고 장려해야 하며 나아가 의무

화하는 것도 가능하다.

물론 스미스는 기본적으로 레세 페르(Part 5 참고), 즉 정부가 시장이 자유롭게 돌아가도록 놔두어야 한다고 생각했고, 그 생각을 설득력 있게 널리 전파한 장본인이다. 그러나 그는 또 정부가 공공 의무 교육을 실시하는 등 여전히 할 일이 많다고 생각했다. 그가 정부가 할 일로 꼽은 것들은 도로·운하 같은 공공 기간시설 제공부터 심지어 사치세 도입까지 있었다. 이것을 지적하며 허버트 스타인^{Herbert Stein, 1916~1999}이나 경제사상사 책 『세속의 철학자들』(1953)로 유명한 로버트 하일브로너^{Robert Heilbroner, 1919~2005} 같은 경제학자들은 "애덤 스미스는 애덤 스미스 넥타이를 매지 않았다"라고 잘라 말한다.

스미스는 공공예술 또한 지지했다. "그림과 시, 음악, 무용을 통해, 또 모든 종류의 연극과 전시를 통해, 사람들을 즐겁게 하고 기분전환 시켜주어, 사람들이 남을 헐뜯다 스스로 비천해지는 꼴이 되지 않게 해줄 수 있다"라고 그는 주장했다.

스미스가 이렇게 여러 가지 보완책을 제시했음에도 불구하고, 그가 우려한 분업의 부작용은 곧 현실이 되고 말았다. 초기 자본주의의 열악한 노동조건 속에서 '문명사회 하층민이 한두 가지밖에 안 되는 극히 단순한 작업을 반복하다 우매함에 빠지는' 일이 실제로 광범위하게 일어난 것이다. 예술가들은 곧 하층 노동자의 비참한 상태에 대한 분노를 예술을 통해 표출하기 시작했다. 대표적인 예가 사실주의^{Realism} 화가들이다. 그리고 기계화에 의한 획일화에 반발해서 미술 공예 운동을 일으킨 예술가들도 있었다.

7. 터너의 후예이자 산업혁명이 낳은 예술가들 – 인상파

한편 터너의 뒤를 이어 속도에 매혹된 일군의 화가들도 있었는데, 그들은 미술사의 혁명적 존재인 프랑스 인상주의^{Impressionism} 화가들이었다. 보르샤이트는 템포의 가속화가 19세기 후반 인상주의 화가들의 빠른 붓질에까지 영향을 미쳤다고 말한다. 이들이 빠르게 붓을 놀릴 수밖에 없었던 이유는 햇빛에 따라 시시각각 변하는 세상의 그 찰나적 모습을 시각기관이 인지하는 대로 화폭에 잡아놓기 위해서였다.

인상주의의 리더 클로드 모네$^{Claude\ Monet,\ 1840~1926}$는 직접적으로 터너의 영향을 받았다. 1870~71년 프랑스-프로이센 전쟁 기간 동안 강제 징집을 피해 런던에 머무르면서 터너의 작품들을 접했던 것이다. 저명한 미술사학자 에르네스트 곰브리치$^{Ernst\ Hans\ Josef\ Gombrich,\ 1902~2005}$는 이렇게 말한다.

> 터너의 작품들은 모네에게 회화의 주제보다는 빛과 대기의 효과가 가지는 마술적인 힘이 더 중요하다는 확신을 주게 되었다.

그런 터너의 영향이 강하게 드러나는 것이 모네가 1877년부터 78

〈그림 5〉 노르망디 기차의 도착, 생 라자르 역(1877), 클로드 모네 작, 캔버스에 유채, 60×80cm, 시카고 아트 인스티튜트, 미국 시카고

<**그림 6**> 생 라자르 역(1877), 클로드 모네 작, 캔버스에 유채, 75×100cm, 오르세 미술관, 프랑스 파리

<그림 7> 퐁투아즈의 공장(1873), 카미유 피사로 작, 38×55cm, 이스라엘 박물관, 이스라엘 예루살렘

〈그림 8〉 앙리 씨의 집과 공장(1833), 장 바티스트 카미유 코로 작, 캔버스에 유채, 81.4× 100.3cm, 필라델피아 미술관, 미국 필라델피아

년에 걸쳐 그린 〈생 라자르 역〉 연작이다. 기차가 등장할 뿐만 아니라 화폭 전체가 빛과 대기의 떨림으로 어지럽다는 점에서 터너의 〈비, 증기, 속도〉의 후계자라 할 만하다. (그림 5, 6) 곰브리치의 말대로 모네는 무엇보다도 "연기처럼 솟아오르는 증기 위로 유리 지붕을 통해 흘러드는 빛의 효과와 그런 혼란 속에 모습을 드러내고 있는 기관차와 객차의 모습에 관심이 있었다".

모네는 이 철도역을 마음껏 그리기 위해 전략을 좀 썼다고 한다. 동료 인상주의 화가 피에르 오귀스트 르누아르$^{\text{Pierre-Auguste Renoir, 1841~1919}}$에 따르면, 그때까지만 해도 가난한 젊은 화가에 불과했던 모네는 일부러 가장 좋은 옷을 입고 레이스 커프스를 달고 금장 지팡이를 휘두르며 역으로 갔다고 한다. 그러고는 역장에게 잔뜩 폼을 잡으며 자신은 아티스트인데 이 역을 그리고 싶다고 말했다는 것이다. 역장은 예술에 대해 아는 게 없었지만, 동시에 그걸 들킬까 봐 두려워하는 사람이었다. 그래서 군말 없이 승낙하고 모네를 위해 플랫폼을 폐쇄하고 기차가 계속 수증기를 뿜어내게까지 해주었다는 것이다.

이렇게 해서 화폭에 온통 빛과 수증기가 아른거리는 모네의 〈생 라자르 역〉 연작이 탄생했다. 이 시리즈에는 모네 자신도 미처 인식하지 못한 산업혁명 이후의 혁명적 속도가 담겨 있다. 기차와 철도역 자체가 근대적인 속도의 산물인 데다가, 햇빛과 기관차의 증기가 대기와 뒤섞이며 시시각각 변하는 기차역의 '인상'을 그대로 담아내기 위해 모네는 혁명적으로 빠른 붓질로 그림을 그려냈다. 그 빠른 속도에는 자연히 활기와 역동성이 수반됐다.

또 다른 인상주의 화가 카미유 피사로$^{\text{Camille Pissarro, 1830~1903}}$ 역시 빠른 붓질로 산업혁명의 산물인 공장을 그렸다. (그림 7) 그보다 한 세대 앞서는 프랑스 바르비종^{Barbizon}파의 화가 장 바티스트 카미유 코로$^{\text{Jean-Baptiste Camille Corot, 1796-1875}}$의 공장 그림(그림 8)과 비교해보자. 이 두 개의 공장 그림의 결정적인 차이는 증기기관이 만들어내는 굴뚝 연기뿐만 아니라 그 속도와 역동성에 있다.

인상주의 화가들에 대해서는 뒤에 더 자세히 이야기할 것이지만, 인상주의 미술과 산업혁명에 의한 근대 자본주의는 이처럼 기본적으로 끈끈한 관계였다는 것을 여기에서 짚고 가겠다. 인상주의 화가들은 미술사에서 혁명을 이룩했고, 아카데미 화가들의 진부한 그림들을 비판했고, 그런 그림들로 저택을 정성껏 장식한 부르주아지를 비웃었지만, 그들 역시 또 다른 부르주아 계급의 지지에 의해 성장했다. 그리고 무엇보다도 인상주의 미술은 그 속도와 역동성의 면에서 산업혁명이 탄생시킨 자본주의 문명과 떼려야 뗄 수 없는 관계였다.

| 경제용어 11 | **보이지 않는 손(Invisible Hand)**

경제주체들의 충돌하는 이해관계를 자연스럽게 조정하는 시장 메커니즘의 기능을 가리키는 말. 고전파 경제학의 시조인 애덤 스미스가 처음 사용했다.

각자의 이익을 추구하는 경제주체들은 그 입장이 상충하기 마련이다. 단순한 예를 들자면, 어떤 물건을 구입하려는 사람은 되도록 싼값에 사고 싶어 하고, 공급하는 사람은 되도록 비싸게 팔고 싶어 한다. 하지만 동시에 공급자는 다른 공급자와 경쟁하며 싼 가격으로 소비자를 유혹해야 할 압박을 느끼고, 소비자 역시 다른 소비자와 경쟁하며 물건을 얻기 위해 어느 정도의 가격을 지불해야 할 압박을 느낀다. 이렇게 다양한 주체들이 가격 등 각종 조건에 따른 수요량과 공급량의 의사를 시장에서 자유롭게 표출하면서, 마침내 수요자가 원하는 가격 및 수량이 공급자가 원하는 가격 및 수량과 일치하는 균형이 발생한다. 이때의 가격이 균형 가격(equilibrium price)이며 이것이 곧 시장가격이다. 이 가격을 지표로 받아들여 경제주체들은 다시 수요와 공급 등의 결정을 하게 된다.

지표인 균형 가격은 시장 상황에 따라 지속적으로 변한다. 예를 들어 어떤 상품의 공급이 일정한 상태에서 그 상품의 인기가 갑자기 치솟아 초과 수요가 발생하게 되면 균형 가격은 상승한다. 지표인 가격이 상승한 것을 보고 공급자들이 공급을 늘리고 수요자들이 수요를 줄여서 초과 공급이 발생한다면 균형 가격은 다시 하락하게 된다. 이런 메커니즘으로 시장은 수급의 균형을 이루며 경제주체들의 상충된 이해관계를 지속적으로 조정하는 것이다.

이것이 '보이지 않는 손'이 이루는 조화다.

스미스는 이렇게 각 경제주체가 시장가격을 지표로 자유롭고 책임 있는 경제활동을 수행한다면, 경쟁 관계가 전체적인 조화로 발전하고, 혼란이 질서로 나아가게 된다고 보았다. 그러므로 기본적으로는 '자유방임주의', 즉 정부가 이런 시장 메커니즘에 함부로 끼어들지 말고 내버려 두어야 한다는 생각이 강했다.

스미스의 이론이 후대 고전파와 신고전파 경제학자들에 의해 더욱 발전되면서, 시장에서 발생하는 경쟁적 균형이야말로 재화와 서비스를 가장 효율적으로 배분할 수 있다는 신념이 더욱 강화됐다. 결코 전지적일 수 없는 정부가 시장에 개입해 자원 배분을 왜곡해서 오히려 불필요한 곳에 과다 자원이 간다든가, 필요한 곳에 자원이 제대로 가지 못하는 부작용이 생기는 경우가 많기 때문이었다.

그러나 시장 경제가 발전하면서 시장 역시 효율적인 자원 배분에 실패하는 경우가 속속 드러나기 시작했다. 우선, 시장이 제대로 돌아가려면 완전 경쟁이 보장되어야 한다. 그러나 19세기 말 기업 활동의 자유가 급격한 기술 진보와 자본 축적을 가져오면서 그에 힘입어 탄생한 독점기업이 오히려 시장의 자유로운 경쟁을 해치는 아이로니컬한 상황이 나타나게 됐다. 또한 어떤 경제주체의 행위가, 예를 들어 오염 물질의 배출 등이, 시장을 통하지 않고 다른 경제주체에게 직접 영향을 미치는 외부효과(external effect)가 목격되기 시작했다. 이것은 시장만으로는 해결할 수 없는 문제다.

그리고 무엇보다도, 시장이 한 균형에서 새로운 균형으로 가는 과정이 이론만큼 유연하고 신속하지 않다는 문제점이 드러났다. 여건이 변화할 때 시장이 새로운 균형 가격과 수량에 유연하고 신속하게 도달해야만 각 경제주체가 새로운 균형 가격을 지표로 삼아 합리적인 의사 결정을 할 수 있다. 그러나 실제로는 그렇지 못할 때가 많다는 게 문제였다. 물론 이론상 결국 장기적으로는 균형에 이르게 되지만, 존 메이너드 케인스가 "장기적으로는 우리 모두 죽고 없잖아.(In the long run we are all dead.)"라고 재치 있게 비웃었듯이, 마냥 균형이 달성되기를 기다릴 수 없는 것이었다.

이러한 시장에 대한 불신이 결정적으로 폭발한 것은 1929년 미국발 대공황이었다. 결국 정부의 적절한 규제와 간섭을 인정하는 케인스 경제학과 수정자본주의가 대두하게 되었다. 그러나 Part 5에서 언급한 대로 20세기 중반 이후에는 다시 '보이지 않는 손'을 절대 신뢰하는 신자유주의 학파가 나타났다.

이 계통의 대표적인 경제학자인 밀턴 프리드먼(Milton Friedman, 1912~2006)은 케인스의 '장기적으로는 우리 모두 죽고 없다'와 겨룰 만한 재치 있는 말로 '샤워실의 바보(fool in shower)' 이야기를 했다. 샤워꼭지를 온수에 맞춰놓고 틀어도 처음에는 찬물이 나오기 마련인데, 조금 기다리면 될 걸, 바보는 더 온수 쪽으로 꼭지를 확 틀었다가, 너무 뜨거운 물이 나오면 다시 냉수 쪽으로 꼭지를 확 틀었다가 하기를 반복한다는 것이다. 시장 균형을 기다리지 못하고 정부가 쓸데없이 개입할 때의 문제를 비유한 것이다. 나중에 대공황에 관해 설명하겠지만, 이들은 대공황 역시 사실 시장의 실패가 아니라 정부 개입 때문이었다고 주장한다.

이렇듯 '보이지 않는 손'의 힘과 한계에 대한 논쟁은 여전히 진행 중이다.

● 재미있는 미술사 이야기 · 1

인상파 화가들의 일요일 오후

● 이젤과 팔레트를 들고 전원으로 간 도심의 화가들

　클로드 모네의 작품 중에는 '아르장퇴유(Argenteuil)'라는 파리 근교의 지명이 등장하는 그림이 많다. 이곳은 파리인들의 인기 주말 여행지여서 모네도 곧잘 찾았고, 1871년부터 78년까지는 아예 이곳에서 살았기 때문이다. 그 시기의 그림 중에 〈아르장퇴유의 철도교〉(그림 1)가 있다. 강의 푸른 잔물결 위로 하얀 돛을 단 작은 보트 둘이 한가롭게 떠 있고, 그들 위로 다리가 서 있다. 막 기차가 지나가는 참이어서, 기차가 뿜어내는 연기가 하늘에 뜬 옅은 구름과 뒤섞인다.

　평화로운 전원에 콘크리트 다리와 연기를 마구 뿜어내는 기차라니. 이것을 비판하는 의미로 모네가 이 그림을 그린 걸까? 그렇게 해석하는 평론가들도 간혹 있다. 하지만 크리스토프 하인리히 같은 평론가들은 이 그림이 오히려 근대 문명에 대한 예찬을 담고 있다고 본다. 19세기 중반부터 이런 기차가 파리와 아르장퇴유 같은 파리 교외를 한 시간 이내 거리로 연결하게 됐다. 그 덕분에 도심의 가난한 화가들도 이젤과 팔레트를 싸 들고 쉽사리 전원으로 나가서 그림을 그릴 수 있게 됐고, 그 점이 모네를 매혹했다는 것이다.

　19세기 후반에는 기차가 대중교통 수단이 됐고, 또 노동조건의 개선으로 도시 노동자들도 약간의 여유가 생겼기 때문에 최소한 일요일 하루라도 가까운 교외에 나갈 수 있게 됐

〈그림 1〉 아르장퇴유의 철도교(1873), 클로드 모네 작, 캔버스에 유채, 60×99cm, 개인 소장

다. 이렇게 노동자부터 중산층까지 다양한 계층의 사람들이 섞여서 도시 근교 전원에서 여가를 즐기는 모습에서 어떤 이들은 새로운 아르카디아(arcadia: 전원적 낙원)의 가능성을 보았다. 물론 산업화 이전을 유토피아로 생각하는 사람들은 도시인의 유흥지로 전락한 교외가 아닌, 순수한 전원 속에서 농민들이 일과 여가의 구분이 없이 평화롭게 일하던 시대가 훨씬 좋았다고 비판했지만 말이다.

여하튼 교외의 자연 못지않게 그곳에서 여가를 즐기는 사람들의 '현대적 풍경'이 모네를 포함한 인상주의 화가들의 흥미를 끌었다. 이렇게 인상주의 미술은 일단 주제 면에서 근대의 변화와 밀접한 관계가 있다. 게다가 기법 면에서도 근대의 기술적 발전과 관련이 있다.

〈그림 2〉 일출-인상(1873), 클로드 모네 작, 캔버스에 유채, 48×63㎝, 마르모탕 박물관, 프랑스 파리

● 빛을 받아 시시각각 변하는 물의 모습을 그린 모네

　Part 6에서도 잠시 언급했지만 인상주의 미술, 특히 모네 그림의 특징은 시시각각 변하는 빛과 대기의 현장감 넘치는 묘사와 그런 묘사를 위한 빠르고 대담한 붓질이다. 이런 그림은 야외에서 작업을 하면서 빛과 대기의 변화를 지속적으로 생생하게 접하지 않으면 그릴 수 없다. 1842년 휴대용 튜브 물감이 발명되지 않았다면 야외 작업은 결코 쉽지 않았을 것이다. 19세기 전반까지만 해도 야외에서 연필이나 초크로 스케치를 하는 화가들은 많았어도 유화를 그리는 화가는 거의 없었다. 유화 물감을 들고 나가는 것이 너무나 번거로웠

〈그림 3〉 보트 위 아틀리에에 있는 모네와 그의 부인(1874), 에두아르 마네 작, 캔버스에 유채, 80×98cm, 노이에 피나코테크, 독일 뮌헨

기 때문이다.

    모네는 튜브 물감을 들고 1873년에 르아브르 항구로 나가서 유명한 〈일출—인상〉(그림 2)을 그렸다. 자유분방한 붓 터치 몇 개로 표현된 배의 그림자와 물결을 보면서 비평가 루이 르로이는 "덜 된 벽지도 이 그림보다는 완성도가 있겠다"고 악평했다. 그는 이 그림에 완성된 작품은 없고 제목 그대로 인상만 있으니 '인상주의'라고 불러주겠다고 했다. 그렇지만 모네와 친구들은 이 야유 섞인 명칭이 제법 나쁘지 않다고 생각했고, 결국은 그들의 공식

〈그림 4〉 그네(1876), 피에르 오귀스트 르누아르 작, 캔버스에 유채, 92×73cm, 오르세 미술관, 프랑스 파리

명칭이 됐다.

〈일출—인상〉의 바다부터 만년의 〈수련〉 연작에 이르기까지 빛을 받아 시시각각 변하는 물의 모습은 모네의 주요 관심사였다. 모네는 아르장퇴유에서 낡은 보트를 하나 사서 조그만 수상 아틀리에로 꾸미고, 그것을 타고 다니면서 빛과 물이 변하는 모습을 연구했다. 튜브 물감이 없었다면 이것도 불가능했으리라.

모네를 만나러 아르장퇴유에 놀러 온 에두아르 마네는 그 모습을 흥미롭게 지켜보다 그림으로 남기기도 했다. (그림 3) 이 그림에서 모네는 보트에 앉아 건너편 강둑을 그리는 중이다. 작은 선실 입구에 앉아 있는 것은 모네의 아내 카미유다.

이렇듯 모네의 그림은 근대의 변화와 밀접한 관련이 있지만, 그가 그런 변화에 어떤 의견을 지녔는지는 〈아르장퇴유의 철도교〉의 상반된 해석처럼 다소 애매모호하다. 모네보다 근대 풍경을 더 분명하게 예찬한 화가는 피에르 오귀스트 르누아르였다.

그의 〈그네〉(그림 4)는 몽마르트르의 한 공원에서 주머니 가벼운 파리 젊은이들이 여가를 보내는 모습과 그들의 소박한 즐거움을 묘사하고 있다. 나뭇잎 사이로 비치는 햇빛과 나뭇잎의 그늘이 인물들의 옷 위로 점처럼 떨어진다. 비평가 르로이는 인상주의 화가들과 원수라도 졌는지, 이것을 보고도 "꼭 옷에 묻은 기름 얼룩 같다"고 악평했다. 하지만 저 빛과 그림자로 물든 여인의 하얀 드레스를 보고 있으면 저절로 화창한 날 숲을 거닐 때 느낄 수 있는, 그 나뭇잎 사이로 쏟아지는 따스한 빛과 나뭇잎의 서늘한 그림자 속 어지럽고 황홀한 감각이 살아난다. 그리고 그 속에서 여가를 즐기는 사람들의 즐거움까지 생생하게 전달되는 것이다.

● **근대 소시민의 여가에 대한 예찬**

평론가 조르주 리비에르는 "이 젊은이들은 어떤 욕심도 없이 그저 그들의 삶과 쾌청한 날씨, 그리고 풀잎을 비추는 햇살을 즐기고 있을 뿐이다. 이들에게 무슨 걱정이 있을까. 이 매혹적인 그림을 보는 사람들의 머리에는 오직 한 단어, '행복'만이 떠오를 것이다"라고 찬사를 던졌다. 이렇듯 르누아르의 그림에는 근대 소시민의 여가에 대한 예찬이 담겨 있다.

도시 근교에서 여가를 즐기는 사람들을 묘사한 작품 중 가장 장대한 것은 32세의 나이로 요절한 화가 조르주 쇠라(Georges Seurat, 1859~1891)가 그린 〈그랑드 자트 섬의 일요일 오후〉(그림 5)다. 가로 길이가 3미터에 달하는 이 대작에는 파리 근교 센 강의 섬 그랑드자트(La Grande Jatte)에 소풍 나온 다양한 계급의 남녀노소가 등장한다.

〈그림 5〉 그랑드 자트 섬의 일요일 오후(1884~6), 조르주 쇠라 작, 캔버스에 유채, 207.6×308cm, 시카고 아트 인스티튜트, 미국 시카고

이 그림은 실제로 볼 때가 화집에서 보는 것보다 훨씬 감동적인 것으로도 유명하다. 실제로 볼 때 그림 표면 전체에 빛이 어른거린다. 여러 원색의 무수한 작은 점들이 촘촘히 붙어 있어 관람자의 눈에서 혼합되기 때문이다. 쇠라의 선배 인상주의 화가들도 색을 섞어 탁하게 만드는 것을 피하고 원색에 가까운 붓 터치를 병치시키는 방법을 사용했지만, 쇠라는 거기에서 한발 더 나아가 이런 점묘법(pointillism)을 썼다. 이것은 당시 화학이 발달했고 또 쇠라가 그것에 관심을 가지면서 가능했던 것이다. 비평가 펠릭스 페네옹은 이것을 신인상주의(Neo-Impressionism)이라고 했다.

그런데 쇠라의 그림 속 인물들은 유난히 감정 없이 뻣뻣하게 그려져 있다. 쇠라를 좋아했던 무정부주의 비평가들은 이것이 중산층의 틀에 박히고 속물적인 여가의 이상을 풍자하는 것이라고 생각했다. 그리고 보니 쇠라의 그림은 우리나라 아파트 광고에 인용된 적이 있다. 한국에서는 아파트 광고들이야말로 중산층의 삶에 대한 틀에 박히고 속물적인 환상을 극단적으로 묘사한다는 비판이 있는 걸 생각해보면 재미있지 않을 수 없다.

Part_7
초상화의 주인공이 된 부르주아지

― 자본주의와 시민계급의 성장

1. 앵그르가 그린 화려한 여인의 신분은?

여기 한 여인의 초상화(그림 1)가 있다. 앞에서 소개한 퐁파두르 후작부인의 초상화보다 한 세기 후에, 그러니까 19세기 중반에 그려진 것이다. 화풍이 참 다르다. 퐁파두르 후작부인의 초상화는 로코코 스타일로 형태와 색채가 부드럽고 나른한 분위기인 반면, 이 그림은 윤곽선이 뚜렷하고 단정하며 화면 전체가 매끄러운 느낌이다.

초상화 속 여인은 어깨가 드러나고 허리가 잘록한 로맨틱 스타일 드레스를 입고 있다. 드레스의 꽃무늬와 술 장식과 리본이 화사하기 그지없다. 그녀의 한쪽 팔에는 석류석과 오팔이 박힌 팔찌가, 다른 팔에는 다이아몬드와 자수정이 박힌 팔찌가 반짝거린다. 이들 보석과 드레스는 그 촉감이 느껴질 정도로 사실적으로 정밀하게 그려져 있다.

반면에 여인의 얼굴과 팔은 살아 숨 쉬는 사람이라기보다는 설화석고^{alabaster} 조각상처럼 묘사돼 있다. 티 하나 없이 매끈하고 환한 피부, 둥글고 커다란 검은 눈, 게다가 얼굴에 손을 살짝 갖다 댄 독특한 자세가 고대 그리스로마 조각 같은 느낌을 더한다. 그도 그럴 것이 이 그림을 그린 화가는 장 오귀스트 도미니크 앵그르$^{Jean\text{-}Auguste\text{-}Dominique\ Ingres,\ 1780\sim1867}$. 고대 그리스로마 미학과 그것을 이어받은 르네상스 고전주의자들에게서 깊은 영감을 받아 그가 살던 19세기에 재탄생시

<그림 1> 마담 무아테시에(1856), 장 오귀스트 도미니크 앵그르 작, 캔버스에 유채, 120×92cm, 내셔널 갤러리, 영국 런던

킨 신고전주의^Neoclassicism 화가다. 여인이 취한 손 모양은 고대 로마 도시 헤르쿨라네움^Herculaneum● 에서 발굴된 어느 저택 벽화(그림 2)에서 따온 것이다.

앵그르는 현대에도 신고전주의 미술의 대표자로 기억되며 미술사 책에서 빠지는 법이 없지만, 이미 19세기 중반에도 프랑스에서 가장 잘나가는 화가 중 하나였다. 그런 앵그르에게 초상화를 그리게 한 여인은 어떤 신분이었을까? 몸에 걸친 드레스와 보석뿐만 아니라 앉아 있는 공단 소파며 뒤에 있는 중국산 도자기를 보면 부유한 사람임에 틀림없다. 그렇다면 공작부인이나 남작부인? 아니, 이 그림의 주인공인 마담 무아테시에^Madame Moitessier 는 공무원의 딸이었으며, 은행가이자 레이스 거래업자인 무아테시에의 부인이었다. 귀족이 아닌 부르주아^bourgeois 계급인 것이다.

1789년 프랑스 대혁명으로 봉건적 신분 체제인 앙시앵 레짐이 무너진 후, 혁명을 주도한 시민계급, 즉 부르주아지^bourgeoisie 가 정치뿐만 아니라 문화의 주요 세력으로 떠오르게 됐다. 귀족 계급은 쉽게 물러서지 않고 왕정복고(1815~30) 때 세력 회복을 시도했지만, 대세는 산업화의 진행으로 더욱 경제력을 얻은 부르주아지에게 기울고 있었다. 그 변화가 마담 무아테시에의 초상화에 나타나는 것이다.

물론 19세기 이전에도 부유한 상인 등 성공한 평민 계급이 유명한 화가에게 자신과 가족의 초상화를 주문하곤 했었다. 다만 그들은 귀

● 헤르쿨라네움: AD 79년 베수비우스 화산의 폭발로 폼페이와 함께 매몰된 고대 도시.

〈그림 2〉 下 헤르쿨라네움에서 발굴된 프레스코 벽화, AD 1세기, 국립고고학박물관, 이탈리아 나폴리

족 작위를 받거나 사들이기 전에는 귀족처럼 화려한 모습으로 초상화에 나타나기 힘들었다. 그러나 대혁명 이후의 프랑스나 산업혁명 와중의 영국 등에서는 '사장님의 사모님'이 후작부인 못지않게 화려한 모습으로 초상화에 나타나게 된다.

2. 부르주아지가 정치·경제·문화의 중심 세력으로 떠올랐다

앵그르가 〈마담 무아테시에〉보다 30여 년 전에 그린 초상화로 자크 루이 르블랑과 그의 아내 마담 르블랑(그림 3, 4)도 역시 부유한 부르주아 계급이었다. 르블랑 부부는 나폴레옹 보나파르트의 누이동생인 엘리자가 이탈리아 토스카나 지역의 영주로 봉해졌을 때 그녀 밑에서 관리와 비서로 일했다. 그들은 나폴레옹이 1814~15년 몰락하고 엘리자가 1820년 세상을 뜬 후에도 그대로 이탈리아에 머무르고 있다가 그곳에 유학 온 앵그르를 만나 이 초상화를 그리게 했다.

마담 르블랑은 로맨틱 스타일 드레스보다 한 세대 전에 유행한, 허리가 높은 엠파이어 스타일 드레스를 입고 있다. 그녀의 의상은 마담 무아테시에의 의상보다 한결 간소하지만, 세련된 취향과 은근한 부를 보여주고 있다. 검은 드레스와 멋진 대조를 이루는 화려한 숄, 그리고 터키석으로 장식된 금시계로 말이다. 이 그림을 소장한 뉴욕 메트로폴리탄 박물관에 따르면, 이 숄에 E 자가 수놓아져 있는 것에 주목할

〈그림 3〉 마담 르블랑(1823), 장 오귀스트 도미니크 앵그르 작, 캔버스에 유채, 119×92cm, 메트로폴리탄 박물관, 미국 뉴욕

〈그림 4〉 무슈 르블랑(1823), 장 오귀스트 도미니크 앵그르 작, 캔버스에 유채, 121×95.6cm, 메트로폴리탄 박물관, 미국 뉴욕

필요가 있다. 그녀가 섬기던 엘리자의 이름 첫 글자라는 것이다.

이렇게 르블랑 부부는 나폴레옹 일가를 추억하고 있지만 그 일가가 몰락한 뒤에도 상관없이 당당한 모습으로 초상화에 나타난다. 현대에는 이게 별로 놀랄 일이 아니다. 그들은 나폴레옹이 어찌 되었건 그들의 삶을 주체적으로 살아가야 하는 개인들이니까. 하지만 이런 생각은 서구에서 18세기 말에 이르러서야 본격적으로 나타난 것이었다.

그 전까지는 개인이 국왕 또는 교황을 정점으로 하는 숙명적인 계급구조의 한 부분에 불과하다는 생각이 강했다. 그러다가 계몽주의의 확산, 자유시장경제의 발달, 시민혁명 등으로 개인의 정체성에 대한 생각이 변하게 됐다. 개인은 천부天賦의 권리를 지닌 독립된 시민으로서, 자신의 몸과 정신과 운명의 주인이라는 생각이 대두하게 된 것이다. 물론 19세기까지만 해도 그 개인이 오직 백인 남성, 그것도 주로 부르주아 계급 이상의 백인 남성만이라는 한계가 있었지만.

이렇듯 앵그르의 초상화들은 부르주아지가 정치·경제·문화의 중심 세력으로 떠올랐다는 것과, 개인이 독립된 주체로서 중요해졌다는 것을 나타낸다. 그리고 또 하나 드러내는 것이 바로 고대 그리스로마 문화에 대한 열광이다. 마담 무아테시에의 독특한 포즈도, 마담 르블랑이 걸친 엠파이어 드레스도 모두 고대 그리스로마 문화에서 영감을 받은 것이었다.

3. 고대 그리스로마에 대한 열광과 신고전주의

대혁명을 성취한 부르주아지는 자신들을 고대 민주주의를 꽃피운 그리스 시민들과 동일시했다. 그래서 고대 그리스 복식에서 따온 엠파이어 스타일 드레스가 대유행했던 것이다. 또한 미술계는 고대 그리스로마 예술처럼 단정한 윤곽에 비례와 균형을 중시하고, 이상적인 미를 추구한 그림들과 조각들이 지배했다. 소재 면에서도 고대 그리스로마의 역사를 다룬 그림들이 인기를 얻었다.

물론 그리스로마 신화와 역사는 이미 르네상스 시대부터 예술의 주요한 소재였다. 하지만 19세기 이전 그림들은 주로 신화의 낭만적이고 에로틱한 에피소드들을 다뤘다. 반면에 대혁명 직후 그림들은 당시 활발하게 발굴되던 고대 유적을 바탕으로 좀더 치밀한 고증을 해서 웅장한 전쟁 장면이나 정치적 일화를 극적으로 나타내곤 했다. 앵그르의 스승인 자크 루이 다비드$^{\text{Jacques-Louis David, 1748~1825}}$가 바로 이런 그림들에 뛰어났는데, 〈사비니 여인들의 중재〉(그림 5)가 대표적인 예다.

이 그림은 로마 창건에 얽힌 전설을 소재로 삼고 있다. 전설에 따르면 로마를 세운 젊은 로물루스와 귀족들은 적당한 배필을 구하지 못하자 이웃 사비니^{Sabini} 부족의 처녀들을 납치해서 아내로 삼았다. 분노한 사비니의 남자들이 딸들과 누이들을 내놓으라고 했지만, 로마인들은 이미 혼인을 했으니 어쩔 수 없다고 버텼다. 이렇게 티격태격하다가 두어 해가 흐른 후 마침내 사비니인들이 총공격을 감행해서 전

〈그림 5〉 사비니 여인들의 중재(1799), 자크 루이 다비드 작, 캔버스에 유채, 385×522cm, 루브르 박물관, 프랑스 파리

쟁이 벌어졌다.

한편 이미 로마인들과의 사이에서 자식까지 낳은 사비니 여인들은 어느 편도 다치기를 원하지 않았다. 그래서 여인들은 자식들을 들쳐업은 채 로마군과 사비니군이 대치하고 있는 전쟁터 한가운데로 뛰어들어가 제발 화해하라고 눈물로 호소했다. 결국 마음이 움직인 양편의 남자들은 화해하고 동맹을 맺게 됐다고 한다. 다비드의 그림은 사비니 여인들이 전투를 중단시키는 극적인 장면을 묘사한 것이다.

그림 가운데에서 양팔을 벌린 여자가 로물루스의 아내 헤르실리아고, 그림 왼쪽에 턱수염 난 남자가 그녀의 아버지 타티우스이며, 오른쪽에 창을 들고 있는 남자가 로물루스다. 그런데 전사들의 복장(?)이 좀 이상하다. 멋들어진 투구와 빨간 망토를 걸쳤지만, 정작 가릴 데는 안 가리고, 갑옷도 없이 거의 나체가 아닌가? 이것은 고대 그리스 조각에서 추구했던 것 같은 이상적인 인간 육체의 아름다움을 나타내기 위해서였다. 즉 신고전주의 미학의 표현인 것이다.

또 이 그림에는 정치적인 의미도 있다. 다비드는 프랑스 대혁명 이후의 혼란 상황에서 혁명 세력들 간의 화해와 안정을 바라는 마음에서 이 그림을 그렸다고 한다.

앵그르도 스승처럼 역사화로 명성을 떨치고 싶은 욕망이 강했다. 그는 초상화보다 역사화가 훨씬 격이 높은 그림이라고 생각했다. 그건 당시 왕립 아카데미를 중심으로 제도화된 미술계에서 보편적인 생각이기도 했다. 당시 회화의 서열을 보면, 역사적 주제를 다룬 역사화가 가장 높은 대접을 받았다. 여기서 역사적 주제란 그리스로마 신화와 그리스도교 성서 이야기까지 포함하는 것이었다. 역사화 다음이 초상화였고, 그다음은 풍속화, 그다음은 풍경화, 그리고 정물화는 꼴찌였다.

그렇기 때문에, 〈마담 무아테시에〉를 소장한 런던 내셔널 갤러리에 따르면, 앵그르가 처음에 은행가 무아테시에로부터 자기 부인을 그려 달라는 청을 받았을 때는 퇴짜를 놓았었다고 한다. 르블랑 부부를 그리던 시절에는 아직 명성을 굳히기 전이고 경제적 여유가 없었기에 초상화 주문을 많이 받았지만, 무아테시에를 만났을 때에는 이미 완전히 성공한 노년의 화가였기 때문에 초상화 주문을 거절할 수 있었던 것이다. 그러나 그는 나중에 무아테시에 부인을 직접 보고 마음을 바꾸게 됐다. 그녀가 자신이 좋아하는 그리스로마 조각 같은 고전적 아름다움을 지니고 있었기 때문이었다.

4. 점점 사치스러워지는 초상화 속 부르주아지의 두 얼굴

이렇게 우여곡절 끝에 탄생한 마담 무아테시에의 초상화에서 그 화려한 로맨틱 스타일 드레스는 시사하는 바가 많다. 앞서 말한 것처럼 대혁명 직후 19세기 초에는 엠파이어 스타일 드레스가 유행했었다. 이런 패션의 경향은 대혁명으로 쫓겨난 귀족들의 나른하고 향락적인 로코코 문화와 대조를 이루면서, 시민계급이 지향하는 산뜻하고 비교적 검소한 새 시대를 반영하는 것이었다. 치마폭이 좁은 엠파이어 드레스를 가지고는 로코코 시대만큼 의상에 사치를 부리기 힘들었으니까.

그러나 얼마 안 가서 19세기 중반에는 엠파이어 드레스 대신 다시 치마폭이 넓어진 로맨틱 스타일 드레스가 유행하게 된다. 이것은 시민계급이 부를 축적한 기득권 세력이 되어가는 시점과 묘하게 맞물린다. 마담 르블랑보다 훨씬 사치스러운 마담 무아테시에의 모습은 이제 완전히 기득권층으로 자리 잡은 부르주아지의 한 단면을 보여주는 셈이다.

지금 이 글에서 시민계급과 부르주아지라는 말이 혼용되고 있는데, 그 둘은 같은 뜻이다. 그런데 흥미롭게도 우리는 '시민계급'이라고 할 때는 진보적인 혁명의 주체를 떠올리는 반면 '부르주아지'라고 하면 반혁명적인 기득권층을 떠올리는 경우가 많다. 19세기 부르주아지가 지닌 두 얼굴 때문이다.

부르주아지는 프랑스에선 정치혁명을, 영국에선 산업혁명을 주도하면서 낡은 신분 제도의 구속에 항거해 개인의 자유와 기본 인권, 민주주의를 최초로 폭넓게 전파했다. 그들은 또한 경제적 자유방임주의를 지지했는데, 이것 역시 전제군주와 결탁한 지주나 특혜 상공인들의 폭리에 항거하는 것이었다. 그러나 그들은 점차 기득권 계층이 되어 나중에는 노동자들을 억누르는 존재가 된다.

19세기 초중반 부르주아지가 지녔던 복합적 면모는 앵그르의 라이벌이었던 페르디낭 빅토르 외젠 들라크루아$^{Ferdinand-Victor-Eugène}$

Delacroix, 1798~1863의 너무나도 유명한 그림 〈민중을 이끄는 자유의 여신〉(그림 6)에서도 드러난다.

5. 들라크루아의 〈민중을 이끄는 자유의 여신〉에 숨겨진 부르주아 코드

들라크루아는 신고전주의에 맞선 낭만주의 미술의 리더였다. 〈민중을 이끄는 자유의 여신〉만 보아도 빛과 색채가 윤곽선보다 눈에 띄고 동적인 에너지와 격정이 그림 전체에 휘몰아치는 것이, 앵그르의 정적이고 감정이 절제되고 윤곽선이 두드러진 그림들과 대조를 이룬다.

이 그림은 왕정복고 시대의 종말을 가져온 1830년 7월 혁명을 묘사한 것이다. 대혁명 때 단두대에서 처형된 루이 16세의 동생인 샤를 10세가 입헌군주제를 거부하고 의회 해산, 출판 자유 정지, 선거권 제한 등등의 반동 정책을 펴자 분노한 시민들이 봉기한 것이었다. 시민들은 바리케이드●를 치고 3일간의 시가전을 벌인 끝에 샤를 10세 일파를 몰아내는 데 성공했다. 그리고 왕족이지만 입헌군주제와 자유주의를 지지해온 루이 필리프를 새 왕으로 맞았다.

● 바리케이드: 돌과 가구 등을 쌓아 올려 만든 바리케이드는 파리의 잦은 봉기에 수반된 시가전에 필수 요소였다. 1850년대 오스만의 도시 정비가 이루어지기 전까지 파리 시내의 도로들은 거의 다 협소했기 때문에 바리케이드로 쉽사리 차단할 수 있었고 그렇게 한 구역을 장악할 수 있었다.

이 그림은 당시의 시가전을 묘사하면서 '자유'를 의인화한 한 여성을 등장시켰다. 머리에는 고대부터 해방의 상징이었던 프리기아 모자를 썼고, 한 손에는 총검을, 다른 한 손에는 자유·평등·박애를 상징하는 삼색기를 들었다. 그녀가 굳이 풍만한 가슴을 드러낸 이유는 모성을 나타내기 위해서일 것이다. 즉 그녀는 자유의 의인화일 뿐만 아니라 모국 프랑스의 의인화이기도 한 것이다. 그녀의 발밑에는 시가전으로 사망한 사람들의 시신이 가득하다. 자유는 그냥 얻어지는 것이 아니라 투쟁과 피의 희생으로 성취된다는 알레고리다.

그런데 이런 알레고리는 어디까지나 엘리트 취향 — 과거에는 귀족의 전유물이었으며 이제 부르주아의 것이 된 엘리트 취향이다. 혁명을 격정적으로 묘사한 그림에 대해 다소 아이로니컬한 얘기지만 말이다. 자유를 여성으로 의인화한 것은 처참한 현실을 묘사한 그림에 신화적이고 낭만적인 분위기를 불어넣는다.

또한 이 그림에서 '자유'를 따르는 민중 중에 특히 돋보이는 것은 높은 실크해트를 쓴 부르주아지 청년이다. 이렇게 이 그림은 이때까지만 해도 혁명의 주축이 시민계급, 즉 부르주아지였다는 것을 보여준다. (이 청년이 들라크루아 자신을 묘사한 것이라는 설도 있었지만 요즘에는 그렇지 않다는 설이 더 유력하다.)

하지만 부르주아지는 자유를 쟁취하고 권력의 중심이 된 다음부터 더 이상 혁명을 이끌지 않게 되었고, 도리어 혁명을 두려워하고 나중에는 억누르게 되었다. 그들은 초기 자본주의가 낳은 열악한 노동조건 문제와 극심한 빈부 격차 등의 부작용을 방관했다. 또한 자유와

<그림 6> 민중을 이끄는 자유의 여신(1830), 페르디낭 빅토르 외젠 들라크루아 작, 캔버스에 유채, 260×325㎝, 루브르 박물관, 프랑스 파리

인권의 가치를 노동자층으로 확산시키는 데 소극적이었고, 일부 산업자본가들은 값싼 노동력을 얻기 위해 이를 방해하기도 했다. 영국의 경우 부르주아지는 1832년 선거법 개정으로 참정권을 보장받았지만, 노동자의 선거권은 인정되지 않아서 거친 차티스트 운동이 일어나게 됐다. 그리고 몇십 년이 흘러서야 노동자도 선거권을 인정받게 되었다.

이처럼 19세기가 흐르면서 혁명의 주체였던 부르주아지는 점차 반혁명적 기득권층으로 변했다. 부르주아지의 이러한 두 얼굴은 점점 화려해지는 그들의 초상화들에서, 그리고 혁명을 다루면서도 엘리트 취향으로 가득한 역사화들에서 드러나는 것이다.

Part_8
이삭 줍고, 기차 3등석 타고
– 노동자의 현실과 노동가치설

1. 밀레의 〈이삭 줍기〉가 사회주의 선동 그림?

지금 이 순간에도 어느 식당이나 가게 벽에 장 프랑수아 밀레$^{Jean-}$ $^{François\ Millet,\ 1814~1875}$의 〈이삭 줍기〉(그림 1) 복제화가 걸려 있을 것이다. 과자 포장 등 각종 제품에 대량 인쇄되어 마트에 층층이 쌓여 있기도 할 것이고 말이다. 그만큼 현대 한국인에게 익숙하고 정답고 또 그만큼 좀 따분하기도 한 그림이다. 이런 그림이 1857년 프랑스에서 처음 발표됐을 때, 선동적이고 불온한 그림이라는 비난을 들었다면 믿을 수 있겠는지?

일단 '이삭 줍기'라는 테마 자체가 당시에는 심상치 않게 받아들여졌다. 먼 옛날부터 추수가 끝난 뒤에 이삭을 줍고 다니는 사람은 자신의 농지가 없어서 주운 이삭으로 배를 채워야 하는 최하층 빈민이었다. 밭 주인이 추수 때 땅에 떨어진 이삭을 줍지 않고 이런 사람들을 위해 그냥 내버려 두는 게 일종의 원시 사회보장제도였다.『구약성서』'신명기'에 보면 "곡식을 거둘 때 이삭을 밭에 남긴 채 잊고 왔거든 그 이삭을 집으러 되돌아가지 말라. 그것은 떠돌이나 고아나 과부에게 돌아갈 몫이다."라고 되어 있다.

그러니 밀레의 그림 속 여인들은 자기 밭에서 이삭을 줍는 것이 아니라 남의 밭에서 품을 팔고 품삯만으로는 모자라 이삭을 줍는 가난한 아낙네들일 것이다. 그들의 얼굴과 손은 땡볕 아래 고된 노동의 결

〈그림 1〉 이삭 줍기(1857), 장 프랑수아 밀레 작, 캔버스에 유채, 83.8×111.8㎝, 오르세 미술관, 프랑스 파리

<그림 2> 〈이삭 줍기〉 원경의 낟가리 부분 확대(위)와 말 탄 감독관 부분 확대(아래)

과로 검붉게 그을렸고 거칠고 투박하다. 맨 왼쪽에 있는 여인은 이삭을 쥔 팔을 등에 댄 걸로 보아 허리가 아픈 모양이다. 하루 종일 넓은 밭을 헤매며 고개를 숙여 이삭을 찾고 허리를 굽혀 주워야 하니 온몸이 오죽 뻐근할까.

그러나 이 여인들의 모습은 궁상맞거나 비참하게 그려져 있지 않다. 또한 17세기 네덜란드 풍속화 속에 우스꽝스럽게 묘사된 농민과도 다르고, 17~18세기의 목가적 풍경화 속에 미화되어 나타난 유쾌한 농민들과도 다르다. 이 여인들은 그저 묵묵히 이삭을 주우며 자신과 가족을 위한 노동을 할 뿐이고, 그 담담한 모습에 일종의 숭고함마저 서려 있다. 그래서 오늘날의 우리는 이 그림이 그저 농민의 노동을 애정과 존경으로 담아낸 온화한 농촌화라고 생각하는 것이다.

그러나 당시의 보수적 부르주아 평론가들은 〈이삭 줍기〉를 불편하게 여겼다. 일단 농민 여성이 "마치 운명의 세 여신처럼" 화면을 압도하며 무게 있게 등장하는 게 그들에게는 어딘지 위협적이었다. 게다가 이들의 굽힌 등 너머로 저 멀리 보이는 풍경이 문제였다. (그림 2)

거기에는 늦은 오후의 햇빛을 받아 황금색으로 풍요롭게 빛나는 곡식 낟가리들과 곡식을 분주히 나르는 일꾼들, 그들을 지휘하는 말 탄 감독관, 즉 지주의 대리인이 있다. 반면에 여인들은 기울어진 햇빛을 등지고 서서 어둑어둑해지는 밭에서 자잘한 이삭을 찾고 있지 않은가. 이 조용하면서도 드라마틱한 대조야말로 빈부 격차를 고발하고 농민과 노동자를 암묵적으로 선동하는 것이라고 당시 비평가들은 생각했던 것이다.

그래서 대부분의 평론가들은 이 그림에 혹평을, 몇몇 사회주의 성향 평론가들은 찬사를 퍼부었다. 심지어 어떤 비평가는 이 그림이 "1793년의 처형대"를 연상시킨다고까지 했다. 1793년은 프랑스 대혁명(1789)의 여파로 루이 16세와 그의 왕비 마리 앙투아네트가 단두대에서 죽음을 맞은 해였다. 사실 이건 곧 이야기할 밀레의 성향을 봐도 상당한 '오버'였다. 아마도 이 과민 반응은 〈이삭 줍기〉가 나오기 10년 전인 1848년에 도시 노동자와 농민이 전면에 나선 2월 혁명이 일어났고, 그 뒤로도 시위와 봉기가 계속된 탓이었을 것이다. 그만큼 부르주아지와 노동자들의 갈등이 고조되어 있었던 것이다.

2. 밀레의 그림은 서정적 사실주의

마리 앙투아네트가 나왔으니 말인데, 앞에서 그녀가 베르사유 별궁 안에 작은 농촌 마을을 꾸미고 스스로 양치기 여인 역을 하며 놀았다는 사실을 언급했었다. 당시 로코코 화가 프랑수아 부셰가 그린, 화사한 핑크 드레스를 입은 하얀 얼굴의 양치기 아가씨는 마리 앙투아네트처럼 양치기 흉내를 내는 귀족이지, 현실의 진짜 양치기가 아니라는 이야기도 했었다. 현실의 양치기 소녀는 바로 밀레의 그림에서 볼 수 있다. (그림 3)

밀레의 그림에서 소녀는 땡볕에 양을 몰고 다니느라 얼굴이 그을려 있고, 허름한 망토와 낡은 스커트에 뭉툭한 신발을 걸치고 있다. 양들

<그림 3> 양 떼를 데리고 있는 양치기 소녀(1863), 장 프랑수아 밀레 작, 캔버스에 유채, 81×101㎝, 오르세 미술관, 프랑스 파리

이 풀을 뜯는 동안 무료함을 달래기 위해선지, 아니면 집에 있는 어린 동생에게 선물을 주고 싶은 것인지, 그녀는 선 채로 무엇인가를 뜨고 있고 그 일에 골몰해 있다. 이것이 밀레의 사실주의다. 밀레처럼 농촌에서 농민들과 함께 살며 그들의 생활을 유심히 지켜본 사람이 아니면 포착하기 힘든 섬세한 디테일이다.

밀레는 그 전에 파리에서 정식 미술 교육을 받고 한동안 파리에서 생활했으나 성공하지 못하고 곤궁한 생활을 했다. 그러다 1849년에 파리 근교 퐁텐블로 숲에 있는 작은 마을 바르비종으로 이주했다. 이곳에는 밀레처럼 싼 물가와 아름다운 풍경에 끌려 이주해 온 화가들이 이미 있었다. 그들과 밀레는 오늘날 바르비종파라고 불린다. 밀레는 이곳에 정착해서 농사를 지으며 그림을 그렸다.

그런데 '양치기 소녀'가 사실적이기만 한 것은 아니다. 양들의 복슬복슬한 등 위로 석양의 빛이 흐르면서 그림은 서정적이고 온화한 분위기에 잠긴다. 양들 앞에 서서 손을 모으고 고개를 숙인 소녀는 (사실 뜨개질을 하는 것이지만) 언뜻 기도를 하거나 명상에 잠긴 것처럼 보인다. 그 모습은 그리스도교의 익숙한 도상 '양 떼를 이끄는 선한 목자'를 연상시킨다. 그 때문인지 〈이삭 줍기〉에 질겁을 하던 보수적 평론가들도 이 그림에는 찬사를 던졌다고 한다.

그렇다고 밀레가 비현실적인 감상주의에 빠진 것은 아니다. 그의 그림이 오늘날까지 힘을 갖는 이유는, 자신이 직접 체험한 농민의 가난하고 고된 생활을 현실 그대로, 그러나 참담한 심정이나 울분 대신 농민에 대한 깊은 애정과 자연에 대한 서정, 종교적인 경건함을 담아서 묘사했기 때문이다. 그래서 오늘날의 우리는 이 작품에서 시적인 아름다움과 평화를 느낀다. 이것이 밀레가 사실주의 화가이면서도 낭만주의적이라고 불리는 이유다.

3. 〈씨 뿌리는 사람〉을 다르게 해석한 반 고흐와 평론가들

후기 인상파의 거장 빈센트 반 고흐^{Vincent van Gogh, 1853~1890}는 밀레를 존경했고, 그의 여러 작품을 재해석한 그림들을 제작했다. 대표적인 것이 〈씨 뿌리는 사람〉(그림 4)인데, 같은 제목을 가진 밀레의 작품(그림 5)에서 영감을 받았다.

반 고흐는 밀레의 그림에서, 곡물이 씨앗으로 뿌려져 싹이 트고 자라나고 종국에는 베어져 다시 뿌려지는 씨앗의 순환을 읽었다. 나아가 자연과 인간의 삶의 순환을, 그것을 주관하는 신의 존재를, 그리고 신의 일을 닮은 농업의 신성함을 읽었다. 그래서 반 고흐는 자신의 〈씨 뿌리는 사람〉에서 그 상징적인 분위기를 강조했다. 저녁 태양의 노란색과 밭의 푸른색이 극적인 대비를 이루게 하면서, 햇살과 밭의 이랑을 모두 특유의 꿈틀거리는 듯한 붓질로 표현해 하늘과 대지를 관통하는 에너지의 흐름을 보여주어서 말이다.

반 고흐와 달리 19세기 중반 평론가들이 밀레의 〈씨 뿌리는 사람〉에서 본 것은 "혁명의 암시"였다. 전면에 커다랗게 부각된 농민이 단호하고 강한 동작을 보이는 게 그들에게는 위협적으로 느껴졌던 것이다. 아마 그 몸짓에서 시위 전단을 돌리며 혁명의 씨를 뿌리는 운동가들을 연상했던 게 아닌가 싶다.

하지만 밀레는 스스로 밝혔듯이 정치적인 사람이 아니었다. 1871년 일군의 노동자들과 사회주의자들이 파리를 점령하고 자치정부 파리 코뮌Paris Commune을 설립했을 때 예술가 연맹에 밀레의 이름을 넣었지만, 그 자신은 이의를 제기했다. 그는 정치적 의견을 뚜렷하게 나타낸 적이 없었다.

그럼에도 불구하고 농민을 그린 밀레의 그림들은 종종 사회주의를 선동한다는 논란을 일으켰다. 그의 그림에 나오는 농촌 사람들이 주로 자기 밭을 가진 게 아니라 대형 농장에 고용되어 일하는 농업 노동자였기 때문이었을까? 특히 그림에 괭이를 잡은 남자라도 나오면 보수적인 비평가들은 호들갑을 떨었다. 한국 20세기 민중미술에서 낫을 움켜쥔 농민처럼 보였던 모양이다. 이것을 생각하면 엄격한 반공주의 교육 시절 한국 교과서에 밀레 그림이 거리낌없이 등장한 것은 참 재미있는 일이다.

이처럼 부르주아 비평가들은 밀레를 경계의 눈으로 바라봤고, 사회주의자들은 밀레가 자신들 편이라 믿었지만, 밀레는 정치적이기보다 종교적인 화가였다고 인상주의 화가 카미유 피사로는 말한다. 정말 정치적인 화가들은 따로 있었다. 곧 소개할 시사만화가 출신 오노레 도미에와 파리 코뮌의 적극적 참가자 귀스타브 쿠르베였다.

〈그림 4〉 씨 뿌리는 사람(1888), 빈센트 반 고흐 작, 캔버스에 유채, 64×80.5㎝, 크륄러 뮐러 미술관, 네덜란드 오테를로

〈그림 5〉 씨 뿌리는 사람(1850), 장 프랑수아 밀레 작, 101.6×82.6㎝, 캔버스에 유채, 보스턴 미술관, 미국 보스턴

4. 도미에, 싸움닭 시사만화가로 출발

오노레 도미에Honoré Daumier, 1808~1879는 쿠르베와 더불어 프랑스 사실주의 미술의 대표 화가로 교과서에 소개되곤 하지만, 생전에는 순수 화가보다 시사만화가로 훨씬 유명했다. 1830년부터 1847년까지 그는 오늘날로 치면 만평에 해당하는 풍자적인 석판화 수천 점을 시사 주간지들에 기고했다.

그중에는 지금 보아도 재미있는 것들이 많다. 사악하게 비틀린 표정의 정치가들은 물론이고, 돈만 밝히는 변호사들, 옆에 선 남성을 튕겨낼 정도로 폭넓은 크리놀린 드레스를 입은 부르주아 여성, 살롱 전시에 나타난 깐깐한 미술평론가와 전전긍긍하는 화가들, 또 전시가 무료인 날에 전시장이 미어지도록 몰려온 소시민(프티 부르주아지, petite bourgeoisie) 등 다양한 인물 군상이 풍자의 대상으로 등장한다.

초기에 '싸움닭' 도미에의 펜촉이 주로 향한 인물은 당시의 국왕 루이 필리프Louis Philippe, 1773~1850였다. 앞에서 소개한 대로 루이 필리프는 시민계급(부르주아지)이 주축이 된 1830년 7월 혁명을 통해 왕위에 오른 입헌군주였다. 하지만 도미에를 포함해서 공화제로서의 급진적 변화를 원한 이들에게는 못마땅한 존재였다.

게다가 왕은 점점 쌓여가는 자본가들과 임금 노동자들의 갈등, 또 보수파와 진보파의 갈등을 제대로 조율하지 못했다. 프랑스의 경제 사정이 좋지 않은 것도 사정을 악화시켰다. 불경기 때문에 임금은 더욱 낮아졌고, 임금 인상과 선거권 확대를 요구하는 노동자들의 시위

〈그림 6〉 가르강튀아-프랑스 왕 루이 필리프를 풍자한 그림(1831), 오노레 도미에 작, 석판화

로 하루도 조용할 날이 없게 되었다. 그 와중에 왕은 더 보수적으로 변했다.

그런 루이 필리프를, 도미에는 16세기 풍자소설에 나오는 거인 왕 가르강튀아^{Gargantua}로 묘사했다. (그림 6) 소시민과 노동자들에게서 짜낸 돈이 끊임없이 왕의 입으로 들어가 그의 배를 불리는 그림이다. 도미에는 이 그림 때문에 감옥까지 갔다 왔다.

사실 루이 필리프는 스스로가 혁명으로 왕위에 옹립된 만큼 처음에는 언론·출판의 자유에 우호적이었고 자신에 대한 풍자에도 관대한 편이었다. 그러나 도미에의 풍자화만큼은 그를 격분케 했다는데, 그를 너무 뚱뚱하게 묘사한 탓인지도 모를 일이다. 왕은 도미에를 고발해서 6개월 징역을 살게 했다. 정확히는 2개월 감옥에 있었고, 나머지 4개월은 정신병원에 있었다. 루이 필리프는 '날 풍자하는 애들을 탄압하는 게 아니라, 애들이 정신이 온전치 못해서 치료해주려는 거야'라는 메시지를 주고 싶어 했기 때문이다. 여하튼 반년 후에 세상으로 다시 나온 도미에는 끄떡없이 신랄한 시사만화를 계속해서 그렸다.

5. 〈3등석 객차〉에 담긴 노동자들에 대한 애정

하지만 도미에의 작품이 언제나 날선 공격의 풍자적인 그림으로 일관한 것은 아니었다. 그는 1840년대 후반부터 시사만화가보다 화가로서, 덜 냉소적인 드로잉과 석판화, 그리고 유화에 집중하기 시작했다. 그렇게 나온 것이 1860년대 중반의 '객차' 시리즈다.

물론 같은 기차에서도 〈3등석 객차〉(그림 7)와 〈1등석 객차〉(그림 8) 안 광경이 얼마나 다른지 보여주는 이 시리즈는 그 자체로 빈부 격차에 대한 절묘한 풍자이고, 도미에의 사회 비판의식이 여전히 날카롭다는 걸 보여준다. 〈3등석 객차〉에는 초라한 옷차림의 서민 승객 다수가 비좁게 꽉 들어차 있는 반면, 〈1등석 객차〉에는 잘 차려입은 부르주아 승객 소수가 각자 비교적 여유로운 공간을 차지하고 있다.

그러나 특이한 것은 도미에가 〈1등석 객차〉의 부르주아 승객을 별로 우스꽝스럽거나 속물적인 모습으로 나타내지 않았다는 것이다. 그의 예전 부르주아지 캐리커처에서처럼 만화적인 선을 사용하고 있지만, 예전과 같이 빈정거리는 과장이 없고 담담하게 묘사한 편이다. 그들이 와글와글한 〈3등석 객차〉의 승객과 달리 대화가 없고 각자 신문이나 창밖을 보면서 점잖은 자세를 유지하고 있다는 게 하나의 풍자일 수 있겠지만 말이다.(그러나 대중교통에서 각자의 스마트폰에 빠져 있는 현대 한국인에게 전혀 이상하게 보이지 않는다. 대중교통에서 떠드는 게 결례라는 인식도 널리 퍼졌고.)

그리고 도미에의 〈3등석 객차〉로 말하자면, 인간에 대한 냉소적인 시각이 강했던 그의 예전 시사만화와 대조적으로 따뜻한 시선이 배어있다. 그것을 반영해 화면 전체가 온화한 황갈색 톤에 잠겨 있다.

도미에는 성인 남성들을 뒤에 놓고 노동자 계급 중에서도 더욱 약자인 여성과 아이들로 구성된 한 가족을 전면에 두었다. 왁자지껄한 남성들과 달리 이들은 조용하다. 젊은 주부는 아기에게 젖을 물리는

<그림 7> 3등석 객차(1864), 오노레 도미에 작, 캔버스에 유채, 65.4×90.2cm, 캐나다 국립미술관, 캐나다 오타와

<그림 8> 1등석 객차(1864), 오노레 도미에 작, 종이에 목탄과 잉크와 수채, 월터 아트 뮤지엄, 미국 볼티모어

것에 여념이 없고, 바구니를 든 할머니는 상념에 젖어 있다. 그 옆에 할머니에게 기대 잠든 어린 소년이 있다. 이들의 모습이 초라하지만 비천하지 않다는 점에서, 또한 당당히 그림의 중심을 이룬다는 점에서 밀레의 그림과 상통하는 데가 있다. 더구나 손을 모으고 명상에 잠긴 듯한 얼굴을 하고 있는 할머니는 밀레의 '양치기 소녀'가 나이 든 모습과도 같다.

이렇게 도미에는 일관되게 사회 비판의식을 가지고 인간을 그렸으나 그 표현 방식은 점차 변했다. 기득권층의 어리석음과 추함에 초점을 둔 신랄한 풍자만화에서 노동자, 서민에 대한 공감과 애정에 초점을 둔 사실주의 회화로.

6. 노동자가 예술의 주인공이 된 정치경제적 배경

밀레와 도미에의 예처럼 19세기 중반부터 예술가들과 저술가들이 노동자의 현실에 관심을 기울이고 그들을 문학과 예술의 주인공으로 전면에 내세우기 시작했다. 여기에는 정치·경제·사회적 배경이 있었다.

우선, 경제적으로 산업혁명이 일어나 공업 중심 사회가 되면서 국부國富의 측면에서 공장 노동과 노동생산성의 중요성이 부각되었다. 물론 고대와 중세의 농업 중심 사회에서도 노동이 중요했지만 그때는 부가 농지에서, 즉 자연에서 나오는 것이라는 생각이 강했고, 인간의 노력보다 신의 뜻에 달려 있다고 생각하기 일쑤였다. 또한 16세기부터 18세기 중반에 걸친 중상주의 시대에는 장사와 국제무역을 잘해서 금·은 화폐를 얼마나 축적하는지에 따라 국부가 결정된다고 생각하지 않았던가.(자세한 것은 Part 3 참고)

고전파 경제학의 창시자 애덤 스미스는 이런 생각을 배격했고, 부의 원천은 노동에 의한 생산이라고 했다. 그리고 부의 증진은 노동생산성의 개선으로 이루어지며, 노동생산성은 분업을 통해 개선된다고 했다. 그러면서 그는 막연한 노동가치설 labor theory of value 을 이야기하기도 했다.(자세한 것은 Part 6 참고)

산업혁명 이후에는 공장 노동으로 대표되는 노동과 노동생산성이 중요하게 떠오른 반면, 정작 공장 노동자의 처지는 열악하다는 것에서 문제가 제기되기 시작했다. 그런데 대부분의 경제사학자에 따르면, 사실 산업화 이전의 농업 및 가내수공업 노동자의 소득과 처우가 산업화 시대 공장 노동자보다 좋았다고는 결코 할 수 없었다. 그런데도 산업화 시대에 문제가 심각하게 부각된 것은 왜일까? 두 가지 이유가 있었다.

첫째는 집이나 작은 공장에서 수공업이나 간단한 기계를 가지고 제조업을 하는 것과 대규모 공장에서 분업 시스템으로 일하는 것이 근본적으로 달라서 노동자들의 삶의 방식까지 바꿔놓았고, 그게 저항감을 일으켰기 때문이었다.

산업화 전에는 가족이나 동료와 최소한의 인간적 유대를 맺으면서 여러 단계에 걸친 다양한 작업을 할 수 있었다. 노동 강도가 낮았던 것은 아니었고, 대가족과 길드 내에서 노동 착취와 학대도 종종 일어났지만 말이다. 그러나 산업화 이후에는 분업 시스템에 따라 특정 단계의 단순한 작업을 반복적으로 장시간 하지 않으면 안 되었다.

이것은 독일의 정치경제학자 카를 마르크스[Karl Heinrich Marx, 1818~1883]와 프리드리히 엥겔스[Friedrich Engels, 1820~1895]가 1848년 『공산당선언 *Manifest der Kommunistischen Partei*』에서 외쳤듯이, "노동자가 기계의 부속품이 되어" 인간성과 개성이 박탈된다는 느낌을 주었다. 이에 대해서는 앞에서 언급했듯이 스미스도 우려를 표했었다.

게다가 분업과 기계화로 각 단계의 작업이 단순화돼서 숙련되지 않은 노동자를 쓸 수 있게 되면서, 공장주들이 여성과 아동을 저임금에 고용하는 일이 많아졌다. 특히 아동노동은 산업혁명 시대의 가장 어둡고 추한 면이었다.

둘째는 인권 의식이 높아졌기 때문이었다. 19세기 들어 모든 인간이 자연권[natural rights]을 지닌다는 생각이 보편화됐다. 자연권 사상은 1776년 미국 「독립선언문 *Declaration of Independence*」에 나오는 이 말로 요약될 수 있다.

> 모든 인간은 평등하게 창조되었고, 창조주로부터 다른 사람이 빼앗을 수 없는 일정 권리를 부여받았으며, 그 권리에는 생명, 자유, 그리고 행복 추구가 포함된다.

아이로니컬하게 들릴지 모르지만, 여기에는 바로 시민계급, 즉 부르주아지의 공헌이 있었다. 17~18세기 계몽주의 학자들에 의해 발달한 자연권 사상이 보편화된 것은 산업화로 힘을 키운 부르주아지가 시민혁명을 일으켜 성공했기 때문인 것이다. 그 후 사회가 혁명 이전으로 회귀하려는 시도를, 즉 출생에 따른 신분제도와 각종 자유의 구속으로 돌아가려는 끈질긴 시도를 가장 효과적으로 방해한 것은 자유시장경제의 발달이었다. 물론 부르주아 자본가들은 자연권 사상을 재깍재깍 노동자들과 여성에게 적용하지 않는 모순적 행태를 보여 문제를 폭발시켰다. 하지만 산업화 이전 시대에 노예나 농노나 수공업 길드에 고용된 노동자의 인권 문제가 제대로 이슈나 되었던 적이 있었던가? (어쩌다 한번씩 폭동이 일어나 화제가 된 것을 제외하고)

그러니 세상의 모든 부조리와 해악이 자본주의라고도 불리는 자유시장 시스템과 산업화 때문에 생겼다고 믿는 것은(19세기 낭만적 사회주의자와 그 생각을 계승한 일부 현대인에게서 볼 수 있는데) 꽤나 단순한 생각이다. 자본주의를 증오한 마르크스도 그의 변증법적 유물론 $^{dialectical\ materialism}$ 에 입각해서, 공산주의 사회가 도래하기 위해서는 반드시 자본주의 사회가 선행해야 하며, 자본주의 사회가 그 이전 사회보다는 발전한 상태라고 했다.

7. 화가로서의 도미에, 2월 혁명을 그리다

마르크스와 엥겔스가 런던에서 『공산당선언』을 발표하고 나서 (영국에서였지만 처음에 독일어로 발표됐고 그 뒤 영어, 프랑스어 등으로 번역됐다.) 그 직후인 1848년 2월 하순, 프랑스에서는 다시 혁명이 일어났다. 마르크스와 엥겔스는 기뻐하며 프랑스로 향했고, 반대로 프랑스 국왕 루이 필리프는 망명하기 위해 영국으로 향해야 했다. 그런데 마르크스와 엥겔스의 바람처럼 이 혁명이 사회주의로 이어지지는 않았다. 4월 제헌의회를 구성하는 선거에서 급진적 사회주의자들이 모두 낙선했던 것이다.

그러나 노동자들의 권리에 진전이 있었다. 새로운 헌법에 따라 왕정이 끝나고 선거로 대통령을 선출하게 됐는데, 이때 보통선거 제도가 도입돼 노동자와 농민 계층의 남성도 선거권을 가지게 됐다.

참고로 여성 선거권의 실현은 그 뒤로도 100년이나 걸렸다. 프랑스는 1789년 대혁명 때부터 여성들이 적극 혁명에 가담했음에도 불구하고 다른 서구 국가들보다도 더 늦게 여성 참정권을 인정했다. 아이러니컬하고 씁쓸한 일이다.

도미에는 물론 이 혁명을 기뻐했다. 그가 훗날 2월 혁명 당시를 회상하며 그린 그림 〈봉기〉(그림 9)를 보면, Part 7에서 소개한 들라크루아의 〈민중을 이끄는 자유의 여신〉과 달리, 이제 부르주아지가 아닌 노동자들이 혁명의 주체로 서 있음을 볼 수 있다.

불끈 쥔 오른손을 위로 쳐든 흰 셔츠의 이 사나이는 호전적이고 폭력적이라기보다, 자신과 동료의 힘든 처지를 절박하게 호소하고 있는 것으로 보인다. 뒤에 보이는 두 개의 건물과 그 사이에 있는 수많은 사람들의 머리는, 시위자들이 좁은 길을 가득 메우며 전진해왔다는

〈그림 9〉 봉기(1860년경), 오노레 도미에 작, 캔버스에 유채, 87.6×113cm, 필립스 컬렉션, 미국 워싱턴 DC

것을 보여준다. 그 압축된 힘으로 인한 긴장감이 그림 전체에 흐른다. 그 힘은 곧 폭발적인 전진으로 이어질 것이다. 노동자들을 향한 도미에의 깊은 애정과 믿음이 드러나는 그림이다.

8. 고전파 경제학과 마르크스 경제학의 노동가치설

부에 있어서 노동의 가치를 본격적으로 논한 사람은 애덤 스미스였다. 그는 『국부론』에서 생산물이 사용가치와 교환가치를 지닌다고 했다. 그리고 서로 다른 생산물의 교환가치는 그 생산물에 공통으로 투입된 것, 바로 노동을 기준으로 해서 정할 수 있다고 보았다. 이 교환가치를 화폐로 나타낸 게 가격이라는 것이다. 그러나 스미스는 어떤 상품의 가치가 전적으로 투입 노동량에 따라 결정된다고는 하지 않았다.

그의 다음 세대 고전파 경제학자인 데이비드 리카도David Ricardo, 1772~1823는 이 생각을 더 강하게 밀고 나갔다. 그는 몇몇 희소한 것들을 제외하고는 상품의 가치가 그 생산에 투입된 노동량에 따라 정해진다는 '노동가치설'을 폈다. 그는 또 직접 노동, 즉 상품 생산에 직접적으로 들어간 노동뿐만 아니라 간접 노동, 즉 생산에 필요한 공장 건물, 시설, 기계 등 고정자본fixed capital의 제조에 투입되었던 노동까지 함께 상품가치에 포함된다고 했다. 그는 상품가치에서 순수한 자본의 기여도는 6~7%에 불과하다고 보았다.

〈사진 10〉 카를 마르크스의 초상 사진

마르크스(사진 10)는 여기에서 더 나갔다. 그는 상품가치에서 (기계 같은 자본 또한 노동의 생산물이므로) 노동의 기여도가 100%라고 보았다. 즉 상품가치는 곧 그 생산에 투입된 노동가치다. 노동 또한 상품으로서 그 가치는 노동시간으로 측정된다. 그리고 가치^{value}는 곧 가격^{price}이어야 한다. 그러니 이런 논리에 따르면, 노동자들이 정당하게 임금을 받을 경우, 상품의 가격은 그 생산에 직접·간접적으로 관여한 노동자들이 일한 시간만큼 받는 임금과 일치해야 한다.

그렇다면 공장, 기계 등의 생산수단, 즉 자본을 소유한 자본가의 이윤은 대체 어디서 나온단 말인가? 바로 노동자를 착취하는 데서 온다는 게 마르크스의 생각이었다. 이것이 잉여가치$^{surplus\ value}$ 이론이다. 자본가들이 즐겨 쓰는 착취 방법으로 마르크스가 『자본론 $Das\ Kapital$』(1867)에서 언급한 것은 실질 노동시간을 늘려 잉여노동이 발생하게 하는 것이다. 예를 들어 하루 8시간 일하게 되어 있는 노동자에게 실질적으로 9시간을 일하게 하면서 8시간분의 임금만 지급한다. 그러면 1시간의 잉여노동이 생산한 가치는 잉여가치가 되며 고스란히 자본가의 몫으로 돌아간다.

'칼퇴근'을 하면 눈총을 받는 한국의 많은 사무실 직장인들은 이 이야기에 울컥하며 공감할지도 모르겠다. 그럼에도 불구하고 자본가의 이윤이 전적으로 노동자를 착취하는 데 따른 잉여가치라는 마르크스의 주장은 상당히 논리 비약적이며 전제부터 불안하다.

일단 노동가치설 자체가 말이 안 된다고 생각하면 다 의미가 없어진다. '상품 가격이 노동 투입량에 따라 정해진다고? 아무리 노동을 투입해도 시장에서 수요가 없으면 말짱 꽝인데? 가격이 확 낮아질 텐데?'라고 반문할 수 있는 것이다. '가치=시장가격'의 전제부터가 흔들리는 것이다. 게다가 가치 자체도 객관적으로 계산할 수 있을지 의문이다. 노동의 질과 수준을 고려하지 않고 노동가치가 노동시간으로 정해진다는 것에서부터 이의를 제기할 수 있다. 그래서 현대 주류 경제학에서는 노동가치설을 거의 인정하지 않는다.

게다가 자본가는 노동을 일절 하지 않는다는 말인가? 자본가의 경영 전략과 아이디어는 정신노동이 아니란 말인가? 자본가가 자본만 굴리며 뇌는 굴리지 않는 사람이라면, IT의 전설인 마이크로소프트 창업자 빌 게이츠[Bill Gates, 1955~]와 애플 창업자 스티브 잡스[Steve Jobs, 1955~2011]는 자본가가 아니고 노동자로 분류해야 하나? 그만큼 자본가-노동자의 이분법은 지나치게 단순해서 현대에는 설득력이 없다. 심지어 마르크스의 시대인 19세기 중반이라고 해서 자본가들이 노동자를 착취하는 데 머리를 굴리는 외에는 시장 조사나 기술 혁신 등에 전혀 머리를 쓰지 않았다고 보기는 어렵다.

하지만 마르크스의 노동가치설과 잉여가치 이론이 그만큼 당시에 많은 자본가들이 교묘하게 잉여노동을 착취하고 있었던 현실에서 나왔다는 건 기억해둘 필요가 있겠다. 마르크스는 『자본론』 제10장에서 영국 정부 조사관들이 보고한 공장 노동시간 운영 실태를 예로 든다. 아침 6시부터 저녁 6시까지 아침 식사와 점심 식사 시간을 제외하고 10시간 반을 일하게 되어 있는 공장들을 조사하고 나서 조사관들이 한 말이다.

"사기꾼 같은 공장주들은 노동자들이 아침 6시 15분 전에 일을 시작하도록 해서 오후 6시 15분에 끝마친다. 또 아침 식사에 할당된 반 시간의 처음과 마지막 5분씩을 떼어내고 점심에 할당된 1시간의 처음과 마지막 10분씩을 떼어낸다."

마르크스는 또 도자기업 노동자들을 진료한 의사들의 말을 인용해서, 노동자들이 이른 나이부터 장시간 노동으로 인해 "발육이 부진하고, 체형이 뒤틀리고, 무기력하고, 일찍 늙고, 수명이 짧은" 비참한 실태에 대해 이야기한다. 영국의 '공장법 Factory Acts'이 몇 차례 개정되어 노동시간 제한과 아동노동 부분 금지가 강화된 후에도 이 지경이었으니, 그 전에는 어땠는지 알 만하다.

이러니 마르크스가 분노의 잉여가치론을 세운 것이 아니었겠나. 당시 노동자들은 열악한 조건에 대해 자본가들에게 항의하고 정당한 협상을 할 수 있는 위치가 못 되었다. 이러한 노동자들의 상황과 마르크스의 공산주의 지지, 그에 맞설 만한 존 스튜어트 밀 John Stuart Mill, 1806~1873의 이론 등을 자세하게 살펴보겠다.

| 경제용어 12 | **노동생산성(Labor productivity)**

투입된 일정량의 노동과 그에 따라 얻어진 생산량과의 비율을 가리킨다. 노동량은 노동자의 수와 노동시간이 기준이다. 노동생산성이 향상되면 노동자의 수가 그대로이고 노동시간이 늘어나지 않은 상황에서도 생산량이 증가한다.

노동생산성은 노동자 개인의 평균 숙련도, 작업에 적용되는 사회 전반적인 기술 수준, 노동과 생산을 연결하는 시스템의 효율성 등에 영향을 받는다. 일찍이 애덤 스미스가 그런 시스템으로 분업의 중요성을 강조했고, 실제로 산업혁명 시대는 분업으로 인해 노동생산성이 급속히 증가한 시기이기도 했다.

노동생산성이 상승하면 제품 가격을 올리지 않아도 기업 이윤이 늘어난다. 그러므로 노사 간 임금 협상의 근거 자료로도 활용된다. 또한 한 나라의 국제경쟁력을 비교하는 데 중요한 잣대가 되기도 한다.

| 경제용어 13 | **노동가치설 vs 효용가치설 vs 가치무용론**

노동가치설(labor theory of value)은 한 상품의 가치가 그 상품의 생산에 투입된 노동량에 따라 정해진다는 이론이다. 처음에 애덤 스미스와 데이비드 리카도 같은 고전파 경제학자들이 다루었고, 그들의 이론을 바탕으로 카를 마르크스가 본격적으로 발전시켜 독특한 이론으로 확립했다.

마르크스는 오로지 인간의 노동만이 가치를 창출한다고 보았으며, 상품 가치가 100이면 자본의 기여도는 0이고 노동의 기여도가 100이라고 보았다. 즉 상품 가치는 곧 그 생산에 투입된 노동가치라는 것이다. 그리고 노동 또한 상품으로서 그 가치는 노동시간으로 측정된다고 보았다.

이 논리에 따르면, 노동자들이 정당하게 임금을 받을 경우, 상품의 가치(value)와 일치하는 가격(price)은 그 생산에 직접·간접적으로 관여한 노동자들이 일한 시간만큼 받는 임금과 일치해야 한다. 이 경우 자본가의 이윤은 0이다. 그럼에도 불구하고 자본가가 이윤을 올리는 것은 노동자로부터 잉여노동, 즉 근무시간 외 노동을 착취해서 잉여가치를 발생시켜 가져가기 때문이라는 게 마르크스의 이론이다.

노동가치설은 결국 객관적 요인에 의해 상품의 가치가 결정된다고 보는 객관가치설(objective theory of value)이다. 또한 상품이 생산될 때 그 가치가 내재된다고 보는 이론이다.

이에 반박하며 19세기 말 오스트리아 학파(Austrian school of economics)는 주관가치설(subjective theory of value)을 내세웠다. 상품을 소비하는 경제주체의 주관적 평가에 따라 가치가 결정된다고 보는 이론이다. 대표적인 것이 효용가치설(utility theory of value)이다. 상품을 소비할 때 발생되는 효용, 즉 만족도가 가치를 결정한다는 것이다.

그러나 주관적 효용을 측정하는 것에 한계가 있기 때문에 20세기 이후로는 가치무용론(無用論)이 대두했다. 결국 한 상품의 가치를 무리해서 측정한다 해도 그것이 곧 가격이 될 수 없으며, 상품의 가격은 가치와 상관없이 시장의 수요·공급에 의해 결정되니, 가격과 분리된 가치를 찾으려는 시도 자체가 무의미하다는 것이다. 비록 객관가치설은 고전파 경제학에서 출발했지만, 고전파 경제학에 바탕을 둔 현대의 주류 경제학은 가치무용론에 가까운 입장이다. 반면 마르크스 경제학은 객관가치설을 따른다.

Part_9

쿠르베의 리얼리즘에서 마네의 모던아트로

― 카를 마르크스 vs 존 스튜어트 밀

1. 〈돌 깨는 사람들〉, 노동자 계급의 굴레

귀스타브 쿠르베$^{Gustave\ Courbet,\ 1819~1877}$가 그린 〈돌 깨는 사람들〉(그림 1)은 보면 볼수록 마음이 무겁고 답답해지는 작품이다. 우선 채석장 주변 풍경이 황량하기 그지없다. 돌을 깨려고 망치를 쳐든 남자의 팔이나, 돌이 가득 든 바구니를 무릎으로 간신히 받치고 있는 남자의 팔이 무척 힘겨워 보인다. 물리적으로, 또 심리적으로 모든 것을 무겁게 내리누르는 중력이 화폭을 지배한다. 좀 더 자세히 보면 돌을 깨는 남자는 이 일을 하기에 좀 나이가 들어 보이고, 반대로 돌을 나르는 남자는 아직 소년인 것 같다. 이들의 옷은 여기저기 해져 있다.

앞에서 소개한 장 프랑수아 밀레의 〈이삭 줍기〉 역시 농민의 고된 일상을 사실적으로 나타냈지만 시적인 분위기와 서정도 담았던 데 반해서, 쿠르베의 그림은 열악하고 남루한 노동 현장을 잔인하리만치 있는 그대로 묘사했다. 밀레의 그림도 논란이 됐던 시대에 이 그림이 논란을 일으킨 것은 당연지사.

〈돌 깨는 사람들〉이 파리 살롱에 처음 내걸렸을 때, 많은 평론가들은 이 그림이 전혀 미적이지 못하다고 비난했다. 반면 무정부주의자이며 사회주의 운동가인 피에르 조세프 프루동$^{Pierre-Joseph\ Proudhon,\ 1809~1865}$은 이 그림이야말로 현실을 고발하고 있다며 찬사를 던졌다. 그는 이렇게 말했다.

〈그림 1〉 돌 깨는 사람들(1850), 귀스타브 쿠르베 작, 캔버스에 유채, 160×259cm, 독일 드레스덴에서 제2차 세계대전 중 폭격으로 파괴

"이 그림은 산업화된 문명의 아이러니를 조준하고 있다. 그 잘난 기계들이 인간을 힘들고 더럽고 불쾌한 노동, 가난한 이들의 숙명과도 같은 그 노동에서 해방시켜주지 못하는 걸 보여주지 않나."

쿠르베는 프루동과 그 아이들의 초상을 그릴 정도로 (그림 2) 절친한 친구였고, 그 사상적 영향을 많이 받았다. 그러니 쿠르베 자신도 이런 심정으로 그림을 그렸을 것이다. 오늘날의 여러 미술사학자들은 쿠르베가 〈돌 깨는 사람들〉을 개별 노동자로서 그림에 등장시킨 게 아니라 노동자 계급의 대표로서 등장시켰을 것이라고 말한다. 소년과 장년의 남자가 등장하는 것은 이 상황이 세대를 이어 지속된다는 것을, 즉 노동자 계급이 열악한 노동조건과 빈곤의 굴레에서 헤어나지 못하는 상황을 상징한다는 것이다.

특히 왼쪽의 소년은 산업혁명의 대표적인 그늘이었던 미성년 노동을 말해준다. 물론 가장 대표적이고 악명 높은 미성년 노동은 저 소년보다도 훨씬 어린 만 5~9세의 아이들이 공장 노동에 투입된 것이었지만. 공장주들은 어린아이들에게 공장 기계 사이에 들어가서 이물질을 제거하는 등의 일을 시켜 그 작은 몸집을 아낌없이 이용했던 것이다. 성인 남자 노동자의 10~20% 정도밖에 안 되는 임금을 주면서.

아동노동이 그 전 시대에 없었던 것은 아니다. 다만 산업화 이전에는 미성년 노동이 주로 부모에 의해 최소한의 교육과 함께 이루어진 반면, 산업혁명의 시대에는 빈곤층 아이들이 부모와 떨어져 교육이 전무한 채로 강도 높은 노동에 시달리게 되는 게 심각한 문제였다. 아이들의 건강에 치명적이었을 뿐만 아니라 교육의 부재로 아이들이 더

〈그림 2〉 프루동과 그의 아이들(1865), 귀스타브 쿠르베 작, 캔버스에 유채, 147×198㎝, 프티팔레, 프랑스 파리

나은 상태로 나아갈 기회를 얻지 못하는 것이었으니까.

그럼 왜 프루동의 물음처럼 기계는 빈곤층을 힘든 노동으로부터 구원해주지 못했나? 카를 마르크스는 『자본론』에서 이렇게 답했다. 기계라는 생산수단, 즉 고정자본을 자본가가 독점하고 있는 상황에서 기계는 더 이상 노동을 돕는 수단이 아니라고. "기계는 노동자 자신의 경쟁자"가 된다고.

2. 마르크스 – 자본주의는 스스로 몰락한다

『자본론』에 나오는 마르크스의 논리는 다음과 같은 전제로 시작한다. 자본은 이윤을 내려는, 즉 스스로 증식하려는 속성을 가지고 있다. 그리고 그렇게 자본이 이윤을 극대화하도록 하는 시스템이 자본주의^{Capitalism}다.

이렇게 '자본주의'는 본래 사회주의자들의 용어였고, 부정적인 뉘앙스를 지니고 있었다. 일단 명칭 자체부터 노동보다 자본이 중심이어서 비인간적인 느낌을 주지 않는가. 오늘날 한국에서는 '자본주의'가 비교적 중립적인 의미로 '시장경제'와 혼용되지만, 서구 시장경제 국가들은 이런 역사와 뉘앙스 때문에 '자본주의'라는 말을 학문적으로 쓸 때 이외에는 자주 쓰지 않는다.

게다가 '자본주의'는 생산요소(토지·노동·자본) 위주로 경제 현상을 파악하는 19세기적 관점을 반영한다. 이것은 현대 주류 경제학에서 생산 못지않게 소비, 즉 수요가 경제 현상을 결정한다고 보는 것과 다르다. 그래서 현대 서구 국가들은 생산과 소비가 만나고 조율되는 '시장'에 초점을 두고 '자유시장' 혹은 '시장경제'라는 말을 주로 사용한다. 이 책에서는 '자본주의'와 '시장경제'를 혼용해 쓰겠지만, 사회주의자가 비판적으로 언급하는 부분에서는 '자본주의'라는 말을, 그 외에는 '시장경제'라는 말을 주로 쓰겠다.

마르크스는 자본이 "흡혈귀처럼 노동의 피를 빨아먹어서" 이윤을 낸다고 했다. 즉 노동가치론에 따라 자본가의 이윤은 오로지 노동자로부터 잉여노동을 착취해서 잉여가치를 발생시키는 방법으로만 나온다고 했다.

마르크스에 따르면, 자본가들은 서로 경쟁하기 위해 공장의 규모를 키우고 더 많은 기계 설비를 사들인다. 즉 이윤을 고정자본에 투입한다. 물론 고용도 늘리지만 노동 수요가 늘어나면 임금이 올라가기 때문에 자본가들은 되도록 노동자를 기계로 교체하려 한다. 이렇게 노동자는 자신들이 생산한 기계와 경쟁하다가 밀려나서 "상대적인 잉여 인구가 되고 만다". 마르크스는 그들을 '산업예비군$^{reserve\ army\ of\ labor}$'이라고 불렀다.

그러니 기계화가 이루어진 산업에 종사하던 노동자는 실업자 신세가 되고, 기계화가 아직 안 된 산업에서는 쿠르베의 그림과 프루동의 말처럼 '힘들고 더러운 노동'이나 계속하면서 생계를 유지할 정도의 임금만 받는다는 것이다.

그런데 마르크스는 자본가들이 기계 구입에 열을 올리다가 제 꾀에

제가 빠지고 만다고 한다. 이윤, 즉 잉여가치는 오로지 노동자에게서 잉여노동을 착취하는 데서만 나오는데, 기계가 노동자를 대체하면 그게 줄어드니 말이다. 이렇게 이윤율이 줄어들면서 소규모 자본가들 또한 치열한 경쟁 속에서 도태되고 대규모 자본가들만 살아남는다. 따라서 경제력 집중이 심화된다. 그와 함께 산업예비군이 늘어나며 그들의 좌절감과 분노가 높아진다. 그들은 뭉치기 시작한다.『자본론』제32장에 따르면 "생산수단의 집중과 노동의 사회화는 마침내 그 자본주의적 틀과 양립할 수 없는 단계에 이른다".

극도로 열악한 상황에서 노동자와 산업예비군은 마침내 스스로를 개별 노동자, 개별 실업자로 생각하는 데서 한 걸음 더 나아간다. 스스로를 불합리한 계급 구조 속에서 생산수단을 독점한 자본가 계급과 대립하는 무산계급 '프롤레타리아proletariat'로서 인식하게 되는 것이다. 이게 공산주의에서 혁명을 위한 선결 조건으로 특히 강조하는 '계급의식'이다. 마르크스와 프리드리히 엥겔스는 1848년 발표한『공산당선언』에서 이렇게 외치지 않았나.

"지금까지의 모든 사회의 역사는 계급 투쟁의 역사다."

『공산당선언』에 따르면, 이 계급 구조를 파괴할 수 있는 것은 "현존하는 모든 사회 조건들을 힘에 의해 전복하는 것뿐"이다. 즉 평화적인, 점진적인 변화가 아니라 무력을 수반한 혁명으로써만 가능하다는 것이다. 마르크스는『공산당선언』에서 외친다.

"만국의 노동자여, 단결하라!"

즉 마르크시즘Marxism: 마르크스주의은 자본주의가 자체 모순에 의해 노동자 계급의 혁명을 불러일으켜 공산주의로 간다는 이론이다. 그렇기 때문에 Part 8에서 언급한 바와 같이 자본주의가 극도로 발달한 사회라야만 공산주의가 도래할 수 있다. 바로 이 때문에 마르크스 이론은 현대에 실증적으로 공격받는다. 역사적으로 볼 때, 공산주의 혁명이 실제로 일어난 것은 오히려 자본주의가 제대로 발달하지 못한 나라들뿐이었으니까.

아무튼 마르크스의 이론대로 프롤레타리아가 단결해서 혁명이 성공하면 그다음엔? 자본가가 독점했던 생산수단은 이제 프롤레타리아 독재의 중앙집권기구가 독점해서 관리하고, 이 기구가 노동자를 고용하는 것이다. 그 경우 자원과 노동의 배분이 시장에서 수요·공급에 의해 조정되는 게 아니라 중앙에서 일일이 결정된다. 바로 시장경제와 대조적인 계획경제planned economy다.

이 점에서 마르크스는 프루동과 대립하게 된다. 프루동은 평등을 중시하는 사회주의자였지만, 또한 무정부주의자로서 개인의 자유를 중시했다. 빈둥거리는 자본가가 생산수단을 독점해서는 안 되지만, 농민이나 소규모 제조업자처럼 경영과 노동을 함께 하는 사람들은 각자가 생산수단을 갖고 관리해야 한다고 그는 보았다. 그는 중앙집권적 공산주의에 반대했다.

마르크스는 이런 주장에 콧방귀를 뀌며 "부르주아 사회주의"라고 공격했다. 말이야 좋지만, 생산수단을 중앙기구에서 관리하지 않으면 결국 독점이 안 될 줄 아느냐고, 개인들이 알아서 평화롭게 평등한 분배를 할 줄 아느냐고 그는 반문했다. 프루동이 자신의 사상을 담은

『빈곤의 철학』(1846)이라는 책을 발표하자 마르크스가 『철학의 빈곤』(1847)이라는 책을 발표해 빈정거린 것은 유명한 얘기다. 이것은 무정부주의자^{anarchist}와 마르크시스트$^{Marxist: 마르크스주의자}$의 본격적인 대립을 알리는 사건이었다. 그리고 마르크스의 탁월한 작명 센스를 보여주는 사건이기도 했다.

사실 프루동은 자본주의를 대체할 만한 현실적인 사회 체제를 제시하지 못했다. 마르크스는 그런 프루동보다 인간 본성과 사회에 대해 냉정한 시선을 지닌 리얼리스트였다. 이상주의적 사회주의자들이 순진한 눈을 반짝거리며 자유와 평등이 함께 극대화되는 사회를 이룰 수 있다고 막연히 말할 때, 마르크스는 '그래? 구체적으로 어떻게? 방법 있어?'라고 비웃으며, 평등의 극대화를 위해서 자유를 제한하는 공산주의를 제시했던 것이다.

3. 존 스튜어트 밀
– 공산주의는 인간 본성인 자유를 제한한다

그런 마르크스의 반대편에는, 자유에 대한 욕구가 "인간의 가장 고귀한 본성"이라고 본 영국의 정치경제학자 존 스튜어트 밀이 있었다. (사진 3) 당연히 그는 시장경제를 지지했다. 그러나 노동자들이 진정한 자유를 누리려면 자유시장을 보완할 시스템이 있어야 한다고 강력히 주장하기도 했다. 밀은 당대의 노동자들이 자유는커녕 열악한 조건으

〈사진 3〉 존 스튜어트 밀의 초상 사진(1870년경)

로 준^準노예 상태에 있다는 것을 결코 부정하지 않았다. 그런 맥락에서 그는 또 다른 리얼리스트였다.

밀은 19세기 후반 서구 경제학을 지배한 『정치경제학원론 Principles of Political Economy』(1848)에서 이렇게까지 말했다.

"만일 여러 가능성이 있는 공산주의와 온갖 고통과 부당함이 존재하는 현 상태의 사회 중에서 하나를 선택해야 한다면, 만일 사유재산제가 지금 우리가 보는 것처럼 거의 노동량에 반비례해서 노동의 산물을 분배하는 결과를 내놓는 게 필연이라면… 아무리 공산주의가 크고 작은 어려움이 많다고 하더라도, (지금 상황에 비해서는) 그 어려움의 무게가 먼지 수준일 것이다." 하지만 그는 곧 덧붙였다. "그러나 정당한 비교를 위해서는 가능한 개선 상태의 사유재산제와 최선의 공산주의를 비교해야 할 것이다."

그리고 그는 "사유재산 원칙의 자연스러운 작동에서 발생하는 기회 불균등을 완화하기 위한 노력이 기울여진다면… 입법이 부의 집중보다 확산을 유도하는 방향으로 이루어진다면" 사유재산제와 자유시장이 개선될 것이라고 했다.

즉 밀은 오늘날 대다수 산업사회가 채택하고 있는 '결과적 평등보다 기회의 평등 보장'을 선구적으로 주장한 학자였다. 그가 말한 "동등한 조건에서 출발하는 것"을 위해 그는 무거운 상속세 과세를 지지했다. 또한 아동노동 제한과 극빈자까지 아우르는 의무적 공공 교육을 정부에 요구했다. 그는 『정치경제학원론』에서 말했다.

"초등학교에 재정 지원을 해서 가난한 사람들이 무상으로 교육을 받을 수 있게 해주는 것이 정부의 의무라고 생각한다."

마르크스 역시 『공산당선언』에 "모든 아동에 대한 사회적 무상 교육, 아동의 공장 노동 폐지"를 포함했다. 이 둘의 결정적인 차이는, 밀은 기본적으로 자유경쟁시장을 인정하는 한편 기회의 평등을 보장하기 위해 보완책들을 제시한 반면에, 마르크스는 이 체제의 전복과 공산주의를 원한 것이었다. 마르크스는 자유경쟁이 결국 힘의 독점으로 끝난다고 본 반면에, 밀은 오히려 자유경쟁이 없으면 독점이 형성된다고 보았다.

밀은 또한 공산주의의 계획경제가 과연 자원과 노동을 효율적으로 배분할 수 있을지, 또 일부 공산주의자가 주장하는 대로 분업을 폐지할 경우 노동생산성이 떨어져 사회 전체의 부가 줄어드는 문제는 어떻게 해결할 것인지에 대해 문제를 제기했다.

무엇보다도 밀이 공산주의를 지지할 수 없었던 이유는, 자신이 인간의 최고 가치로 여긴 자유를 제한할 수밖에 없는 시스템이기 때문이었다. 더욱이 밀이 논한 공산주의는 마르크스가 주장한 프롤레타리아 독재에 의한 중앙집권적 공산주의가 아니라 프루동이나 다른 사회주의자들이 논한 막연한 시스템이었다. 밀과 마르크스는 동시대를 살았지만 당시에 마르크스의 존재가 미미해서 밀은 그를 잘 몰랐기 때문이다. (오히려 프루동이 훨씬 유명했다.) 만약 자유를 강하게 제한하는 마르크스의 공산주의를 밀이 알았다면 끔찍해했을 것이다. 밀은 『정치경제학원론』 제2권 제1장에서 이렇게 말했다.

사회적 합의와 현실적 도덕률의 완성은 모든 개인에게 행동의 완전한 독립과 자유를 보장하고, 타인에게 해를 입히지 말아야 한다는 것 외에는 아무 제한에도 구속되지 않도록 하는 것이다. 만일 교육이나 사회제도가 편안함이나 풍족함의 대가로 행동의 통제를 요구한다면, 또는 평등을 위해 자유를 포기하라고 요구한다면 그것은 인간 본성의 가장 고상한 특징 중 하나(자유에 대한 욕구)를 박탈하는 것이 되리라.

밀은 또 공산주의 체제에서 "다수에 대한 개인의 절대 의존과 다수에 의한 개인 감시가 결국은 사고와 감정과 행동의 획일성으로 연결되는 것이 아닌지 보아야 한다"고 말했다.

이렇게 밀과 마르크스는 생각이 전혀 달랐지만, 현실을 알고 현실적인 시스템을 제안하는 리얼리스트라는 공통점이 있었다. 밀의 경우, 앞서 언급한 교육과 더불어 의료 서비스, 도로·항만 등의 사회간접자본 등에 정부가 나설 필요가 있다고 했다. 민간이 그것을 설립하고 운영할 자금 능력이 안 되거나 그 필요성을 미처 인지하지 못할 때 말이다. 하지만 밀은 정부가 그것을 독점하지 말고 민간도 할 수 있도록 기회를 열어주어야 한다고 했다. "정부는 정부 기관과 개인의 열성과 자율 중에 어느 것이 더 좋고 효과적일지 늘 숙고해야 한다"고 그는 말했다. 오늘날의 많은 산업사회들은 기본적으로 밀의 견해를 따르고 있는 셈이다.

또한 밀은 기회의 평등을 돕는 제도로 인해 "돈 잘 벌고 풍요로운 노동자 층이 생길 수 있다"고 보았고, 그런 제도가 잘 돌아가는 사회에서는 기계가 마르크스의 예언처럼 노동자를 길거리로 내모는 대신 노동자가 좀 더 여유롭게 일하게 해준다고 보았다. 그리고 미래에는 "자본가가 우두머리이고 노동자가 경영에 아무 발언권이 없는 관계가 아니라, 동등한 조건에서 노동자 자신들이 운영 자본을 집단적으로 소유하고 자신들이 선출하고 해고할 수 있는 경영자 밑에서 일하는" 기업이 나올 것이라고 예견했다. 우리사주 제도, 스톡옵션 제도, IT 벤처 기업의 지분 형태 등을 보면 밀의 예언이 부분적으로 실현된 것을 알 수 있다.

밀의 저서를 보면 경제 시스템 외에도 이 빅토리아 시대 학자가 지닌 여러 현대적인 생각에 새삼 놀라게 된다. 그는 인간의 자유를 주장하면서 그 인간에서 사회적 약자를 편리하게 빼버리는 짓을 결코 하지 않았다. 그는 남성으로서 여성 참정권을 강력히 주장한 몇 안 되는 당대 지성인 중 하나였다. 또한 여성과 아동의 인권을 위해 "가정폭력은 집안 문제가 아니라 법의 간섭이 가장 필요한 것"이라고 단호히 말했다.

불행히도 여성 참정권은 밀의 사후 20세기 초에 이르러서야 실현됐지만, 초기 자본주의의 문제를 해결하기 위한 움직임은 밀이 생존하는 동안 점진적으로 이루어졌다. 영국의 공장법이 수차례 개정되면서 노동자의 하루 최대 노동시간이 조금씩 줄어들었고 아동노동의 최저 연령이 높아졌다. 또한 노동자들의 협상력을 높이기 위한 노동조합의 활동이 허가됐다. 다른 유럽 국가들도 점차 그 행보를 따랐다.

4. "내게 천사를 보여줘, 그래야 천사를 그리지"

다시 쿠르베의 〈돌 깨는 사람들〉로 돌아가 보자. 이 그림이 물의를 일으킨 것은 우선 노동자를 주인공으로 삼고, 그들의 현실을 미화하지 않았기 때문이지만 그뿐만이 아니었다. 이 그림이 너비 2.5m가 넘는 큰 사이즈였기 때문에도 그랬다. 쿠르베는 〈돌 깨는 사람들〉을 발표한 이듬해 더욱더 커다란 그림 ― 너비가 6.7m에 이르는 〈오르낭의 매장〉(그림 4)을 발표해 더 큰 물의를 일으켰다.

사실 현대인이 이 그림을 보면 대체 뭐가 새로우며 왜 물의를 일으켰는지 의아할 것이다. 인상주의자들이나 현대 미술가들처럼 화법이 충격적인 것도 아니고, 그림 내용이 음란하거나 잔인한 것도 아니며, 보수적 평론가들이 두려워하는 '노동자들의 선동적인 모습'이 있는 것도 아닌데, 단지 크다고 문제가 된단 말인가? 그림의 주제는 화가의 고향 마을인 오르낭의 평범한 장례식 광경 아닌가?

그러나 당시 유럽에서는 그렇게 평범한 광경을 크게 그리는 것 자체가 기이한 일이었다. 그 전까지 이런 크기의 화폭은 '역사화', 즉 그리스도교 성서, 그리스로마 신화, 역사를 다룬 그림에만 사용됐다. 역사화는 교회, 왕궁, 공공 기관 등에 걸려서 그 권위를 드높이고, 보는 사람들의 신앙심이나 애국심을 고취하는 역할을 했다. 그런데 거대한 〈오르낭의 매장〉에 등장하는 사람들은 신화와 역사의 영웅이 아닌, 그야말로 별 볼 일 없는 보통 사람들이다. 이것 자체가 당시 분위기에서는 어이없거나 심지어 도전적인 것이었다. 역사화를 회화 서열에서

〈그림 4〉 오르낭의 매장(1849~50), 귀스타브 쿠르베 작, 캔버스에 유채, 311.5×668㎝, 오르세 미술관, 프랑스 파리

최고로 놓고 떠받들던 미술계의 최고 권력인 아카데미에 대한 저항과 조롱으로 받아들여졌던 것이다.

게다가 그림의 디테일도 문제가 됐다. 장례식에 모인 사람들이 모두 비탄에 빠져 있는 것도 아니다. 눈물을 흘리는 유족도 있지만 무표정한 사람도 있고, 어린 성가대원처럼 한눈파는 사람도 있다. 한쪽 무릎을 꿇은 무덤 파는 인부나 관을 멘 운구인들은 무심하게 신부의 기도가 끝나기를 기다릴 뿐이다. 장례식 그림 하면 으레 영웅이나 성자의 장례식에서 양식적인 몸짓으로 비탄을 표하는 사람들을 볼 것이라 기대했던 비평가들에게 이 그림은 충격이었다. 하지만 실제 장례식장이 바로 이렇지 않은가? 그래서 이 그림은 '사실주의 미술의 기념비적 작품'이라고 불리곤 한다.

쿠르베가 "내게 천사를 보여줘, 그래야 천사를 그리지"라고 말했다는 일화는 유명하다. 이처럼 그는 성경이나 그리스로마 신화의 소재를 그림으로 그리는 것을 거부하고, 그러한 소재를 다룬 역사화의 권위에 도전하고, 또 대상을 미화하는 것도 거부했으며, '지금, 여기' 살아 숨 쉬는 현실을 보이는 대로 그릴 것을 고집했다.

5. 파리 코뮌과 쿠르베

쿠르베는 직접 정치에 참여하기도 했다. 1871년 3월 사회주의자들과 노동자들의 자치 정부인 파리 코뮌의 일원이 된 것이다.

당시 프랑스는 프로이센과의 전쟁에서 패해 나폴레옹 3세의 제2왕정이 무너지고 제3공화정 임시정부가 들어선 상황이었다. 임시정부는 프로이센에 알자스와 로렌을 양도하는 등 굴욕적인 강화조약을 맺을 수밖에 없었다. 그러자 파리의 소시민과 노동자들이 이에 반발해서 수도 행정권을 장악하고 자치 정부를 수립했다. 파리 코뮌은 비록 허술한 바리케이드로 둘러싸여 급조된 정부였지만, 미래를 꿈꾸며 노동시간 축소, 공공 교육 개혁 등의 정책을 내놓았다. 쿠르베는 코뮌에서 일종의 미술부 장관으로 활동했다.

하지만 코뮌이 과격한 면모를 보이면서 혁명적인 쿠르베조차 놀라서 5월 초에 사임하기에 이르렀다. 한편 정부군은 파리를 포위하고 점차 코뮌의 숨통을 조이고 있었다. 결국 5월 21일 정부군이 파리에 진입했고, '피의 1주일'이 지난 후에 파리 코뮌의 두 달 천하는 무너졌다. 당시의 '피의 1주일'을 묘사한 에두아르 마네 Edouard Manet, 1832~1883 의 스케치가 남아 있다. (그림 5)

곧 쿠르베는 정부군에 체포됐다. 나폴레옹 석주를 파괴했다는 죄로 징역에 처해졌는데, 몇 달 후 병보석으로 풀려나기는 했지만 어마어마한 벌금형을 받고 재산과 그림을 몰수당했다. (아이로니컬한 것은 그 덕분에 쿠르베의 작품이 잘 보존되었다는 후문이다.) 쿠르베는 벌금을 낼 여력이 없어서 1873년 스위스로 망명해 그곳에서 4년 만에 삶을 마쳤다.

쿠르베의 이런 정치적 삶을 생각하면, 오히려 그의 그림은 전체적으로 볼 때 정치적, 이념적 메시지가 별로 강하지 않은 편이다. 그림에 있어서는 어떤 구호를 외치기보다 아름답든 추하든 현실을 직시하

〈그림 5〉 바리케이드(1871), 에두아르 마네 작, 종이에 잉크와 수채, 부다페스트 미술관, 헝가리 부다페스트

고 묘사하는 것이 쿠르베에게 하나의 이념이 아니었나 싶다. 그래서 그는 자신이 사회주의자이며 민주주의자이기도 하지만 "무엇보다도 리얼리스트"라고 강조했던 것이다.

앞서 말한 대로 마르크스도 밀도 모두 성격이 다르지만 리얼리스트였다. 이 시대는 리얼리스트가 이끈 시대라고 보아도 무방할 것이다. 그리고 이런 리얼리즘에서 근대성 혹은 현대성이라고 번역되는 모더니티^{modernity}가 나왔다.

쿠르베의 리얼리스트로서의 태도는 후대 화가들에게 많은 영향을 미쳤는데, 그중 한 명이 바로 모던아트$^{modern\ art}$의 선구자라고 불리는 마네였다.

6. 모던아트의 출발점이 된 매춘부 그림

마네는 "사람은 자기 시대를 살아야 하고 자기가 보는 것을 그려야 한다"고 말하곤 했다. 이것은 쿠르베뿐만 아니라 시인이자 미술평론가인 샤를 보들레르$^{Charles\ Pierre\ Baudelaire,\ 1821~1867}$에게서 영향받은 것이었다. 보들레르는 미술가들이 과거의 신화와 역사라는 주제는 과감히 던져버리고 동시대인들의 삶을 그려야 한다고 말하곤 했다.

그래서 마네는 비스듬히 누워 있는 여성의 누드를 발표했을 때 '베누스'라는 제목 대신 '올랭피아'(그림 6)라는 제목을 달았다. 그 결과 엄청난 욕을 먹어야 했다. 아니, 르네상스 시대부터 널리고 널린 게 여성

〈그림 6〉 올랭피아(1863), 에두아르 마네 작, 캔버스에 유채, 130×190㎝, 오르세 미술관, 프랑스 파리

<그림 7> 우르비노의 베누스(1537~8), 티치아노 작, 캔버스에 유채, 119×165cm, 우피치 미술관, 이탈리아 피렌체

누드화인데, 왜 마네의 그림은 특히 비난을 받았을까?

과거의 많고 많은 누드는 대부분 그리스로마 신화의 사랑과 미의 여신 베누스^Venus, 영어로는 비너스, 또는 다른 여신이나 님프의 이름을 달고 있었다. 사실 그들의 모델은 권력자의 정부나 화가의 연인, 또는 고급 매춘부였지만 말이다. 하지만 이들의 누드 옆에 날개 달린 아기 쿠피도스^Cupidos, 영어로는 큐피드라도 함께 배치되고 '베누스'라는 이름이 달리면 그 누드는 음란한 것이 아니라 기품 있는 관능미를 갖춘 그림이 되었다.

그런데 마네의 누드화는 그런 위선을 집어치우고 당시 매춘부들이 많이 사용하던 '올랭피아'라는 이름을 가지고 나왔다. 짧은 팔다리에 똥배가 약간 나온 전반적으로 빈약한 육체, 목에 두른 검은 리본, 발에 반쯤 걸쳐진 슬리퍼로 보아 현실 속의 매춘부를 나타내고자 한 게 분명하다. (모델은 진짜 매춘부가 아니라 직업 모델이며 화가인 빅토린 뫼랑이었지만.)

고상한 갤러리에서 관음증적 시선을 고전 신화 감상이라는 명목으로 합리화하며 누드화를 즐기던 관람객들에게 이 노골적인 그림은 민망한 충격이었을 것이다. 밤에 슬쩍 매춘부를 찾는 남성들조차 벌건 대낮에 점잖은 갤러리에서는 매춘부를 보고 싶지 않았을 것이다. 그것도 당시 비난을 퍼부은 평론가 에르네스트 셰스노가 말한 대로, 매춘부가 당당한 태도로 "수치심도 없이 관람객의 눈을 들여다보는" 장면을 말이다.

"현실에서 누드가 가장 잘 어울리는 대상이 매춘부였음에도 불구하고 관객들은 허구적 설정에서의 누드만을 기대했고, 무엇보다도 매춘부라는 계급의 존재를 공식적으로 인정하려 하지 않았다 … 상당수의 매춘부가 당시 파리에 있었음에도 불구하고."

스스로를 마르크시스트라 칭하는 영국의 유력 미술사학자 T. J. 클라크$^{\text{Timothy James Clark, 1943~}}$가 한 말이다.

〈올랭피아〉가 르네상스 시대 베네치아파 화가 티치아노$^{\text{Tiziano Vecelli, 1488~1576}}$의 〈우르비노의 베누스〉(그림 7)의 구도를 많이 따른 것도 공격의 대상이 됐다. 여러 비평가들은 마네의 작품이 이 르네상스 대가의 작품을 심술궂게 조롱하는 패러디라고 생각했던 것이다.

티치아노의 이상화된 풍만한 육체의 여신이 마네의 그림에서는 현실적인 빈약한 몸매의 매춘부로 변했다. 〈우르비노의 베누스〉는 발치에 하얀 강아지를 데리고 있는데 〈올랭피아〉는 검은 고양이를 데리고 있다. 하얀 강아지는 몸을 포근하게 웅크리고 잠들어 있다. 16세기 회화에서 개는 충성심과 정절의 상징이었다. 반대로 〈올랭피아〉의 검은 고양이는 노란 눈을 부릅뜨고 꼬리를 바짝 치켜들고 있다. 이게 성적인 의미로 받아들여져 관람객의 분노를 샀다.

그런데 〈올랭피아〉가 그토록 비난을 받았고 또 현대에 그토록 중요한 그림으로 여겨지고 있는 것은 그림의 주제뿐 아니라 기법 때문이기도 했다. 티치아노와 마네의 그림을 비교해보자. 티치아노의 작품은 누드에 음영을 세심하게 넣은 명암법과 커튼 너머 공간으로 이어지는 원근법을 강조해 그림을 3차원적으로 나타내려 애썼다. 반대로 마네의 그림은 상당히 평면적이다. 올랭피아의 몸에 명암도 많이 없고 공간의 깊이가 느껴지지 않는다.

정교한 명암법과 원근법을 사용해 2차원의 캔버스에 3차원 같은 환영^{illusion}을 만드는 것, 그렇게 해서 자연과 세계를 캔버스 안에 최대한 사실적으로 재현해서 이것이 캔버스에 칠해진 물감의 조합이 아니라 그 세계 자체라는 착각을 일으키게 하는 것, 이것이 르네상스부터 서구 미술가들이 가장 주력한 점이었다.

그러나 마네는 그림의 주제를 현실에서 찾되, 그림의 기법이 사실적일 필요는 없다고 생각했다. 어차피 회화는 2차원이고 또 사진만큼 실제의 장면을 잘 재현할 수도 없기 때문이다. 오히려 "회화는 독립적인 색의 배열"일 수 있다고 그는 말했다. 이것은 르네상스부터 이어진 서양 미술의 전통에 반기를 드는 것이었다.

그래서 20세기 미국 미술평론의 대부 클레멘트 그린버그$^{Clement\ Greenberg,\ 1909~1994}$는 마네를 모던아트●의 출발점으로 간주했다. 그린버그는 이렇게 말했다.

"사실적이고 환영추구적인 미술은 매체(물감 등의 그림 재료)를 숨겨왔다 ─ 미술을 숨기기 위해 미술을 사용한 것이다. 반면에 모더니즘은 (자연과 세계로부터 독립된 존재인) 미술 자체에 주목하도록 미술을 사용했다. … 마네의 그림들은, 그들이 그려진 표면을 선언하는 솔직함의 미

● 모던아트: 서구의 '모던아트(modern art)'는 '근대미술'로도, '현대미술'로도 번역하기가 애매하다. '모던아트'의 시기 자체를 학자마다 다르게 잡지만, 19세기 후반 인상주의 시대부터 1960년대 말 포스트모더니즘(postmodernism)이 일어나는 시기까지로 잡는 경우가 많다. 그런데 '근대미술'이라고 하면 17~18세기 미술로 오해될 수 있고, '현대미술'이라고 하면 우리가 사는 동시대의 미술(contemporary art)과 혼동될 수 있다. 그래서 이 책에서는 부득이 모던아트라는 말을 그대로 사용하려고 한다.

덕으로(즉 그들이 평면에 그려진 그림임을 숨기려 하지 않음으로써), 최초의 모던아트가 되었다."

반면 클라크는 마네가 모더니즘에 있어서 무척 중요한 화가인 것에 동의하지만, 그린버그가 말한 것처럼 형식, 즉 평면적인 화법 때문보다 내용, 즉 그 사회적인 소재 때문에 중요하다고 했다. 클라크는 매춘부가 하나의 '계급'이며, 올랭피아는 단지 한 명의 특정 매춘부가 아니라 매춘부 계급을 나타내는 기호, "부르주아 계급이 결코 알고 싶어 하지 않는 계급의 기호"라고 했다.

7. 감정노동자의 애환도 그린 마네

〈올랭피아〉는 이제 미술사의 기념비적 작품으로 여겨지고 있지만, 당시에는 저주에 가까운 비난을 한 몸에 받았다. 마네는 쿠르베만큼 투사적인 인물이 아니어서 평론가와 대중의 쏟아지는 악평에 상당한 상처를 받았다고 한다. 이후 마네는 점차 누드를 그리지 않게 됐다. 하지만 여전히 일상과 현실을 그리는 그의 정신은 살아 있었다. 〈폴리베르제르의 바〉(그림 8)는 그런 정신이 담긴 만년의 마네 작품이다.

폴리베르제르^{FoliesBergère}는 19세기 말 파리에서 가장 '핫'한 곳 중 하나로, 술을 마시며 가수와 댄서, 곡예사 등의 공연을 볼 수 있는, 요즘으로 치면 나이트클럽 같은 곳이었다. 그림 속 여인은 이 나이트클럽에 딸린 바에서 일하는 종업원이다.

종업원의 뒤에는 커다란 거울이 있어서 폴리베르제르의 시끌벅적한 내부를 비추고 있다. 거대하고 화려한 샹들리에 아래 두 층의 관람석을 사람들이 꽉 채우고 있다. 검은 실크해트와 슈트를 걸친 남자들과 화려한 모자와 장갑으로 성장한 여자들이다. 클럽의 규모나 손님들의 옷차림으로 보아 허름한 싸구려 클럽은 아닌 모양이다. 실제로 이곳은 주로 중산층 이상의 손님이 오는 곳이었다.

그렇다고 공연 내용이 진지한 예술이었던 것은 아니었다. 다소 선정적인 게 많아서, 요즘으로 치면 라스베이거스 쇼에 비길 수 있었을 것이다. 그렇다면 지금 거울에 비친 관람객들이 보고 있는 건 무엇일까? 그중 한 여성은 잘 보기 위해 오페라글라스까지 들고 있는데 말이다. 답은 그림 왼쪽 위 모서리에 있다. 초록색 양말을 신은 두 발이 공중그네를 타고 있는 게 살짝 보인다. 서커스 공연이 펼쳐지고 있는 것이다.

화려하고 센세이셔널한 클럽의 분위기와 어울리게 종업원 여인은 레이스와 꽃으로 장식되고 가슴이 깊게 파인 미끈한 검은 옷을 입고 있다. 하지만 그녀의 눈에는 피곤함과 그로 인한 무심함이 배어 있다. 다른 사람을 계속 상대해야 하는 서비스업종 노동자들, 요즘 말로 하면 감정노동자들의 애환을 마네는 이해했고 그 공감을 조용히 드러낸 것이다.

재미있는 것은 화려한 홀을 비추는 거울에 그녀의 뒷모습이 비치는데, 물리적으로 약간 맞지 않는 위치에 있다는 것이다. 거울 속에서 그녀는 실크해트를 쓴 남자를 응대하고 있다. 손님 쪽으로 약간 몸을

〈그림 8〉 폴리베르제르의 바(1882), 에두아르 마네 작, 캔버스에 유채, 96×130cm, 코토드 인스티튜트 갤러리, 영국 런던

기울이고 있는 것을 보아 그녀는 손님의 주문을 경청하고 있는 것으로 보인다. 그런데 과연 얼굴 표정이 저렇게 멍하고 약간 우울해 보이기까지 할 수 있을까?

어쩌면 거울 속의 모습이 그녀의 실제 모습이고, 거울 밖의 그녀, 특히 그녀의 얼굴은 그녀의 고독하고 지친 내면을 나타내는 것인지도 모른다. 그렇게 볼 때 이 그림은 사실적이면서도 시적이며 상징적인 분위기의 그림이라고 할 수 있다. 도시의 물질적 화려함 속 고독과 우울 — 현대의 작가와 영화감독 등이 즐겨 다루는 이 주제를 절묘하게 드러낸 원조 작품인 것이다.

| 경제용어 14 | **부르주아지와 프롤레타리아**

원래 부르주아지(bourgeoisie)는 중세 프랑스에서 도시에 거주하며 의료 등의 전문 기술직이나 상공업에 종사하는 사람들을 가리키는 말이었다. 부르주아(bourgeois)는 부르주아지의 형용사다. 이들은 영주와 농노 사이의 중간 신분에 해당했다. 르네상스 이후 이런 중간 신분의 사람들은 점차 부를 축적하고 계몽사상을 적극적으로 받아들여 마침내 18세기에 시민혁명의 주체가 되었다. 또한 산업혁명과 더불어 이들 중 많은 수가 산업자본가, 즉 공장주로 활약하게 됐다.

그 후 산업화 초기에 기업주와 고용자 간의 갈등이 깊어지고 빈부 격차가 벌어지면서 부르주아지는 사회주의자들에 의해 하나의 부정적 계급으로 받아들여지게 되었다. 특히 마르크스주의자들이 부르주아지-프롤레타리아(proletariat)의 계급 이분법을 정립했다. 엥겔스는 1888년 『공산당선언』 영어판에 붙인 주에서 이렇게 말했다. "부르주아지는 생산수단의 소유자로서 임금 노동을 착취하는 현대의 자본가 계급을 말한다. 프롤레타리아는 현대의 임금 노동자 계급을 말한다. 그들은 아무런 생산수단도 갖고 있지 않으므로, 살기 위해서는 자신의 노동력을 파는 데 의존해야만 한다."

그러나 산업화와 시장경제의 발전이 지속되면서 단순한 이분법적 계급론이 점차 설득력을 잃게 되었다. (자세한 것은 Part 8 참고) 오늘날의 산업사회는 사회 구성원을 재산과 소득에 따라 경제적 상층, 중간층, 하층으로 분류하고 있으나 어디까지나 경제 정책의 편의를 위한 목적이 강하다.

최근에는 부르주아지와 프롤레타리아라는 용어는 마르크시스트들 사이에서만 주로 쓰인다. 간혹 부르주아지가 속물적인 부유층을 빈정거리는 말로 대중에게 쓰이기도 한다.

| 경제용어 15 | **우리사주 제도와 스톡옵션 제도**

우리사주 제도(employee stock ownership plan)는 기업에서 지원해서 근로자들이 자사의 주식을 취득하게 하는 제도다. 이 경우 직원이 회사에 대해 책임의식을 갖고 더 높은 노동생산성을 발휘할 수 있다. 또한 직원의 재산 형성에 도움이 되고,

직원이 주주로서 경영에 목소리를 내 경영민주화를 촉진하는 효과가 있다. 1829년 영국 광산회사의 이익참가 제도에서 비롯됐으며, 미국 등 여러 나라에서 활용하고 있다. 한국은 1968년 '자본시장 육성에 관한 법률'에 따라 처음 도입됐다.

우리사주를 취득하는 방법은 근로자가 자기 부담으로 하는 것과 사업주가 무상 출연하는 것으로 나뉜다. 또 운영 방식에 따라 퇴직연금형과 성과급형이 있다. 미국은 근로자가 퇴직할 때 인출할 수 있는 퇴직연금 제도로 운영하는 반면, 한국과 영국은 근로자가 일정 기간 의무적으로 예탁한 후 인출해 매각할 수 있는 성과배분형으로 운영하고 있다.

한편 스톡옵션(stock option)은 기업이 임직원에게 일정 기간이 지난 후에 자사의 주식 일정 수량을 일정한 가격 – 주로 액면가나 시세보다 훨씬 낮은 가격 – 으로 살 수 있게 부여하는 권한이다. 주식매입선택권이라고도 한다.

자사의 주가가 크게 상승했을 때 스톡옵션을 행사하면 시세보다 낮은 가격에 매입해서 높은 시세에 팔 수 있으므로 상당한 차익을 남길 수 있다. 주가는 경영 실적에 달려 있으므로, 임직원이 실적을 높이기 위해 열심히 일하도록 유도하는 좋은 인센티브가 된다.

사업 전망은 밝지만 바로 높은 임금을 줄 수 없는 벤처 기업 등에서 유능한 인재를 끌어들이기 위해 스톡옵션을 제시하곤 한다. 또 기존 기업들도 임직원의 근로 의욕을 고취하기 위해 활용한다. 한국에서는 1997년부터 개정 증권거래법이 시행되면서 이 제도가 도입됐다. 스톡옵션은 능력 중심으로 제공되기 때문에 근속 연수를 바탕으로 하는 우리사주조합 제도와 다르다.

Part_10

산업화에 반발, 자연과 중세로

— 대량생산에 저항한 미술 공예 운동

1. 밀레이의 '오필리아', 자연의 품에 안기다

> 그 애는 꽃으로 만든 관을 늘어진 나뭇가지에 걸려고 기어오르다, 심술궂은 가지가 부러져 화환과 함께 흐느끼는 시냇물 속으로 떨어지고 말았다는구나. 옷이 활짝 펴져서 잠시 인어처럼 물에 떠 있는 동안 그 애는 자신의 불행을 모르는 사람처럼, 아니면 본래 물속에서 태어나고 자란 존재처럼, 옛 노래 몇 절을 불렀다는구나. 그러나 오래지 않아 물에 젖어 무거워진 옷은 그 가엾은 것을 아름다운 노래에서 진흙탕의 죽음으로 끌어들이고 말았다더라.
>
> ―윌리엄 셰익스피어의 『햄릿』(1600년 전후) 중에서

존 에버렛 밀레이^{John Everett Millais, 1829~1896}의 〈오필리아〉(그림 1)야말로 셰익스피어가 묘사한 햄릿의 연인 오필리아의 죽음을 가장 절묘하게 구현한 그림일 것이다. 이 그림에 대해서는 참 많은 이야기를 할 수 있다. 지독한 정신적 고통으로 미쳐버린 그녀가 이제 그 고통으로부터의 서글픈 해방을 앞두고 짓는 저 미묘한 표정에 대해서. 또는 이 그림의 모델이었고, 오필리아만큼 아름답고 또 불행했던 여인 엘리자베스 시달^{Elizabeth Siddal, 1829~1862}에 대해서. 그리고 이 그림을 재현한 수많은 사진과 영화와 뮤직비디오 장면들에 대해서.

하지만 이 책에서 초점을 맞출 것은 오필리아를 둘러싼 자연의 묘

〈그림 1〉 오필리아(1852), 존 에버렛 밀레이 작, 캔버스에 유채, 76×112㎝, 테이트 브리튼, 영국 런던

사다. 마치 영국 시골의 어느 평범한 개울가를 실제로 보는 듯한 착각을 일으킬 정도로, 이 그림의 수초와 덤불은 현실적이고 섬세하게, 그만큼 생명력 있게 묘사돼 있다. 그래서 자연의 품에 안기듯 죽음을 받아들이는 오필리아의 표정이 설득력 있게 다가온다. 지독한 고통을 물에 흘려보내고 꽃에 둘러싸여, 태아일 때 어머니의 양수로 접하기도 했던 다정한 물로 돌아가는 것이다. 냇가의 수풀과 수초들은 오필리아를 환영하고 감싸 안을 듯이 그녀를 둘러싸고 있다.

이렇게 사실적이고 정교한 자연의 묘사가, 밀레이가 속했던 19세기 중반 영국의 화가 단체 '라파엘전파'Pre-Raphaelite Brotherhood'의 특징이었다. 이 그룹은 기묘한 이름 그대로 '라파엘 이전으로 돌아가자'는 모토를 내세우고 있었다. 라파엘로Raffaello Sanzio, 1483~1520는 〈아테네 학당〉 등으로 유명한 전성기 르네상스 미술의 거장. 그런데 왜 '레오나르도 다빈치 전파'나 '미켈란젤로 전파'가 아니라 하필 '라파엘전파'인 것일까?

라파엘로는 고전주의 화법을 완성했고, 이후의 미술 아카데미에서 다른 거장들보다도 교과서적인 화가로 받아들여졌다. 그러니까 라파엘전파라는 이름은 '교과서를 거부하는 파'와 같은 도발적인 의미였다. 고전주의 화법은 대상을 정교한 원근법과 명암법을 통해 최대한 3차원 실제처럼 화폭에 재현하면서, 또한 균형과 조화를 통해 이상적인 모습으로 나타내는 것이다. 이를 이어받은 신고전주의에 대해서 Part 7에서 이야기했다. 이것이 이후 미술 아카데미를 통해 답습되고 심화되면서 진부하게 매끈한 전형적인 화법으로 굳어지게 됐다.

Part 9에서 이야기한 대로 에두아르 마네는 그런 화법에 반발해 새로운 모던아트의 길을 열었다. 반면에 라파엘전파 화가들은 더 옛날인 중세와 초기 르네상스 그림으로 눈을 돌렸다. 이 시기 그림들은 입체적이기보다 평면적이고, 인물 묘사는 소박하고 진솔하면서, 수풀 등 자연 묘사는 충실한 관찰을 바탕으로 꼼꼼하게 디테일을 살린 것이 많다. 그래서 전반적으로 순진하면서 신비로운 느낌을 풍긴다. 라파엘전파 화가들은 이런 화법을 응용했다.

이것은 당대 영국의 영향력 있는 미술평론가이자 사회학자인 존 러스킨이 "자연에 충실한 것$^{truth\ to\ nature}$"을 예술의 주요 덕목으로 강조한 데서 영향을 받은 것이었다.

2. 러스킨 – 자연에 충실하라!

러스킨은 산업화에 대해서, 특히 산업화가 가져온 기계적인 대량생산에 대해서 강한 거부감을 가졌고, 그 대안을 자연과 중세 장인들에게서 찾았다.

밀레이가 러스킨을 그린 초상화(그림 2)는 그야말로 러스킨의, 러스킨을 위한, 그리고 간접적으로는 러스킨에 의한 그림이라고 할 수 있을 것이다. 러스킨 뒤 계곡의 물줄기 하나, 바위의 결 하나가 정밀한 관찰을 바탕으로 섬세하게 그려져 있다. 자연에 충실해야 한다는 러스킨의 생각을 그림으로 구체화한 셈이다.

〈그림 2〉 존 러스킨의 초상화(1854), 존 에버렛 밀레이 작, 캔버스에 유채, 78.7×68cm, 개인 소장

〈그림 3〉 결론 난 평화(1856), 존 에버렛 밀레이 작, 캔버스에 유채, 120×91㎝, 미니애폴리스 인스티튜트 오브 아트, 미국 미니애폴리스

그런데 밀레이가 러스킨 부부와 함께 스코틀랜드로 여행 가서 이 초상화를 그리는 동안 막장 드라마 같은 일이 벌어졌다. 밀레이가 러스킨의 아내인 에피$^{Effie\ Gray,\ 1828~1897}$와 사랑에 빠진 것이다. 사실 이 남녀에게는 항변할 여지가 있었다. 에피는 미모였는데도 불구하고 러스킨이 기피하는 바람에 한 번도 부부 관계를 가진 적이 없어서 사실상 처녀였던 것이다. 일설에 따르면 그 이유는 러스킨이 그림 속의 이상적인 누드와 다른 현실 여성의 나체를 혐오스러워했기 때문이었다고 한다. 이것은 자연에 충실해야 한다는 그의 주장에 어긋나는데 말이다.

결국 러스킨의 초상화가 완성된 해, 에피는 러스킨을 상대로 이혼 소송이 아닌 혼인 무효 소송을 제기해서 승소했다. 그리고 이듬해 밀레이와 결혼했다. 그다음 해 밀레이는 에피와의 애정을 만천하에 과시하며 그녀를 모델로 한 작품, 〈결론 난 평화〉(그림 3)를 발표했다. 크림전쟁$^{Crimean\ War}$●에서 부상당해 가족의 품으로 돌아온 영국 군인이 마침내 전쟁이 끝났다는 소식을 신문에서 보는 내용인데, 에피는 군인의 아내로 등장한다. 놀랍게도 러스킨은 이 그림에 극찬을 해주는 쿨한 모습을 보였다.

그래도 어쩔 수 없이 그들의 관계는 점차 서먹해졌다. 밀레이는 라파엘전파의 정신과 화풍에서 점차 벗어나 아카데미 회원이 되었고, 나중에는 아카데미 원장 자리에까지 올랐다.

● 크림전쟁: 1853~1856년 러시아가 크림 반도와 흑해를 두고 오스만튀르크 및 그와 연합한 영국, 프랑스, 프로이센, 사르데냐와 싸운 전쟁.

3. 중세 장인 정신과 현대적 디자인 철학의 결합

러스킨의 사상을 끝까지 충실하게 실현한 미술가는 따로 있었다. 그는 바로 무미건조한 제품의 대량생산에 반발해서 미술 공예 운동을 주도한 윌리엄 모리스 William Morris, 1834~1896였다.

모리스는 러스킨이 건축과 사회윤리가 어떻게 관련돼 있는지에 대해 쓴 책들을 보고 "계시와 같은 충격"을 받아 건축가를 꿈꿨다. 하지만 라파엘전파의 리더 격인 화가 단테 가브리엘 로세티 Dant Gabriel Rossetti, 1828~1882의 영향을 받아 화가로 전향했다.

여기서 한 가지 재미있는 사실은 로세티의 아내가 바로 밀레이의 〈오필리아〉의 모델인 엘리자베스 시달이었다는 것이다. 본래 모자 가게 점원이던 그녀는 신비로운 아름다움 덕분에 라파엘전파 화가들의 모델이 되었고(당시 모자 가게 점원은 서민 계층에서 미모와 스타일이 있는 여성들이 즐겨 갖는 직업이었다.), 특히 로세티의 뮤즈가 되어 결혼까지 하게 됐다. 하지만 원래 병약한 몸인 데다가 로세티와의 결혼 생활이 삐걱거리면서 우울증에 빠져 결국 반#자살-반사고의 약물 남용으로 젊은 나이에 세상을 떠났다.

그 후에 로세티의 새로운 뮤즈가 된 사람은 누구였을까? 바로 모리스의 아내인 카리스마적 미모의 제인 버든 Jane Burden, 1839~1914이었다. 그들의 우정인지 불륜인지 모를 알쏭달쏭한 관계는 로세티가 세상을 떠날 때까지 유지됐고, 로세티는 그녀를 모델로 많은 그림을 남겼다. 그녀가 그리스 신화 속 저승의 여왕 페르세포네 Persephone●로 등장하는 작품(그림 4)을 포함해서 말이다. 사실 이들 라파엘전파 화가들의 얽히고설킨 연애사만으로도 한 권의 흥미로운 책을 쓸 수 있을 것이다. 하지만 이 책의 주제는 연애사가 아닌 경제사이니 아쉽지만 이쯤에서 넘어가겠다.

모리스는 여러 그림을 제작했지만 곧 아틀리에와 전시장만 오고 가는 화가로서는 보편적인 인류의 일상생활에 아름다움이 깃들게 하는 데 한계가 있다는 생각에 이르렀다. 그때부터 장식미술에 집중하기 시작했고, 1850년대에 이미 중세풍의 가구 디자인을 했다. 모리스는 오늘날 디자이너들이 기본적으로 가지는 철학, 즉 디자인을 통해 삶의 질을 향상시키고 일상생활을 예술의 차원으로 끌어올린다는 철학을 뚜렷하게 내세운 거의 최초의 인물이었다.

모리스의 미술 공예 운동은 러스킨의 '이상적인 장인匠人'에 대한 철학에 바탕을 둔 것이었다. 앞서 말한 대로 산업혁명과 그로 인한 기계적인 대량생산에 거부감을 가진 러스킨은 중세 장인들이 태피스트리(벽걸이 직물), 가구, 교회 벽면의 장식 하나하나를 정성 들여 만들고, 거기에 자연에서 관찰한 갖가지 패턴을 반영해 넣은 것을 예찬했다. 러

● 페르세포네: 대지와 농업의 여신 데메테르의 딸로, 지하 저승의 왕 하데스 신에게 납치되어 그의 왕비가 되었다. 데메테르가 딸을 잃은 슬픔에 대지를 돌보지 않아 황폐해지자 최고신 제우스가 개입해서 하데스에게 페르세포네를 돌려보내도록 했다. 그러나 페르세포네는 지하 세계에서 석류를 먹었기 때문에 완전히 풀려나지 못하고 1년의 3분의 2는 지상에서 어머니와 보내고 3분의 1은 지하에서 하데스와 지내게 되었다. 로세티의 그림에서 페르세포네가 석류를 들고 있는 것은 이 때문이다. 페르세포네 신화는 곡물이 겨울 동안 씨앗으로 땅속에 잠들어 있다가 봄이 되면 지상으로 돋아나 여름에 자라난 후 가을에 다시 씨앗으로 돌아가 땅에 묻히기를 반복하는 순환의 상징이다.

〈그림 4〉 페르세포네(1874), 단테 가브리엘 로세티 작, 캔버스에 유채, 125×61㎝, 테이트 브리튼, 영국 런던

스킨은 제조업 노동자가 모두 이런 장인이 될 때 이상적인 사회가 이루어진다고 생각했다. 산업화 시대 분업으로 인해 단순 작업을 반복하게 된 공장 노동자의 모습에 러스킨은 개탄했다.

러스킨이 대량생산 시스템의 극치라고 할 수 있는 포디즘^{Fordism} 혹은 포드 시스템이 나오기 10여 년 전에 세상을 떠난 게 그에게는 천만다행이라 할 수 있다. 20세기 초에 포드 자동차회사에서 비롯된 포디즘은 생산품이 규격화·표준화되고, 생산 과정의 분업이 더욱 많은 단순 조립 과정으로 세분화되며, 그 조립 과정들이 컨베이어 벨트로 연결되는 시스템이다. 영화 〈모던 타임스〉(1936)에서 컨베이어를 타고 오는 부품의 행렬을 맞아 부품 나사 죄는 일을 반복하는 찰리 채플린$^{Charles\ Chaplin,\ 1889~1977}$을 떠올리면 된다. 영화에서 채플린은 마침내 제정신을 잃고 자신이 기계의 부속품이 된 환상 속에 빠진다. 그것이 러스킨이 두려워한 노동자의 미래였다.

그러나 러스킨과 모리스는 대량생산의 끔찍한 면모에 주목했을 뿐, 한 가지 중대한 장점도 있다는 것을 간과하거나 무시하고 있었다. 그 점은 조금 뒤에 이야기하겠다.

사실 노동자의 기계화에 대해서는, 분업의 효율성을 제창한 고전파 경제학의 거두 애덤 스미스도 걱정을 했었다. 스미스는 Part 6에서 언급한 것처럼 분업이 노동생산성의 향상을 가져와 사회 전체의 부를 증진하고 그 경우 노동자들의 절대적 부도 증가한다고 했지만, 노동자들이 단순 작업만 반복하다가 무지와 무기력에 빠질 것을 우려하기도 했다. 스미스는 대안으로 공공 교육을 제시했었다. 러스킨은 나중

<그림 5> 윌리엄 모리스의 벽지와 직물 패턴 디자인. 위 왼쪽: 핌퍼넬(1872), 위 오른쪽: 재스민 (1872), 아래 왼쪽: 세인트 제임스(1880), 아래 오른쪽: 딸기 도둑(1884)

에 미술평론을 집어치우고 공공 교육을 포함한 사회복지 문제에 집중하게 된다.

모리스는 기계적 대량생산에 대한 혐오, 중세 장인에 대한 감탄과 동경, 자연에 충실하고자 하는 노력 등에서 모두 러스킨과 뜻을 같이 했다. 이것이 모리스의 대표적인 벽지와 직물 패턴 디자인(그림 5)에 드러난다.

자연에 대한 섬세한 관찰을 바탕으로 한 이 패턴들은 화사하고 신비로운 중세 태피스트리의 분위기를 풍긴다. 패턴의 유려한 선이 춤추듯 리드미컬하게 이어져 있어서, 패턴이 반복적이면서도 지루하지 않다. 이 우아하고 율동적인 선은 바다 건너 프랑스의 아르누보[Art Nouveau] 디자인에 영향을 주게 된다. 아르누보에 대해서는 Part 11에서 좀더 설명하겠다.

4. 벽지부터 스테인드글라스까지, 모리스의 종합적 디자인

1861년, 모리스는 뜻을 같이하는 친구들과 함께 모리스 마셜 포크너 사(社)[Morris, Marshall, Faulkner & Co.]를 설립해 디자인 역사에 한 획을 그었다. 이 회사는 공예가와 기술자는 물론 순수 화가까지 아우르는 연합이었다. 로세티 등 여러 라파엘전파 화가, 특히 모리스의 평생의 벗인 화가 에드워드 번존스[Edward Burne-Jones, 1833~1898]도 여기에 참여

〈사진 6〉 '성 미카엘과 모든 천사들의 교회' 동쪽 스테인드글라스(1862), 에드워드 번존스가 디자인하고 모리스 마셜 포크너 사(社)에서 제작, 영국 린더스트

했다. 1875년부터는 경영을 모리스가 전담하게 되면서, 모리스 사 Morris Co. 로 이름을 바꾸었다.

모리스 사는 스테인드글라스, 가구, 태피스트리, 벽지 등 다양한 공예 분야를 섭렵한 최초의 현대적인 종합 디자인 회사였다. 중세 미술에서 깊은 영감을 받은 모리스의 회사답게 특히 교회 실내장식에서 활약했다. 번존스가 디자인하고 모리스 마셜 포크너 사에서 제작한 교회 스테인드글라스 창문이 그 예다. (사진 6)

모리스와 번존스가 협업한 태피스트리들도 모리스 사의 대표작에 들어간다. '플로라 태피스트리'(사진 7)의 경우에는 번존스가 로마 신화 속 꽃의 여신 플로라를 도안하고, 모리스가 그녀를 둘러싼 식물과 동물 패턴을 디자인했다. 여신의 호리호리한 체격과 청아하고 사색적인 얼굴은 딱 번존스 스타일이다. 그녀를 둘러싸고 율동적으로 소용돌이치고 흐르는 우아한 선의 식물 패턴은 딱 모리스 스타일이고 말이다. 이 둘은 멋들어진 조화를 이룬다.

모리스와 동료들은 그들의 회사가 획일화된 기계 생산 공정으로 빼앗긴 창조적 노동과 그로 인한 노동의 기쁨을 되찾은 미술 노동자들의 공간이라고 자처했다. 모리스는 후에 유명한 강연 '장식예술The Decorative Arts'(1877)에서 이렇게 말했다.

> 사람들에게 그들이 사용해야 하는 것들에서 기쁨을 얻도록 해주는 것, 그것이 장식예술의 한 중요한 직무다. 사람들에게 그들이 만들어야 하는 것들에서 기쁨을 얻도록 해주는 것, 그것이 장식예술의 또 다

〈사진 7〉 플로라 태피스트리(1885), 윌리엄 모리스와 에드워드 번존스가 디자인하고 모리스 사(社)에서 제작, 301×209.5㎝, 위트워스 아트 갤러리, 영국 맨체스터

른 직무다. … 장식예술이 없다면 우리의 남은 세상은 공허하고 아무런 재미가 없을 것이고, 우리의 노동은 그저 견디는 것, 그저 몸과 마음을 소모하는 것이 될 것이다.

바로 이런 철학에서 모리스는 인간의 생활을, 나아가 사회를 바꿀 수 있는 장식예술을 추구했고, 그것이 현대의 디자이너들에게까지 이어지고 있는 것이다.

노동자의 지위에 관심이 많았던 모리스는 열혈 사회주의자이기도 했다. 그는 1880년대 초부터 공장 지대를 돌며 사회주의를 전파하곤 했다. 1887년 런던 트래펄가 광장에서 노동자 시위대와 군경이 충돌한 '피의 일요일'에 그는 작가 버나드 쇼와 함께 시위대를 이끌고 있었다.

5. 사회를 위한 디자인 추구와 대량생산 혐오의 필연적 충돌

그러나 러스킨과 모리스의 사상은 낭만주의로 흐르는 경향이 있었고 근본적인 모순점을 내포하고 있었다. 기계적 대량생산을 거부하고 일일이 수공으로 정성 들여 만든 모리스 사의 제품은 그만큼 생산 비용이 높아 시장에 낮은 가격으로 내놓을 수가 없었다. 그러니 중산층 이상의 사람들만 살 수 있는 사치품이었다. 그리고 보니 러스킨과 모리스가 찬양한 중세 장인들의 혼과 정교한 수공이 담긴 작품도 당시에 부를 독점한 교회나 귀족의 전유물 아니었나.

모리스 사의 제품은 생산자에게 창의적인 작업의 기쁨을, 즉 모리스가 말한 "만들어야 하는 것들에서 얻는 기쁨"을 주었지만, 그가 또한 언급한 "사용해야 하는 것들에서 얻는 기쁨"을 저소득층까지 아우르는 대중에게 줄 수 없었다. 저소득층은 그런 비싼 제품을 살 수 없었으니까. 모리스는 생산에서의 노동자 권익만 고려했지, 소비에서의 저소득층 노동자 권익은 고려하지 않은 셈이다.

그러면서 모리스는 자신이 혐오한 대량생산이 지니는 한 가지 중대한 장점 - 즉 노동자 등 일반 대중이 싼값에 제품을 구입할 수 있게 해준다는 사실 - 을 간과했다. 특히 20세기 초 포디즘에 의한 표준화된 대량생산은 제조원가를 엄청나게 낮추면서 제품의 품질을 일정 수준으로 끌어올렸다. 값싸고 품질 좋은 제품이 대량으로 출현하면서, 서민의 삶의 질이 크게 개선됐다.

기계로 찍어 만들어 다 똑같고 멋대가리 없는 상품 쓰는 게 무슨 삶의 질의 향상이냐고 비웃을지도 모르겠다. 그러나 당시는 현대처럼 기술이 발달해 다품종 소량 생산 제품을 비교적 싼값에 살 수 있는 시대가 아니었다. 더구나 공예미의 극치인 모리스 사의 제품은 서민들에게 그림의 떡에 불과했다. 그들은 대량생산이 없었다면 그나마 필요한 가구 구입과 최소한의 실내장식도 못 할 판이었던 것이다.

한편 모리스의 디자인은 19세기 말 영국의 중산층 이상 소비자들을 지배했다. 서머싯 몸^{William Somerset Maugham, 1874~1965}의 소설을 보면, 작중 화자가 몇십 년 전 방문한 어느 중산층 가정을 회상하며 이런 말을 하는 부분이 있다.

> 그 집 식당에는 공작 무늬가 있는 초록 커튼이 직선으로 드리워졌고 하얀 토끼가 무성한 나무 사이를 뛰노는 무늬가 있는 초록 카펫이 깔려 있었다. 모두 윌리엄 모리스의 영향을 드러내고 있었다. … 런던에 이것과 똑같은 식으로 장식된 식당을 가진 집이 500개는 있었을 것이다.
>
> ―서머싯 몸의 『달과 6펜스』(1919)에서

앞서 소개한 모리스의 벽지와 태피스트리만 봐도 서머싯 몸이 말한 게 어떤 스타일의 인테리어인지 짐작이 간다. 특히 모리스 사가 1866년에 디자인한 '그린 다이닝 룸Green Dining Room'의 영향이 컸던 것 같다. 이렇게 모리스 사의 디자인은 중산층과 그 이상 부유층의 폭발적인 인기를 얻었지만, 노동자의 생활을 크게 바꾼 것은 아니었다.

그럼에도 불구하고 모리스의 디자인 철학은 그냥 사라지지 않았다. 그 철학은 20세기 초 독일의 미술 교육 기관 바우하우스를 통해서 현대에까지 이어지게 되었다.

6. 모리스 정신을 계승하며
그 모순점을 해결한 바우하우스

바우하우스^{Bauhaus}가 모리스를 이어받았다면 갸우뚱할 사람이 많을 것이다. 그 유명한 바우하우스 스타일, 즉 사각형·원형 등의 기하학적 형태를 기본으로 한 심플한 디자인이, 모리스의 율동적인 곡선으로 이루어진 자연물 패턴과 대체 무슨 관련이 있단 말인가? 오히려 둘이 양극단, 정반대라면 몰라도.

1919년 바우하우스를 설립한 건축가 발터 그로피우스^{Walter Gropius, 1883~1969}가 모리스로부터 계승한 것은 디자인 스타일이 아니라 디자인의 근본적인 철학이었다. 그것은 제품의 형태가 기능적 목적과 조화를 이루어야 한다는 것, 디자인이 예술과 분리되지 않는다는 것, 각 분야의 디자인이 그들을 관통하는 일관성을 지니면서 사용자의 삶의 질을 향상시키는 것이어야 한다는 생각이었다.

그런 생각에서 그로피우스는 미술학교와 공예학교를 병합했다. 그는 건축을 중심에 두고 예술과 기술을 종합하려 했다. 이에 따라 학생들도 종합적인 교육을 받았다. 우선 본격적인 실습에 들어가기 전에 6개월 과정의 예비 학습을 받았다. 그리고는 목공예, 금속공예, 도예, 스테인드글라스, 벽화, 직조, 그래픽, 인쇄, 무대미술 등을 실습했다. 각 실습장에는 교수가 두 명씩 있었다. 한 사람은 조형 이론을 가르치는 예술가였고, 다른 사람은 실제적인 기술을 가르치는 장인이었다. 이렇게 3년에 걸친 실습 교육을 받았다.

〈사진 8〉 발터 그로피우스가 디자인한 바우하우스 건물, 독일 데사우. 사진: Peter Drews 사진 출처: Wikimedia Commons

바우하우스의 교수들은 그야말로 기라성 같은 인물들이었다. 그중 일부만 언급하자면, 추상미술의 개척자 바실리 칸딘스키$^{Wassily\ Kandinsky,}$ $^{1866~1944}$가 벽화 교수였고, 또 다른 중요한 화가인 파울 클레$^{Paul\ Klee,}$ $^{1879~1940}$가 스테인드글라스와 회화 교수였으며, 건축가이자 가구 디자이너인 마르셀 브로이어$^{Marcel\ Breuer,\ 1902~1981}$가 실내장식 교수였다.

그로피우스는 모리스의 디자인 철학을 이어받으면서 그 모순점도 간파했다. 모리스는 대중과 사회의 삶의 질을 향상시키려 했지만 대량생산을 거부함으로써 제품을 대중이 쓸 수 있는 싼 가격에 공급할 수 없었던 것 말이다. 그로피우스는 결국 기계적 대량생산이 디자인의 선결 조건이 되어야 한다는 것을 깨닫고, 기본적으로 대량생산을 위한 디자인, 공업과 연계된 디자인을 추구하도록 했다.

그 결과 기능적이면서 아름다우면서, 대량생산에 적합하고 비용 절감이 쉽도록 디테일이 배제된 기하학적 형태의 제품과 건축 디자인이 탄생하게 되었다. 1926년 그로피우스가 디자인한 바우하우스 학교 건물에도 그런 특징이 잘 드러난다. (사진 8)

교육 기관으로서 바우하우스가 존속한 기간은 길지 않았다. 1933년 나치에 의해서 강제 폐쇄된 것이다. 그러나 바우하우스의 디자인 철학과 종합적인 교육 방식은 사라지지 않고 대서양 건너 미국으로 전파되어 꽃을 피웠다. 그로피우스와 그 밖의 주요 교수들이 미국 하버드 대학교, 일리노이 공과대학 등의 교수를 맡으면서였다.

그렇게 해서 바우하우스가 현대에 끼친 영향은 상품 디자인과 건축부터 사진, 순수예술, 그리고 미술 교육 방식과 전반적인 생활양식에 이르기까지 실로 지대하다. 오늘날 우리가 무심하게 쓰고 있는 기능적이고 심플하게 디자인된 제품들 대부분이 바우하우스에 그 직간접적 기원을 두고 있다. 현대의 일반 대중은 윌리엄 모리스는 몰라도 바우하우스는 한 번쯤 들어봤으리라. 심지어 바우하우스라는 이름을 몰라도, 그 스타일을 모방한 가구를 지금 이 순간에도 쓰고 있을 것이다.

바우하우스는 모리스의 '사회를 위한 장식예술' 정신을 이어받으면서, 모리스와 달리 새로운 시대의 생산방식과 테크놀로지를 적극적으로 받아들임으로써 그 모순점을 극복하고 한 세기 넘게 영향력을 미치고 있는 것이다.

| 경제용어 16 | **포디즘(Fordism) 혹은 포드 시스템**

20세기 초에 미국의 포드 자동차회사에서 만들어지고 다른 제조업체에 적용되어 20세기 중반 세계를 지배한 대량생산 시스템.

제품의 표준화, 생산 공정의 세분화와 그에 따른 각 단계에서의 수작업의 단순화 및 전용 기계 도입, 세분화된 공정을 연결해주는 컨베이어 벨트 등으로 요약할 수 있다.

표준화는 결국 제품의 차이를 발생시킬 수 있는 인간의 손길을 최소화해야 하는 것이어서, 포드 사에서는 조립 공정을 더욱 세분화해서 각 단계에서의 노동자의 수작업을 더욱 단순 반복적으로 만들었다. 그리고 이런 공정을 효율적으로 연결하기 위해 1913~14년 이동조립라인(moving assembly line)을 설치했다. 이동조립라인은 '일에 사람을 가져가는' 대신 '일을 사람에게 가져가는' 것이다. 즉 근로자들이 조립 공정의 순서대로 자리를 잡고 있으면 그 앞을 부품이 컨베이어를 타고 규칙적으로 통과하며, 각 작업자는 부품이 자기 앞으로 오는 순간 작업을 하는 형식이다.

이 시스템에서는 노동자들이 일의 흐름을 끊지 않고 리듬을 타고 작업할 수 있으며, 한 조립 과정에서 다음 조립 과정으로의 운반 거리가 단축된다. 조립라인이 완성되면서 포드 사의 생산성은 급속히 늘어 대표 상품인 '모델 T' 자동차의 연간 생산량이 13배 증가했을 정도였다.

그러나 인간이 기계의 속도와 박자에 맞추어 일을 해야 하는 데다가, 더욱 단순한 작업을 반복적으로 해야 하는 것에 대한 노동자의 저항이 거셌다. 19세기에 이미 분업으로 인해 각 노동자가 맡은 작업이 단순해졌는데, 포드 시스템에서는 생산 공정이 더욱 세분화되면서 그야말로 나사만 하루 종일 돌리는 식으로 더욱 단순한 작업을 반복적으로 하게 된 것이다.

이 저항에 대처하기 위해 포드 사는 1914년에 미국 평균 노동자 임금의 2배에 가까운 최저 임금을 제시했고 사회복지 담당 부서를 만들었다. 또한 포디즘으로 인한 대량생산이 가격을 낮춘 덕분에 노동자들이 자신이 만든 자동차를 살 수 있음을 강조했다. 실제로 1920년대 중반 모델 T의 가격은 포드 사에 고용된 일반 노동자의 3달 치 봉급과 비슷해서 노동자들이 자동차를 살 수 있게 되었다. 1930년대에는 미국의 1가구 1자동차의 시대가 열렸다. 이렇게 포드 사는 대량생산과 대중소비를 결합했다.

그러나 극도로 세분화되어 단계별 작업이 극도로 단순화된 생산 공정과 획일화된 제품의 대량생산은 그 자체가 언제나 저항을 일으킬 수 있는 문제였고, 결국 1970년대에 이르러 위기를 맞았다. 그 후 대안으로 작업 단위의 통합과 분업의 완화 등을 도입한 네오포디즘(neo-Fordism)과, 포디즘을 아예 탈피해 유연한 생산 공정, 통합적이고 종합적인 직무, 다품종 소량 생산을 추구하는 포스트포디즘(post-Fordism) 등이 나타났다.

● 재미있는 미술사 이야기 · 2

기계를 사랑한 미래파 예술가들

●문명의 속도를 화폭에 담다

이탈리아 화가 자코모 발라(Giacomo Balla, 1871~1958)가 그린 〈목줄을 한 개의 역동성〉(그림 1)을 보면 웃음부터 나온다. 〈루니툰스〉 만화에서 코요테와 로드러너가 쫓고 쫓기면서 수많은 발을 보이며 쌩하고 달려가는 장면 같아서 말이다. 또는 그걸 대담무쌍하게도 실사로 재현한 주성치 영화 〈쿵푸 허슬〉(2004) 장면이라든지.

발라 자신도 이 그림을 전혀 웃기기 없이 그리진 않았을 것 같지만, 그래도 이 그림은 사뭇 진지한 작품이다. 20세기 초 화가들이 어떻게 하면 새로운 문명의 속도감을 화폭에 담을 수 있는지 고민한 것에 대한 한 가지 답인 것이다.

이 그림은 19세기 말에 처음 나온 크로노포토그라피(chronophotography: 연속동작사진, 즉 한 장의 인화지에 인간이나 동물의 움직임을 연속적으로 기록한 사진)에서 영감을 받았다. 생리학자이자 사진가인 에티엔 쥘 마레(Étienne-Jules Marey, 1830~1904)가 생명체의 운동을 연구하기 위해 개발한 것이었다. (사진 2)

이렇게 움직이는 존재의 여러 잔상이 한 화면에 나타나면 보통의 그림이나 사진에서 느끼기 힘든 속도감과 역동성이 느껴진다. 발라의 그림 역시 닥스훈트 강아지가 짧은 다리를 재게 놀려 쫄랑쫄랑 주인을 따라가는 움직임을 생생하게 전달해서 보는 사람을 미소 짓게

〈그림 1〉 목줄을 한 개의 역동성(1912), 자코모 발라 작, 캔버스에 유채, 90×110㎝, 올브라이트-녹스 아트 갤러리, 미국 버펄로

만든다.

 발라를 포함한 20세기 초 미술가들은 급변한 시각 환경에 대응해 새로운 이미지를 구현할 필요를 느끼고 있었다. 더 이상 주변 풍경은 옛 화가들의 그림 속 전원처럼 몇 시간이고 고요히 정지해 있지 않았다. 나날이 솟아오르는 고층 건물에서 현란한 광고판의 조명이 명멸하고, 씽씽 달리는 자동차를 쳐다보거나 자동차에 타서 바깥을 바라보면서 잔상이 뒤섞이는 것을 볼 수 있게 됐다. 이런 현대 도시 풍경을 이탈리아 시인 필리포 마리네티(Filippo

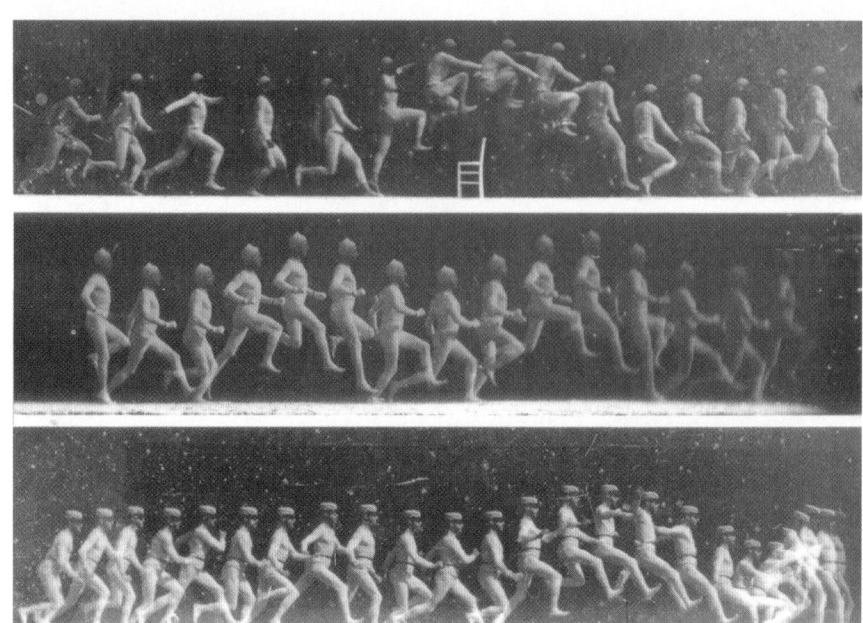

〈사진 2〉 에티엔 쥘 마레의 크로노포토그라피(연속동작사진)

Marinetti, 1876~1944)는 이렇게 묘사했다.

"트르르르르트르르르르르 소리가 나는 사거리… 구급차의 사이렌과 불자동차… 수은등 빨강 빨강 빨강 파랑 보라 뱀처럼 꼬리치는 대형의 금색 글씨."

한편 사진의 발달 때문에 르네상스부터 이어져온 회화의 전통 — 원근법과 명암법 등으로 자연을 사실적으로 모방해 2차원 화폭에 3차원 환영을 만드는 것 — 은 의미가 없어졌다. 어차피 그림은 사진만큼 잘 모방할 수 없으니까.

따라서 20세기 초 화가들은 이렇게 눈이 핑핑 돌아가는 새로운 시각적 경험을 작품에 효과적으로 표현하고, 또 사진의 도전에 맞서 사진과는 다른 시점(視點)과 구성을 보여줄 필요를 느꼈다. 그리하여 이때부터 '대체 뭘 그렸는지 알아먹기 힘든' 그림들이 줄지어 나온 것이다. 당시에 시각적 경험의 새로운 재구성을 제시한 대표적인 두 유파로 파블로 피카소(Pablo Picasso, 1881~1973) 등이 이끈 프랑스 입체파(Cubism)와, 마리네티가 이끌고 발라도 동참한 이탈리아 미래파(Futurism)가 있었다.

●미래주의 선언 – 우리는 전쟁을 찬양한다

피카소의 입체파 그림은 앞, 옆, 위 등 여러 각도에서 바라본 모습을 결합해서 한 화면에 종합적 시점으로 표현했다. 반면 미래파 화가들은 움직이는 사람이나 물체의 시시각각의 추이를 한 화면에 잔상과 '면의 상호 침투'를 이용해 표현했다. 이것은 발라의 〈목줄을 한 개의 역동성〉과 〈자동차의 속도〉(그림 3)에서 잘 볼 수 있다. 또한 미래주의 예술가들은 시각, 청각 등 여러 감각 사이의 경계를 허무는 공감각을 추구했다. 〈자동차의 속도〉에서 자동차의 '부릉부릉' 하는 굉음을 시각화하려 한 노력이 보이지 않는가?

미래파 예술가들은 기계문명의 속도와 힘과 새로움에 열광했고, 그것을 단적으로 보여주는 자동차를 사랑했다. 발라가 그림을 통해 자동차를 찬양했다면, 마리네티는 언어로 찬양했다. 1909년 마리네티는 프랑스의 주요 신문 「르 피가로(Le Figaro)」지에 '미래주의 선언(Manifeste du Futurisme)'을 싣고 이렇게 외쳤다.

"우리는 세상의 화려함이 하나의 새로운 아름다움, 속도의 아름다움으로 더 풍요로워졌음을 인정한다. 폭발하는 숨결의 뱀 같은 튜브로 보닛이 장식된 자동차… 기관총이 불 뿜는 위로 달리듯 굉음을 내며 돌진하는 자동차는 사모트라스의 니케 여신상보다 아름답다."

기계문명을 증오하며 터너가 그린 증기기관차가 '추한 소재'라고 했던 (자세한 것은 Part 6 참고) 19세기 미술평론가이자 사회학자 존 러스킨이 이 말을 들었으면 입에 거품을 물며 쓰러졌을지도 모를 일이다.

게다가 중세에 대한 향수가 가득했던 러스킨과 달리, 미래주의 예술가들은 고전 예술과

〈그림 3〉 자동차의 속도(1913), 자코모 발라 작, 개인 소장

모든 낡은 것들을 싫어했다. 아니, 싫어하는 정도가 아니라 증오했다. 사실 이들의 성향은 〈목줄을 한 개의 역동성〉에 나타나는 귀여운 익살스러움과는 좀 거리가 있었다. 이들은 철없고 위험한 스피드광 청소년 같았다. 그래서 최고의 테크놀로지와 속력과 무력이 동원되고 낡은 것들이 파괴되는 가장 극단적인 사태, 바로 전쟁에 대해 판타지를 갖고 있었다.

마리네티는 '미래주의 선언'에서 "우리는 전쟁을 찬양한다―그것은 세상을 보전해주는 유일한 치료제"라는 주장을 했다. 요즘 이런 말을 주요 일간지에 실었다가는 온갖 욕이 쇄도할 것이며, 신문을 폐간해야 할지도 모른다. 당시는 사람들이 제1차 세계대전(1914~18)과 제2차 세계대전(1939~45)의 참혹한 맛을 아직 보지 못한 시기였으니, 이런 말을 신문

〈그림 4〉 창기병의 돌격(1915), 움베르토 보초니 작, 판지에 템페라와 신문 콜라주, 32×50㎝, 리카르도 & 마그다 주케르 컬렉션, 이탈리아 밀라노

에 실을 수 있었으리라.

　미래파의 또 다른 미술가 움베르토 보초니(Umberto Boccioni, 1882~1916)의 〈창기병의 돌격〉(그림 4)은 바로 이런 전쟁의 무력과 속도에 대한 매혹을 담고 있다. 오른쪽 귀퉁이에 붙은 신문 콜라주에서 알 수 있듯이, 이 작품은 제1차 세계대전 당시 프랑스군의 알자스 진격을 나타낸 것이다. (제1차 세계대전에서는 이탈리아가 프랑스와 같은 연합국에 속했다.)

　결국 보초니는 이런 신념에 따라 제1차 세계대전에 참전했다가 34세도 채 안 된 젊은 나이에 전사했다. 그가 죽는 순간에도 전쟁에 대한 긍정적인 생각을 고수했을지는 미지수다.

　어쨌거나 보초니가 요절한 것은 미술사에서 안타까운 손실이었다. 그는 탁월한 아티스

〈사진 5〉 공간에서의 독특한 형태의 연속성(1913), 움베르토 보초니 작, 브론즈, 높이 111.4cm, 현대미술관(MoMa), 미국 뉴욕

트였기 때문이다. 그의 브론즈 〈공간에서의 독특한 형태의 연속성〉(사진 5)을 보면, 인간 비슷한 형상이 걸어 나아가면서 그것을 보는 사람의 잔상에 따라 형상의 윤곽선이 뒤쪽으로 바람에 날리듯 물결치는 것으로 묘사돼 있다. 이 조각은 이렇게 윤곽선은 가볍게 나부끼는 듯하면서도 전체적으로 금속의 무게감이 있기에, 무거운 존재를 앞으로 나아가게 하는 강인한 동력이 느껴진다. 정지된 덩어리일 수밖에 없는 조각에서 속도감과 역동성이 느껴지

도록 만든 보초니의 재주에 감탄하게 된다.

　이렇게 미래파 미술가들은 뛰어난 창조력을 지니고 있었지만 미술사에 입체파만큼의 이름을 남기지 못했다. 후에 제2차 세계대전의 비극을 겪은 사람들은 '미래주의 선언'이 전쟁을 찬양하고, 특히 마리네티가 파시스트 지도자 베니토 무솔리니(Benito Mussolini, 1883~1945)를 지지한 것을 용서하기 힘들었으니 말이다. 결국 마리네티를 비롯한 여러 미래주의 예술가들은 강력한 힘의 집중과 전쟁의 정치인 파시즘(fascism)을 따르게 됐던 것이다.

　미술사가들은 "미래파 예술가들이 활동할 당시에 이탈리아가 다른 서유럽 국가들보다 공업화가 훨씬 뒤처져 있었기 때문에, 그들은 그렇게 철없이 기계문명의 좋은 면만 볼 수 있었다"고 빈정거리기도 한다.

Part_11

예술 포스터, 광고의 시대를 열다

– 베블런의 '과시적 소비'와 갤브레이스의 '의존 효과'

1. 산업혁명 이후 광고 시대의 개막

한때 서울 지하철역을 지방자치단체 광고들이 점령한 적이 있었다. 명승지와 특산물을 배경으로 도지사나 군수가 어색한 미소를 띠고 손을 내밀며 '○○○로 오세요'라고 말하는 광고들로 차고 넘쳤다. 불행히도 그 광고를 보면 그 지역에 호기심이 생기기는커녕, 있던 흥미도 사라질 판이었다. 디자인이 조잡한 데다가 약속이라도 한 것처럼 비슷비슷해서 말이다. 이들을 보다가 체코 출신 화가 겸 디자이너 알폰스 무하Alphonse Mucha, 1860~1939가 만든 관광 포스터 〈모나코 몬테카를로〉(그림 1)를 보면, 그 120년 묵은 광고가 오히려 더 세련된 것에 놀라게 된다.

이 포스터는 모나코의 해변 휴양 도시 몬테카를로(당시 이미 카지노로 유명했다)로 봄 여행을 떠나라고 유혹하는 프랑스 철도회사의 광고다. 그런데도 몬테카를로의 볼거리를 전면에 내세우고 있지 않다. 그 대신 하얀 옷을 입은 여인과 마치 불꽃놀이 때 터지는 불꽃 같은 형태를 취한 화환을 통해 이 도시의 꽃으로 가득한 봄 경치와 축제 분위기를 상징적으로 보여준다. 당시 유행하던 장식미술 양식인 아르누보의 특징을 잘 보여주는 율동적이고 우아한 선의 흐름을 통해서 말이다.

그러고 보면 이 오래된 광고는 제품을 전면에 드러내지 않는 현대의 이미지 광고와 일맥상통하는 셈이다. 19세기 말에 이렇게 예술적

<그림 1> 모나코 몬테카를로(1897), 알폰스 무하 작, 다색 석판화, 108×74.5cm

인 포스터가 나오고 있었다는 것은 이미 이때부터 상품 광고에 기업들이 그만큼 공을 들이고 있었다는 얘기다.

물론 광고의 역사 자체는 그보다 훨씬 오래됐다. 어떤 학자들은 고대 이집트 로제타석$^{Rosetta\ Stone}$●에 새겨진 파라오의 업적을 광고의 일종으로 보기도 한다. 더 좁은 의미의 광고, 즉 매스미디어를 통한 상품 광고도 17세기 중엽에 이미 나타나고 있었다. 당시 영국 주간지에 초콜릿이나 차 광고가 실렸으니 말이다. 그러나 이 시기의 광고는 텍스트 위주였고 기껏해야 간단한 흑백 도판이 곁들여지는 정도여서 상품에 대한 단순한 정보 전달이 주를 이뤘다.

그러다 산업혁명이 일어나면서 본격적인 광고의 시대가 열릴 여건이 형성됐다. 대량생산으로 제품이 쏟아져 나오게 되니 이들을 더 적극적으로 광고할 필요가 생긴 것이다. 그와 함께 철도 등 운송 수단이 발달하면서, 광고를 실을 만한 신문·잡지가 넓은 지역에 빠르게 배포될 수 있게 되어서 그 발행 부수가 급격히 늘었고 말이다. 때마침 여러 색깔을 인쇄할 수 있는 다색 석판 인쇄술^{chromolithography}을 포함해 새로운 인쇄 기술이 대거 개발되면서, 소비자의 눈을 사로잡을 수 있는 현란한 광고 제작이 가능해졌다.

드디어 1866년 파리에서 쥘 셰레$^{Jules\ Chéret,\ 1836~1932}$가 석판 인쇄 공방을 차리고 선명하고 밝은 색채로 가득한 포스터를 제작하면서 근

● 로제타석: 나일 강 하구에 있는 로제타 마을에서 발견된 고대 이집트 비석 조각. BC 2세기 프톨레마이오스 5세를 칭송하는 내용이다. 같은 내용이 이집트 상형문자, 민용문자, 그리스 알파벳의 세 가지 문자로 새겨져 있어서, 이집트 상형문자를 해독하는 데 큰 도움이 되었다.

대적인 광고의 시대가 열렸다. 곧 앙리 드 툴루즈 로트레크[Henri de Toulouse-Lautrec, 1864~1901]나 무하 같은 대가들의 포스터가 파리의 거리 곳곳을 장식하게 됐다.

2. 무하의 연극·상품 포스터와 아르누보 운동

체코 모라비아 지방 출신 알폰스 무하는 파리에서 명성을 얻고 주로 활동했기 때문에 프랑스식 발음인 '알퐁스 뮈샤'로 더 잘 알려져 있다. 하지만 그도 처음 파리에 왔을 때는 고생 좀 했다. 고향의 귀족에게서 후원을 받아 순수 회화 쪽을 공부하러 왔는데, 갑자기 후원이 끊기는 바람에 삽화 일을 하며 생활을 꾸려야 했던 것이다.

다행히 일거리는 많았다. 당시는 인쇄 기술 발달로 화려한 도판을 곁들인 책과 잡지가 나올 수 있게 된 반면, 사진 인쇄는 아직 보편화되지 않았고 또 인쇄물과 경쟁할 라디오 같은 매체는 아직 개발되지 않아서, 이른바 '일러스트레이션의 황금시대[The Golden Age of Illustration]'였기 때문이다. 무하는 삽화가로서 서서히 인지도를 쌓게 됐다.

그러다 뜻밖의 기회가 왔다. 1894년 크리스마스 다음 날, 무하는 친구가 일하는 인쇄소를 지키고 있었다. 당시의 인쇄소는 인쇄만 하는 곳이 아니라 인쇄 관련 디자인을 하는 일종의 그래픽디자인회사였다. 그때 갑자기 중요한 고객의 주문이 들어왔다.

당대 파리의 슈퍼스타이자 지금도 연극사에 명배우로 기록돼 있는 사라 베르나르$^{Sarah\ Bernhardt,\ 1844~1923}$가 자신이 연출·주연하는 새 연극 〈지스몽다^{Gismonda}〉의 포스터를 급히 주문한 것이다. 원래 계약한 포스터 디자인이 마음에 들지 않아서였다. 문제는 인쇄소의 거의 모든 직원이 성탄절 휴가를 간 상태. 인쇄소 매니저는 어쩔 수 없이 아직 유명하지 않은 무하에게 포스터 디자인을 맡겼다.

무하는 폭이 좁고 길쭉한 화면에 주인공 베르나르의 전신이 실물 크기로 나타나고 그 머리 위로 그녀의 이름이 쓰인 아치가 후광처럼 둘려 있는 포스터를 디자인했다. (그림 2) 이 독특한 구성은 마치 그녀가 옛 성당의 아치형 벽감^{niche} 안에 서 있는 성녀상처럼 보이게 한다. 특히 배경의 비잔틴^{Byzantine} 양식 모자이크와 동방정교회 십자가가 그녀의 화려하게 수놓인 중세 의상과 어우러져 신비롭고 기품 있는 분위기를 더한다. 무하는 슬라브 민족의식이 강했고, 슬라브 시각예술의 기원을 비잔티움 제국$^{동로마제국,\ 330~1453}$의 문화에서 찾으며 관심을 가져왔던 것이다.

이 포스터는 까다로운 베르나르조차 감탄시켰다. 그 비잔틴 양식의 고풍스럽고 신비로운 분위기가 중세 그리스를 배경으로 한 연극에 잘 어울리는 데다가, 여태까지 없었던 참신한 디자인이었기 때문이다. 포스터는 1895년 새해 첫날 파리 곳곳에 내걸렸고, 곧 파리 대중 사이에서도 센세이션을 일으켰다. 그들은 비잔틴 양식에 익숙하지 않은 서유럽인이라서 이 포스터가 아주 이국적이라고 생각했다. 수집가들이 밤에 몰래 면도칼로 포스터를 뜯어 가는 일까지 생겼다.

베르나르는 당장 무하와 6년 계약을 맺고 포스터는 물론 무대와 의

〈그림 2〉 왼쪽 지스몽다(1894), 알폰스 무하 작, 다색 석판화, 216×74.2㎝
〈그림 3〉 오른쪽 동백꽃의 여인(1896), 알폰스 무하 작, 다색 석판화, 207.3×76.2㎝

상 디자인 일부까지 맡겼다. 베르나르라는 대여배우와 함께 작업하면서 무하는 작품의 지평 면에서, 또 인기와 명성 면에서 급성장했다. 베르나르를 위해 〈동백꽃의 여인춘희〉(그림 3), 〈메데아〉 등 7점의 연극 포스터를 제작했고, 베르나르가 향수와 과자를 광고하는 포스터를 제작하기도 했다. 오늘날로 치자면, 스타 여배우의 영화 홍보를 위한 예고편을 제작하다가 그 배우가 화장품을 선전하는 TV 광고까지 제작하게 된 셈이다. 당시에도 상품의 스타 마케팅이 있었다는 게 흥미롭다.

무하의 포스터에 반한 파리 시민 중에는 몰래 떼어 가거나 포스터 붙이는 일꾼에게 뒷돈을 주고 얻어 가는 사람들도 있었다. 마치 오늘날 사람들이 인상적인 TV 광고가 있으면 동영상을 구해서 자기 블로그나 SNS에 모아놓듯, 당대에는 멋진 광고 포스터를 모으는 사람들이 많았던 것이다. 무하의 포스터는 그들의 첫째 표적이 됐다.

무하는 베르나르가 출연하지 않는 수많은 광고 포스터도 제작했다. 앞서 소개한 여행·관광 포스터(그림 1)와 미술 전시회, 음악회 포스터부터 담배, 초콜릿, 세제 광고까지. 이렇게 다양하지만 그들을 관통하는 뚜렷하게 일관된 스타일이 있다. 대부분 꽃과 여인이 등장하고, 그 흐드러진 꽃잎과 덩굴식물 줄기, 여인의 굽이치는 머리카락과 주름 잡힌 옷자락이 모두 리듬감 있는 유려한 선으로 묘사돼 있으며, 하나의 통일된 흐름을 형성하고 있는 것이다. 이것이 19세기 말에서 20세기 초까지 유럽을 휩쓴 장식미술 양식 아르누보다. 무하의 디자인은 아르누보의 대표이자 정수였다.

아르누보는 영국의 윌리엄 모리스가 일으킨 미술 공예 운동의 영

〈그림 4〉 알폰스 무하의 〈뫼즈의 맥주〉 광고 포스터(1897)와, 이 광고를 성모 마리아의 그림으로 착각하고 기도를 올리는 시골 소녀의 모습을 나타낸 아돌프 레온 빌레트의 풍자 만화 〈경건한 오류〉(1899)

향을 받았다. 틀에 박힌 양식과 대량생산을 거부하고 자연 속의 갖가지 형태를 꼼꼼히 관찰해서 그것을 바탕으로 창의적인 디자인을 만들자는 운동이었다. 자연이 주는 무한한 영감에 대해 무하도 이렇게 말했다.

"인간 몸의 놀라운 시… 그리고 꽃, 잎사귀, 과일로부터 나오는 선과 색채의 음악은 우리 눈과 감각의 가장 확실한 선생님이다."

아르누보는 또한 일본의 대중 회화 우키요에^{浮世繪}의 명쾌한 선묘에서 영향을 받았다. 19세기 후반 유럽 미술에 우키요에 목판화가 끼친 영향은 실로 지대했다. 클로드 모네 같은 인상주의 화가들, 그리고 그 이후 빈센트 반 고흐, 폴 고갱^{Paul Gauguin, 1848~1903} 구스타프 클림트^{Gustav Klimt, 1862~1918} 같은 중요한 화가들이 모두 우키요에의 독특한 선묘와 면 분할, 대담한 색채 대비, 일상의 섬세한 찰나 포착 등에서 영감을 얻었다.

무하는 우키요에의 선묘와 미술 공예 운동에서 영향받은 식물 패턴, 그리고 비잔틴 양식과 슬라브 민속예술의 패턴을 절묘하게 결합해서 아르누보를 대표하는 무하 스타일을 정립했다.

당대에 무하의 포스터가 얼마나 보편적이었는지는 1899년에 그려진 풍자 만화를 봐도 알 수 있다. 한 시골 소녀가 무하의 맥주 광고를 성모 마리아의 그림으로 착각하고 기도를 올리고 있지 않은가. (그림 4) 이것은 무하의 인기뿐만 아니라, 교외에까지 광고 포스터가 침투할 정도로 대량생산과 소비, 광고의 시대가 무르익었음을 보여준다. 그리고 예술적인 광고가 일종의 공공 미술로서 기능하기 시작한 것도.

3. 툴루즈 로트레크의 대담한 물랭루주 포스터

무하가 연극 포스터와 각종 상품 광고를 많이 제작한 반면, 툴루즈 로트레크는 파리의 환락가인 몽마르트르에 머물면서 당시에 우후죽순으로 생긴 나이트클럽의 포스터를 많이 제작했다.

본래 툴루즈 로트레크(그의 성은 로트레크가 아니라 툴루즈 로트레크다. 앙리가 이름이고.)는 남프랑스 지방의 유서 깊은 백작 가문에서 태어났다. 하지만 파리에 와서 몽마르트르의 예술가들과 연예인들, 그리고 매춘부들과 어울렸다. 타고난 보헤미안 기질이 있었던 것인지, 아니면 선천적으로 뼈에 이상이 있어서 성장이 152cm에서 멈춘 데 따른 고통을, 자유분방하고 떠들썩하면서도 사실 외롭고 그늘진 사람들과 교제함으로써 풀고자 했던 것인지 알 수 없다.

전기 작가들에 따르면, 그는 유머와 위트가 뛰어났고 자신의 신체 약점에 대해서도 거침없이 농담을 했지만, 실상은 마음이 여렸고 자신의 핸디캡에 대해 무심하지 못했다고 한다. 그런 그의 성격은 회화 작품에 잘 드러난다. 나이트클럽 공연을 끝낸 댄서가 생각에 잠겨 골목을 걸어가는 그림, 매춘부가 손님을 떠나보낸 후 옷을 입으려다 말고 묵묵히 거울을 바라보는 그림…. 여기에는 화가의 섬세하고 날카로운 관찰력, 인간에 대한 냉소와 연민이 뒤섞인 심정, 인간의 근원적인 외로움에 대한 우울한 공감 등이 표현주의적인 붓질과 색채로 드러난다.

오늘날 툴루즈 로트레크는 이런 회화로 더 유명하다. 하지만 생전

〈그림 5〉 물랭루주-라굴뤼(1891), 앙리 드 툴루즈 로트레크 작, 다색 석판화, 191×117㎝

에는 회화로 인정받지 못했고 포스터로만 인기 있었는데, 〈물랭루주-라굴뤼〉(그림 5)가 그 인기의 시작이었다.

이 포스터는 유명한 나이트클럽 '물랭루주$^{Moulin\ Rouge:\ 붉은\ 풍차}$'의 광고다. Part 9에서 에두아르 마네의 그림에 등장한 나이트클럽 폴리베르제르가 비교적 대규모 공연에 초점을 맞춘 곳이었다면, 물랭루주는 비교적 소규모 공연에 초점을 맞춘 곳이었다. 그래서 이 포스터를 보면 물랭루주의 간판스타 댄서 라굴뤼$^{La\ Goulue}$가 따로 마련된 무대가 아니라 홀 한가운데 손님들에게 둘러싸인 채 춤을 추고 있는 것이다.

라굴뤼는 '대식가, 탐식가'라는 뜻의 별명이고, 본명은 루이즈 베베르였다. 댄서가 대식가라니 참 특이하다. 사실 이 별명이 붙은 건 그녀가 손님 잔에 담긴 술을 먹어치우는 버릇이 있어서였다고 한다. 아무튼 그녀는 캉캉 춤의 대명사와도 같은 존재였다. 이 포스터에서 그녀는 스커트를 휘두르며 다리를 높게 차 올리는 캉캉 춤의 대표적 동작을 보여주는 중이다. 그 앞에서 코믹한 동작으로 춤을 추는 남자는 역시 물랭루주의 인기 댄서였던 발랑탱이다.

툴루즈 로트레크는 멀리 있는 라굴뤼에게 환한 스포트라이트를 주고 가까이 있는 발랑탱은 그보다 크면서 어두운 실루엣으로 표현하는 신선하고 대담한 방식으로 이들을 나타냈다. 또 그들을 둘러싼 관객도 검은 실루엣으로 표현했다. 그래서 전반적으로 어두우면서 댄서들에게 현란한 조명이 비치는 댄스홀의 분위기가 생생하게 살아난다. 특히 흔들리는 조명을 노란 타원 몇 개가 이어진 것으로 간략하고도 효과적으로 표현한 게 놀랍다.

<그림 6> 디방 자포네(1892), 앙리 드 툴루즈 로트레크 작, 다색 석판화, 80.8×60.8㎝

그는 다른 나이트클럽 포스터에도 검은색과 노랑색을 주조로 써서 밤의 어두움과 흔들리는 인공 조명이 만나 빚어내는 클럽의 환각적인 분위기를 간접적으로 나타냈다. (그림 6)

4. 광고는 소비의 민주화와 자유의 표상인가?

무하와 툴루즈 로트레크의 광고 포스터는 19세기 후반에 나타난 소비의 민주화를 보여준다. 이들 포스터는 파리의 번화한 길거리에 붙여져서 지나가는 사람 누구나 볼 수 있었다. 포스터에서 선전하는 물건과 서비스(물랭루주 같은 문화 서비스를 포함해서) 또한 누구든 구매할 수 있는 것이었다. 물론 '돈이 있으면'이라는 전제가 붙지만.

산업혁명과 시민혁명 전까지는 신분별로 접할 수 있는 재화와 서비스 자체가 차별화돼 있었다. 중세 대귀족과 주교들이 보던 화려한 채색 필사본 책은, 농노들이 감히 주문할 수도 없었고, 우연히 손에 들어온다 해도 문맹이라 읽을 수도 없었다. 17~18세기 대저택에서 자주 열린 실내악 연주회도 귀족들만의 것이었다. 이런 서비스와 재화에 대해 광고가 필요할 리가 있겠는가.

반면에 물랭루주는 누구나 가서 즐길 수 있었고 입장료도 싼 편이었다. 실제로 부유한 중산층부터 서민층까지 다양한 사람들이 이곳을 찾았다. 그렇게 사람들이 오도록 툴루즈 로트레크의 대담하고 섹시한 광고 포스터가 지나가는 사람들의 호기심을 자극하고 유혹했다.

이렇게 광고가 표명하는 소비의 민주화와 자유는 시장경제의 매력이다. 그런데 동시에 함정일 수도 있다.

영국의 미술평론가 존 버거^{John Berger, 1926~}는 저서 『보는 방법 Ways of Seeing』(1972)에서 현대의 광고들이 누누이 강조하는 '선택의 자유'를 비판한다. 기껏해야 기업체가 생산하는 상품 중에서 이것이냐 저것이냐를 고르는 자유일 뿐이라는 것이다. 오히려 광고는 오로지 한 가지 메시지, 즉 무엇인가를 사야만 삶이 더 나아지고, 구매력만이 삶의 능력이라는 메시지로 사람들을 구속한다는 게 버거의 주장이다.

캐나다 출신 미국 경제학자 존 케네스 갤브레이스^{John Kenneth Galbraith, 1908~2006}는 근본적으로 현대인의 소비 결정이 과연 우리가 생각하는 것처럼 자유의지에 의한 것인지 묻는다. 그의 저서 『풍요로운 사회 The Affluent Society』(1958)와 『새로운 산업국가 The New Industrial State』(1967)에 따르면, 미국의 성장지상주의에 따라 생산력이 극대화된 기업들이 이제 그 생산물을 팔아야 하는 고민에 빠진다. 그래서 기업들은 수요를 끌어 올리기 위해 소비자의 사고방식과 욕구를 마음대로 주무르려 한다는 것이다.

"구매자에게서 의사결정 능력을 빼앗아 그 능력을 자유자재로 조작할 수 있는 기업에 넘기는 것이다."

갤브레이스에 따르면, 이 조작에 핵심적인 역할을 하는 것이 바로 광고다. 광고가 마치 소비자의 다양한 욕구에 부응하는 것처럼 보이지만, 사실 대기업들의 존속을 위해, (원래 있지도 않던) 다양한 욕구를 만들어내고 있다는 것이다. 또 광고를 통해서 기업들은 사회의 목표를 기업의 이익 쪽으로 유도하고, 기업의 목표를 사회 전체의 목표로 강요한다는 것이다. 그러니까 소비자의 자유와 주권은 허상에 불과하다는 게 갤브레이스의 생각이다.

예를 들어 한국의 통신회사들과 IT 기기회사들은 앞다투어 속도가 빨라야 한다고 외치며 광고를 한다. 이런 광고에는 멋진 아이돌 스타가 등장해서 새로운 초고속 무선통신 상품을 이용해 첨단 스마트폰으로 동영상을 빠르게 다운로드 받으며 승리자로 자처한다. 그리고 그 옆에서 느리게 다운로드 받는 사람은 마치 루저라도 되는 것처럼 등장하고.

이 회사들은 오로지 소비자의 요구에 부응하기 위해, 소비자의 편의를 위해서, 더욱더 빠른 상품을 개발해 제공한다고 주장한다. 하지만 그 다운로드 받을 시간을 아껴서 무슨 대단한 일을 할 것이며, 심지어 스마트폰으로 다운로드 별로 안 받는 사람들도 있지 않은가? 그럼에도 많은 소비자들이 이런 광고에 휘둘리며 은연중에 빠름이 사회적 미덕이라고 생각하지 않는가? 이런 것을 생각하면 갤브레이스의 말은 확실히 날카로운 일침이다.

그런데 또 반론을 제기하자면, 소비자가 기업의 광고와 마케팅에 의해 생각만큼 쉽게 조종되는 것은 아니다. 그렇지 않다면야, 코카콜라 사의 '뉴코크'나 마이크로소프트의 '윈도 8' 사례처럼 성공한 초대형 기업도 크게 실패하는 경우가 나오겠는가. 갤브레이스의 광고론과 그에 대한 반론은 뒤에 좀 더 이야기하겠다.

여하튼 버거와 갤브레이스를 관통하는 한 가지 생각이 있다. 그것은 광고가 '소비하는 사람이 능력 있는 사람'이라는 메시지를 발산한다는 것이다. 이것은 조금 있다 이야기할 '과시적 소비$^{\text{conspicuous consumption}}$'와 연관된다.

5. 예술적 광고의 숨은 의도

광고의 수상한 면은 또 있다. 예술적인 광고일수록 그 제품의 유용한 정보를 전달하기보다 어떤 선망의 이미지만 구축하는 것이다.

예를 들어 무하가 디자인한 자전거 광고 포스터(그림 7)를 보자. 먼저, 자전거가 발명된 유럽이나 미국에서도 19세기 말까지 여성이 자전거 타는 것은 평범한 일이 아니었다는 것을 기억해야 한다. 자전거는 곧 신여성의 상징이었다. 당시의 여성해방운동가들은 자전거를 '자유의 기계'라고 부르며 예찬했고, 반면에 어느 보수적인 미국 목사는 자전거 탄 여성을 빗자루 탄 마녀에 비유하며 비난했다고 한다.

무하의 포스터를 보면 아름다운 여성이 자전거 핸들에 몸을 기대고 서 있다. 그녀의 금빛 머리카락이 아르누보 스타일 특유의 우아한 선을 그리며 바람에 흩날린다. 포스터를 보는 사람은 그녀의 굽이치는 머리카락과 너풀거리는 옷자락을 통해, 자전거를 타고 달릴 때 몸을 스치는 바람을 공감각적으로 느끼게 된다. 이 이미지 광고는 여성들에게 자전거를 타고 그 시원한 속도와 해방감을 느끼라고, 멋진 신여성이 되라고 유혹하는 것이다.

〈그림 7〉 시클 페르펙타(1902), 알폰스 무하 작, 다색 석판화, 154.6×104.3㎝

또 이 광고는 여성에게만 어필한 게 아니었을 것이다. 당시에 첨단의 탈것인 자전거와 함께 있는 여성의 모습은 오늘날 미끈한 승용차와 함께 있는 여성의 모습에 해당한다고 할 수 있다. 이런 광고는 멋진 탈것에 그에 어울리는 예쁜 여성을 태우고 폼 잡고 싶은 남성의 심리를 자극한다.

그러나 이 멋들어진 광고는 자전거의 용도와 성능에 대해 아무것도 말하지 않는다. 그 대신 당신도 자전거를 사면 멋진 신여성이나 멋진 남자 친구로 대우받으리라는 암시로 허영심을 자극할 뿐이다. 프랑스의 사회학자 장 보드리야르^{Jean Baudrillard, 1929~2007} 식으로 말하자면, 이 광고는 상품의 사용가치가 아닌 기호가치만을 말하고 확산시키는 것이다.

이런 광고가 무하의 시대부터 현대까지 호소력을 지니는 이유는, 사람들이 필요에 의해서만 상품을 사는 게 아니라, 그 상품을 가졌을 때 타인에게 비치는 이미지를 의식해서 소비를 하기 때문이다. 많은 사람들이 유행에 따라 소비해야 한다는 압박감을 느끼고, 또 소비를 통해 자신의 능력이나 지위를 과시하고 싶어 한다.

이것을 처음 본격적으로 논한 사람은 미국 경제학자 토스타인 베블런^{Thorstein Bunde Veblen, 1857~1929}이었다.

6. 베블런 – 과시를 위해 비쌀수록 산다

베블런은 그의 저서 『유한계급론 The Theory of the Leisure Class』 (1899)에서 권력관계와 계급과 문화가 소비에 어떻게 영향을 미쳤는지를 역사적, 인류학적으로 설명한다.

그의 냉소적인 분석에 따르면, 원시사회부터 계급의 윗자리를 차지한 것은 남이 땀 흘려 일궈낸 것을 약탈하는 자들이었고, 약탈 능력이 뛰어날수록 존경을 받았다. 그들은 약탈 능력의 대가로 땀 흘려 노동할 필요가 없이 여가를 즐기는 유한계급이 되었다. 그런데 과거에는 약탈 능력이 잘 드러났기 때문에 유한계급이 쉽게 경외감의 대상이 되었지만, 현대 자본주의 사회에서는 그게 감추어져 있어서 유한계급은 과시적 소비를 통해 경외감의 대상이 되려 한다는 것이다.

왜 몇천만 원짜리 세단을 사도 되는데 굳이 몇억 원이나 하는 이른바 명차를 사며, 왜 몇십만 원짜리 가죽 백이 있는데 몇백만 원짜리 소위 명품 백을 사는가? 제품의 질과 기능의 차이가 어느 정도 있더라도 과연 그 엄청난 가격 차이만큼 클까? 베블런에 따르면, 이 비싼 것들을 사는 심리는 비싼 만큼 질이 뛰어날 것이라고 믿기 때문이 결코 아니다. 오로지 비싸기 때문에, 비싼 것 자체가 매력적이어서 사는 것이다. 과시를 위해서 말이다.

이런 소비 행태는 현대 주류 경제학의 기초인 신고전파 경제학의 허점이기도 하다. 대개의 물건과 서비스는 영국 경제학자 앨프리드 마셜이 정립한 신고전파의 수요곡선에 따라 가격이 올라가면 수요가 감소한다. 하지만 어떤 사치품은 가격이 올라가도 수요가 별로 줄지 않거나 오히려 늘어난다. '나는 이렇게 비싼 것을 살 수 있다'는 과시욕을 채워주기 때문이다.

『유한계급론』은 처음에 풍자적 인류학서 정도로 받아들여졌다. 과시적 소비가 본격적으로 경제학적 개념으로 받아들여진 것은 우크라이나 출신 미국 경제학자 하비 라이벤스타인$^{Harvey\ Leibenstein,\ 1922~1994}$이 1950년에 「소비자 수요의 이론에 있어서 밴드왜건 효과, 스놉 효과, 그리고 베블런 효과 *Bandwagon, Snob and Veblen Effects in the Theory of Consumer Demand*」라는 논문을 발표하면서였다.

이 논문에서 라이벤스타인은 소비자들이 신고전파 경제학의 전제와 달리 개인으로서 독립적인 소비 결정을 하지 않는 경우, 즉 다른 사람의 수요에 따라 자신의 수요를 결정하는 몇몇 경우를 언급했다. 밴드왜건 효과$^{Bandwagon\ Effect}$는 어떤 상품을 다른 사람들이 많이 사면 그 상품에 대한 자신의 독립적인 선호도와 상관없이 무조건 따라 사는 현상을 말한다. 스놉 효과$^{snob\ effect}$는 반대로 어떤 상품에 사람이 많이 몰리면 차별화를 위해서 일부러 다른 상품을 구매하는 현상을 말한다.

또 베블런 효과는 부나 사회적 지위를 과시하고자 하는 소비자에 의해, 특정 상품의 가격이 오를수록 오히려 소비가 늘어나는 현상을 말한다. 라이벤스타인은 이런 상품을 '베블런재$^{Veblen\ good}$'라고 명명했다. 몇년 전 샤넬은 클래식 핸드백의 가격을 전 세계적으로 크게 올렸는데, 그럼에도 수요가 별로 줄지 않으리라는 배짱이 있었기에 가능했을 것이다. 이때 오히려 수요가 늘었다면 베블런재에 가깝다고 볼 수 있는 것이다. 반대로 명품 백의 가격이 크게 떨어져 흔하게 살 수 있게 되면 더 이상 과시의 도구가 되지 못해서 수요가 줄어든다고 예측할 수 있다.

7. 갤브레이스 – 광고는 없던 욕구를 만든다

이렇게 과시적 소비를 포함해서, '당신이 사는 것이 당신의 지위와 정체성을 말해주는 것'이라는 식으로 부추기는 주범이 바로 광고라는 게 베블런이나 그의 영향을 많이 받은 갤브레이스의 견해다. 무하의 포스터 같은 분위기 위주의 광고가 미국에서도 나오는 상황에서 (그림 8) 베블런은 기업들이 상품 품질을 높이는 데보다 그럴싸한 광고로 소비자의 허영심을 부추겨서 많이 파는 데만 돈과 머리를 쓴다고 비난했다.

20세기에 더욱 현란해진 광고를 경험한 갤브레이스는 한술 더 떠 소비재 광고를 아예 금지해야 한다고 주장했다. 그는 앞서 말한 대로 생산력 과잉이 된 기업들이 수요를 끌어 올리기 위해 소비자의 욕구를 조종하려 한다고 보았다. 그는 "광고의 핵심 기능은 욕구의 창조에 있다"고 했다. 인간에게는 절대적인 필요와 상대적인 욕구가 있는데, 광고는 광고를 보기 전까지 존재하지 않던 욕망을 일으켜 굳이 필요하지 않은 것을 사게 한다는 것이다. 이것을 그는 '의존 효과^{depend-}

<그림 8> 내셔널 램프 광고(1927), 콜 필립스(1880~1927) 작

ence effect'라고 불렀다.

광고에 대한 이런 비판은 날카롭고 일리가 있지만 반론의 여지도 많다. 오스트리아 학파의 경제학자 프리드리히 폰 하이에크$^{Friedrich\ August\ von\ Hayek,\ 1899~1992}$는 갤브레이스의 이론에 대해 여러 면으로 반박했는데, 특히 모든 문화 예술 역시 필요가 아닌 욕구의 산물이라는 점을 지적했다. 사실 김홍도나 미켈란젤로의 걸작은 인간의 필요에 의해 나온 게 아니지 않은가. 갤브레이스 식대로라면 이것도 배척돼야 하지 않겠나.

그리고 광고가 욕망을 만든다고 해서 오로지 광고 때문에 소비를 결정하는 사람이 과연 얼마나 될까. 또 품질 개선이나 혁신은 안중에 없고 광고에만 열중하는 기업의 생명력이 과연 얼마나 갈까. 자동차나 가전제품같이 기능이 중요한 비싼 내구재를 광고가 멋있다고 덜렁 사는 소비자는 거의 없다. 과자나 음료 같은 싼 소비재의 경우에는 좋아하는 운동선수나 아이돌 스타가 광고한다는 이유로 한번 사보기도 한다. 하지만 이것 역시 맛이 없으면 계속해서 살 바보는 별로 없다. 광고는 소비를 결정하는 것이 아니라 단지 소비의 첫 단계인 관심을 불러일으키는 것뿐이다.

더구나 무하와 툴루즈 로트레크의 포스터는 그 자체로 예술적인 가치를 지녀 그 당시 공공미술의 역할을 했고, 요즘도 그렇게 미적 쾌감과 재미를 주는 광고들이 있지 않은가.

그러나 기업이 광고에 많은 비용을 들이는 것에 대해서는 여전히 논란이 많다. 무엇보다도 그 비용이 소비자 가격으로 전가될지 모른다는 염려 때문이다.

현대 주류 경제학에서는 담합 행위만 제대로 차단되면 낮은 가격을 제시하는 경쟁 상품이 출현하기 때문에 장기적으로 합리적인 가격 균형이 이루어진다는 입장이다. 그러나 그 장기적 균형이 너무 긴 장기여서 아무 도움이 안 되는 건 아닌지 의구심을 품는 학자도 있다. 인간이 신고전파 경제학의 전제처럼 완전히 이성적인 소비 주체가 못 되는 상황에서, 또 광고가 그 점을 열심히 파고드는 상황에서, 광고에 대한 논란은 쉽게 끝나지 않을 것이다.

| 경제용어 17 | **정상재 · 열등재 · 기펜재, 그리고 베블런재와의 차이**

베블런 효과라는 예외가 있지만, 대개의 경우 어떤 상품의 가격이 하락하면 그 수요가 증가하고, 가격이 상승하면 그 수요가 감소한다. 신고전파 경제학의 거두 앨프리드 마셜의 이론에 기초한 현대 주류 경제학에서는 이것이 두 가지 이유 때문이라고 본다.

첫째, 어떤 상품의 가격이 하락하면, 그 상품에 비해서 가격이 변하지 않은 다른 상품은 상대적으로 비싸지는 셈이라서, 소비자는 상대적으로 비싼 상품의 수요를 줄이고 가격이 하락한 그 상품의 수요를 늘린다. 이것을 대체효과(substitution effect)라고 한다.

둘째, 상품 가격의 하락은 상품들을 사기 위한 소비자의 예산, 즉 소비자의 소득을 실질적으로 늘리는 것과 마찬가지다. 그러므로 소비자는 상품들에 대한 수요를 증가시키는데, 꼭 가격이 하락한 그 상품의 수요를 늘린다는 법은 없다. 이것을 소득효과(income effect)라고 한다.

대개의 상품은 가격이 하락할 때 대체효과와 소득효과가 둘 다 수요를 늘리는 방향으로 나타난다. 그래서 수요가 증가한다. 물론 가격이 상승할 때는 그 반대로 수요가 하락한다. 이런 상품을 정상재(normal good)라고 한다. 그런데 소득이 높아질수록 별로 사고 싶어지지 않는 상품이 있다. 중고 가전이나 대중교통처럼 말이다. 이들의 가격이 하락할 때 대체효과는 수요를 증가시키는 방향으로 나타나지만 소득효과는 수요를 감소시키는 방향으로 나타난다. 이렇게 소득효과가 마이너스인 상품을 열등재(inferior good)라고 한다. (무엇이 열등재인지는 다소 애매하다. 개별 소비자의 성향에 따라 다르기 때문이다. 소득이 증가해도 대중교통을 선호하는 사람도 있다.)

그런데 열등재라고 해도 대개는 그 가격이 하락하면 그 수요가 증가한다. 왜냐하면 소득효과는 마이너스지만, 대체효과는 열등재건 정상재건 무조건 가격 하락에 대해 플러스인데, 그런 대체효과가 소득효과를 상쇄하기 때문이다. 그런데 아주 가끔, 소득효과가 대체효과를 능가하는 경우가 있다.

19세기 중반 아일랜드 대기근 때, 빈민의 주식이었던 감자는 가격이 올랐을 때 수요가 증가하고 가격이 내렸을 때 수요가 감소했다고 한다. 당시 빈민들은 감자 가격이 내려가거나 올라간다고 해서 다른 대체 상품을 덜 사거나 더 살 상황이 아니었다. 즉 대체효과가 미미했다. 반면에 실질소득이 낮아지면 주식인 감자를 확보해야 한다는 생각에서 더욱 감자를 샀고, 실질소득이 높아지면 빈민의 상징과도 같았던 감자를 기피했다. 즉 열등재적 소득효과가 컸다. 그래서 통상적인 수요곡선에 역행한 현상이 발생했던 것이다.

이것이 스코틀랜드의 경제학자 로버트 기펜(Robert Giffen)이 발견한 역설(Giffen's Paradox)이었다. 이것을 마셜이 열등재의 극단적인 케이스로 언급하며 기펜재(Giffen good)라고 명명했다. 즉 기펜재는 열등재 중에서 극단적인 일부다.

모든 기펜재는 열등재지만, 모든 열등재가 기펜재인 것은 아니다. 기펜재가 아닌 열등재는 통상적인 수요곡선에 따르는 모습, 즉 가격이 하락하면 수요가 증가하고 가격이 상승하면 수요가 감소하는 모습을 보인다. 그 반대로 움직이는 기펜재는 현실에서 굉장히 드물다. 대표적인 예인 아일랜드의 감자조차도 어떤 경제사학자들은 실제로 기펜재가 아니었다고 말하기도 한다.

그렇다면 베블런재(Veblen good)도 기펜재처럼 가격이 상승하면 수요가 증가하고 가격이 하락하면 수요가 감소하니 서로 같은 것인가? 그렇지 않다. 결과적으로 통상적인 수요곡선에 역행한다는 점은 같지만, 기펜재는 신고전파 경제학 메커니즘의 테두리 안에서 설명되는 개념인 데 반해서, 베블런재는 그 테두리 밖에 있다. 즉 베블런재는 대체효과와 소득효과로 설명되지 않는다. 베블런재는 심리와 문화적인 요인에 의한 것이다. 반면에 기펜재는 가격과 소득 메커니즘에 의한 것이다. 결과적으로도 기펜재는 값싼 식량 같은 특수한 필수재인 것에 반해, 베블런재는 사치품이다.

| 경제용어 18 | **밴드왜건 효과와 스놉 효과**

소비자들이 다른 사람의 소비 행태를 보고 수요를 결정하는 두 가지 사례다. 신고전파 경제학에서의 소비자 수요, 즉 소비자들이 가격과 소득 등의 변수에 따라 개별적이고 독립적으로 결정하는 수요와 다른 예외적인 현상이다. 미국 경제학자 하비 라이벤스타인이 1950년에 「소비자 수요의 이론에 있어서 밴드왜건 효과, 스놉 효과, 그리고 베블런 효과」라는 논문에서 소개했다.

밴드왜건 효과(Bandwagon Effect)는 어떤 상품을 다른 사람들이 많이 사면 그 상품에 대한 자신의 독립적인 선호도와 상관없이 무조건 따라 사는 현상을 말한다. 유행과 밀접한 관련이 있다. '편승 효과'라고 번역되기도 한다. 밴드왜건은 본래 축제 행렬에서 맨 앞에 밴드를 태우고 행렬을 선도하며 흥을 돋우는 역할을 하는 마차나 자동차를 가리킨다. 밴드왜건 효과는 정치학에서도 쓰이는데, 여론조사 등에서 우위를 점한 후보 쪽으로 유권자들이 쏠리는 현상을 말한다.

스놉 효과(snob effect)는 반대로 어떤 상품에 사람이 많이 몰리면 차별화를 위해서 일부러 다른 상품을 구매하는 현상을 말한다.

스놉 효과는 '속물 효과'라는 말로도 번역되지만 '속물'은 '스놉'의 뉘앙스를 잘 살리지 못하는 단어다. 스놉은 그냥 속물이 아니라, 고상한 척하는 속물이다. 즉 세속적인 여러 기준을 무조건적으로 추종하는 속물과는 다르며, 그렇다고 순수하게 주체적으로 남들과 다른 길을 가는 게 아니라, 남들과 다른 길을 가는 것을 은근히 남들에게 과시하려 하는 또 다른 종류의 속물인 것이다. 짐짓 까마귀 속 백로처럼 보이고 싶어 하는 것이라서 '백로 효과(白鷺效果)'로도 번역되는데, 이 번역이 '속물 효과'보다는 적합한 듯하다.

Part_12

벽화 운동을 일으킨 뉴딜아트

– 미국발 대공황과 케인스 경제학

1. 〈월스트리트 연회〉로 자본주의를 비판한 리베라

디에고 리베라$^{Diego\ Rivera,\ 1886~1957}$는 '비운의 천재 여성 화가' 프리다 칼로가 재조명되면서 요즘은 칼로를 속 썩인 남편으로 더 알려져 있지만, 원래 멕시코 벽화 운동의 리더로 유명한 화가다. 그는 라틴아메리카 특유의 대담한 색조와 뚜렷한 선을 사용해 거대한 스케일의 프레스코^{fresco}●를 공공건물 벽에 그리곤 했다. 그가 벽화에 주력한 이유는 일반 대중이 가장 쉽게 볼 수 있는 미술이기 때문이었다.

그런데 벽화라는 것이 민중에게 가까운 만큼 그들에게 어떤 메시지를 던지려고 하는 경우가 많다. 리베라가 벽화 공부를 하면서 참고한 유럽의 르네상스 시대 프레스코는 대개 그리스도교 메시지를 담은 종교화였다. 리베라의 경우에는 토속적인 색채와 형태로 라틴아메리카의 정체성을 상기시키면서, 또 그가 지지한 공산주의 사상을 전파하고자 했다. 공산주의 메시지는 자본주의 비판으로 시작하기 마련이어서 리베라 역시 그런 비판을 담은 벽화 〈월스트리트 연회〉(그림 1)를 그렸다.

이 벽화에는 검은 연미복을 입은 남자들과, 당시 첨단 유행에 따라

● 프레스코: 벽에 회반죽을 칠하고 그 위에 그리는 벽화 기법, 혹은 그렇게 그린 벽화를 가리킨다. 대개 회반죽 벽에 그려진 벽화를 모두 프레스코라고 하지만, 본래는 그중에서도 회반죽이 마르기 전에, 즉 축축하고 '신선'(fresco)한 상태일 때, 물에 녹인 안료로 그리는 부온 프레스코(Buon fresco) 벽화를 가리킨다.

<그림 1> 월스트리트 연회(1928), 디에고 리베라 작, 프레스코, 멕시코 교육부, 멕시코 멕시코시티

짧게 자른 머리에 느슨한 이브닝드레스와 다이아몬드 주얼리를 걸친 여자들이 등장한다. 그들은 긴 테이블에 줄지어 앉아 샴페인을 마시고 있다. 하지만 얼굴에서 연회의 즐거움 따위는 찾아볼 수 없다. 몇몇은 야비한 미소를 짓고 있고, 몇몇은 긴장한 채 굳은 표정이다. 그들은 모두 테이블 위로 구불구불 나오는 길다란 종이테이프를 들고 있는데, 이게 대체 뭘까? 바로 증권 시세가 찍혀 나오는 티커 테이프 ticker tape다! 그야말로 월스트리트 연회답다.

재미있는 건 이 그림에 당시 미국 경제를 주름잡던 실제 거물들이 등장한다는 것이다. 화면 왼쪽 끝에서 샴페인 대신 우유를 마시고 있는 노인은 술을 철저히 멀리했던 석유사업가 존 D. 라커펠러록펠러, John Davison Rockefeller, 1839~1937다. 그와 마주 앉은, 유난히 코가 크고 콧수염을 기른 노인은, 그림이 그려지기 15년 전 타계한 금융가 J. P. 모건John Pierpont Morgan, 1837~1913일 것이다. 모건 옆에 앉아 자신만만하게 한 손을 들어 올린 사나이는 포드 자동차회사의 창업주인 헨리 포드Henry Ford, 1863~1947다.

그들의 뒤로는 거대한 금고가 신성한 제단처럼 자리 잡고 있다. 반면에 자유의 여신상은 왜소하게 쪼그라들어서 횃불 대신 램프를 들고 시녀처럼 이들의 연회를 비춰주고 있다. 자유의 여신상이 대표하는 미국과 미국의 시장 자유주의가 결국은 소수의 경제계 거물들에게 휘둘리는 장난감 신세라는 리베라의 비웃음 아니겠는가.

리베라가 이 벽화를 완성한 것은 1928년으로, 월스트리트가 최대 호황을 누리면서 그야말로 샴페인을 터뜨리고(사실 금주법 시대였지만) 파티를 벌이고 있을 때였다. 그러나 그것은 폭풍 전야의 연회였던 셈이다. 이듬해인 1929년 10월 이른바 '검은 목요일$^{Black\ Thursday}$'과 '검은 화요일$^{Black\ Tuesday}$'의 주가 대폭락이 일어났으니까.

곧이어 경기침체가 뒤따랐다. 소비와 생산과 교역이 급감했고, 엄청난 수의 기업과 은행이 도산했고, 실업률이 치솟았다. 이 불황은 그 극심함에 있어서, 또 그 10년에 이르는 긴 기간에 있어서, 또 바다 건너 유럽과 다른 지역의 산업화된 국가들$^{industrialized\ countries}$에까지 미친 그 광범위함에 있어서 그야말로 전대미문의 사태였기 때문에 대공황$^{Great\ Depression}$이라고 불린다.

2. 무료 급식소 앞에 줄지어 선 실업자들

'대공황' 하면 먼저 떠오르는 이미지가 무료 급식소 앞에 몰려 있는 실업자들의 모습이다. 특히 1931년 미국 시카고에서 찍힌 사진이 유명하다. (사진 2) 실업자에게 수프, 커피, 도넛을 무료로 제공한다는 커다란 간판 아래 정말 많은 사람들이 줄지어 서 있어서 당시의 상황을 가늠하게 한다. 우리를 더욱 놀라게 하는 건 이 무료 급식소를 세운 사람이다. 바로 악명 높은 마피아 대부 알 카포네$^{Alphonse\ Capone,\ 1899~1947}$였던 것이다!

불과 2년 전 밸런타인데이에 라이벌 조직을 급습해 조직원들을 기관총으로 학살했던 갱단 두목이 갑자기 개과천선이라도 한 것일까?

그럴 리가. 그의 밀주, 매춘, 도박 비즈니스는 계속됐고, 관련된 소상공인 협박·갈취와 경쟁자 살해도 계속됐다. 그는 다만 대중에게 의적 로빈 후드 같은 모습으로 이미지 메이킹을 하고 싶었을 뿐이었다. 실제로 그의 교활한 전략은 어느 정도 먹혔다. 실업도 해결 못 하고 술도 못 먹게 하는 정부에 대해 대중의 불만이 극에 달한 상황에서, 카포네가 정부보다 낫다고 하는 사람들까지 나왔으니까. (하지만 이듬해 카포네는 투옥됐고, 1933년 금주법이 폐지되면서 세력을 잃었다.)

이처럼 갱단 두목이 세운 무료 급식소 앞에 줄지어 선 실업자들 사진은 대공황 시기 미국의 어두운 단면을 잘 보여준다. 미국의 실업률은 1929년 3%에서 1932년 25%로 껑충 뛰었다. 즉 경제활동인구$^{eco\text{-}nomically\ active\ population}$: 취업 가능한 만 15세 이상의 인구 중에서 취업자와 구직자를 합친 인구의 무려 4분의 1이 실업자가 된 것이다. 그 기간 동안 산업생산$^{industrial\ production}$: 제조업과 광업 및 전기·가스·수도업의 생산은 거의 절반으로 뚝 떨어졌다.

불황의 여파는 곧 유럽으로 확산돼 영국, 프랑스, 독일 등 다른 산업화 국가들에서도 대규모 실업과 생산 감소가 잇따랐다. 또 나라마다 보호무역 정책으로 전환하면서 1932년 세계무역의 총가치는 1929년 대비 절반 이상 줄어들었고, 그중 미국의 해외교역은 70%가량 급감했다. 이런 가운데 독일, 이탈리아, 일본 등이 전체주의에 빠졌다. 아이로니컬하게도 이 나라들이 1939년 제2차 세계대전을 일으키면서 그제서야 대공황이 끝났다. 그 전까지 대량 실업과 생산·교역 부진의 상황이 10년간 지속됐다

그 전에도 경기침체가 있었지만 이렇게 대공황이 된 건 처음이었

〈사진 2〉 알 카포네가 대공황 때 세운 무료 급식소 앞에 줄지어 선 실업자들(1931), 사진가 미상, 흑백사진, 국립문서기록보관청(NARA), 미국 메릴랜드 칼리지파크

는데, 그 이유는 대체 무엇이었을까? 거의 한 세기가 지난 지금도 경제학자와 역사학자를 비롯한 전문가들의 견해가 통일돼 있지 않다. 주가 폭락, 투자 축소, 소비 위축, 생산 감소, 실업 증가, 기업과 은행 파산 등 여러 악재가 뚜렷한 상관관계^{correlation}를 보이며 함께 터졌다는 데에는 동의하지만, 그 인과관계^{causality}가 어떻게 되는지에 대해서는 의견이 엇갈리는 것이다.●

3. 대공황의 전개와 원인에 대한 논란

어떤 학자들은 주가 대폭락이 방아쇠가 되어 연쇄 작용으로 대공황을 초래했다고 본다. 미국 대표 주가지수인 다우존스 산업평균지수 Dow Jones Industrial Average는 1929년 9월, 버블이 낀 사상 최고가에 이르렀다가, 10월 말 '검은 목요일'과 '검은 화요일'이 닥친 후 급락을 거듭해서 한 달 반 만에 반토막이 됐다.

● 상관관계와 인과관계: A라는 변수가 변할 때 통계적으로 거의 늘 B가 함께 변하면, 상관관계가 있다고 본다. 그렇다고 해서 A의 변화가 B의 변화를 일으켰다고 단정할 수 없다. 반대로 B의 변화가 A의 변화의 원인일 수도 있고, 또는 제3의 C가 원인이라서 C의 변화가 A와 B의 변화를 함께 일으킨 것일 수도 있기 때문이다. 인과관계를 증명하기 위해서는 추가 연구가 필요한데, 대표적인 것이 동일하게 통제된 조건에서 언제나 동일한 현상이 나오는지 실험하는 과학적 방법론이다. 문제는 역사 연구에서는 이것이 쉽지 않다는 것이다. 대안은 비슷한 조건에서의 역사적 상황들을 되도록 많이 수집해서 변수를 가감해보며 통계를 내는 것이다. 그러나 완전히 통제된 조건이 아니기에, 매우 신중한 접근이 필요하다. 상관관계를 인과관계라고 착각하는 오류는 곳곳에서 많이 저질러지고 있다.

이렇게 자산 가치가 쪼그라들어 실질적으로 가난해지고 심리적으로 극도로 불안해진 주주들은 소비와 투자를 확 줄였다. 그러자 소비재와 자본재의 재고가 급격히 쌓였고, 물가가 급락했다. 그래서 기업은 생산을 축소해야 했고 그러면서 고용을 줄였다. 실업자가 늘어나니 소비는 더욱 줄었고, 소비가 위축되니 생산은 더욱 감소해서 악순환이 일어났다는 것이다.

도산하는 기업들이 속출했고, 그들이 은행에서 빌린 돈을 갚지 못하자 은행들도 줄줄이 부도가 나서 파산했다. 남은 은행들은 기업 대출에 소극적이 될 수밖에 없었고, 그러니 기업들은 돈줄이 말라서 더 많이 파산했다. 물론 기업이 도산할 때마다 실업자도 무더기로 더 생겨났다.

설상가상으로 은행이 망하면 예금한 돈을 잃을 테니 미리 빼야겠다고 생각한 투자자들이 앞다투어 은행으로 몰려갔다. 현대에도 금융위기 때마다 되풀이되는 이런 예금 인출 사태를 뱅크런$^{bank\ run}$이라고 부른다. 뱅크런으로 더 많은 은행이 도산했고, 특히 주요 금융기관이었던 뉴욕의 합중국은행$^{Bank\ of\ the\ United\ States}$이 1930년 12월 파산했다. 그야말로 총체적 난국이었다. 은행 도산이 절정에 달한 1933년에는 한 해 동안 무려 4천여 개의 미국 은행이 파산했다!

그런데 다른 학자들은 이러한 악순환의 과정에는 동의하지만, 그 원인이 '검은 화요일'은 아니라고 본다. 주가 대폭락은 극심한 불황의 시작을 알리는 징후였을 뿐이라는 것이다. 요즘도 주가는 경기 변동을 조금 앞서 가는 선행지표$^{leading\ indicator}$로 인식된다. 그렇다면 대공황의 원인은 무엇이었을까?

당시 소비와 투자를 아우르는 총수요aggregate demand의 감소로 생산 과잉이 발생한 상황에서 연방준비은행Federal Reserve의 금융 긴축 정책이 겹치면서 사태가 최악으로 치달았다는 것에 현대의 많은 학자들이 동의한다. 그러나 전자와 후자 중 어느 것이 주요 원인이냐에 대해서는 의견이 첨예하게 갈린다.

조금 뒤에 소개할 영국의 경제학자 존 메이너드 케인스와 그의 후예인 케인스학파 경제학자들은 총수요 부족이 결정적인 원인이라고 본다. 총수요가 감소한 데에는 여러 원인이 복합적으로 작용했다. 일단 경기순환 상에서 내구 소비재 수요가 정점을 찍고 줄어드는 단계였다. 그 와중에 국가들이 자국 산업을 보호한답시고 서로서로 보복 관세retaliatory tariff를 물리며 보호무역을 강화하다가 결과적으로 자국 산업의 수출길을 막아서 총수요가 더욱 줄게 했다는 것이다.

반면에 밀턴 프리드먼 같은 미국의 통화주의자Monetarist 경제학자들은 연방준비은행의 금융 긴축과 일련의 잘못된 금융 정책이 대공황의 주범이라고 본다. 금융 긴축 정책은 인플레이션을 막기 위해 시장에 도는 자금의 양을 줄이는 것인데, 가뜩이나 수요 부족으로 상황이 안 좋은 기업들의 돈줄을 말려놓은 것이다. 그래서 여러 기업들이 부도가 나고, 위에서 언급한 것과 같은 연쇄 작용으로 은행들과 더 많은 기업들, 다시 더 많은 은행들이 줄도산하는 악순환을 일으켰다는 것이다.

프리드먼 같은 학자들은 대공황이 시장의 한계 때문보다는 정부의 잘못된 정책 때문이라고 보며 자유방임주의를 고수한다. 경기순환에 따른 통상적인 경기침체로 끝날 것이 정부 때문에 대공황으로 악화됐다는 것이다. 하지만 이런 견해는 1960년대부터 본격적으로 나온 것이다. 대공황 당시에는 자유방임주의가 종말에 이른 것으로 보였다. 자유시장의 '보이지 않는 손'에 의한 조정을('보이지 않는 손'에 대해서는 Part 6 참고) 좀처럼 찾아볼 수 없었으니까.

자유방임주의적 고전파 경제학에 따르면, 경기침체로 소비가 위축될 때 자동적으로 일어나는 저축의 증가가 자금의 초과 공급을 일으켜서 이자율을 떨어뜨린다. 그러면 기업들은 낮은 이자율에 자금을 빌릴 수 있으므로 투자를 늘린다. 기업들의 자본재 구입과 고용이 점차 증가함에 따라 전반적인 소비와 경기가 서서히 회복된다.

또한 소비가 위축됐을 때 상품의 시장 가격이 내려가서, 즉 기업가가 상품 가격을 내리도록 유도되어서, 수요가 다시 늘어 생산이 회복된다. 또 생산이 회복되기 전에 노동 수요가 위축되면 역시 노동의 시장 가격이 내려가서, 즉 실업자들이 낮은 임금을 받아들여서 노동 수요가 다시 증가해 실업자들이 일자리를 얻게 된다. 그러면 경기가 회복된다.

그러나 대공황 시기에 그런 조정을 볼 수 없었다. '보이지 않는 손'은 팔짱을 끼고 있거나, 도리어 경제의 멱살을 잡고 흔드는 걸로 보였다. 결국 1932년 미국 대통령 선거에서, 정부의 경제 개입을 주장한 민주당의 프랭클린 D. 루스벨트 $^{Franklin\ D.\ Roosevelt,\ 1882~1945}$ 후보가 공화당의 허버트 후버 대통령에게 압도적인 승리를 거두고 새로운 대통령으로 당선됐다.

〈월스트리트 연회〉를 그렸던 리베라는 이런 상황을 보면서 드디어 자본주의가 멸망한다고 기뻐했을지도 모르겠다. 그러나 시장경제 시스템은 쉽사리 붕괴되지 않고 루스벨트 정부 산하에서 자유방임주의 대신 혼합경제$^{mixed\ economy}$로 선회하며 생존을 모색했다. 그 사상적 배경에는 바로 케인스가 있었다.

4. 케인스 – 정부 지출로 경기를 회복시킬 수 있다

케인스(사진 3)가 고전파 경제학의 경기 이론에 대해 공격한 것은 크게 두 가지였다. 첫째, 소비 위축으로 저축이 증가하면 자동적으로 기업 투자가 증가한다고? 천만에, 저축이 증가해서 이자율이 내려가 대출을 받기가 쉬워진다고 한들, 기업들이 투자를 늘린다는 보장이 없다. 투자를 결정할 때 이자율만이 아니라 경기 예측부터 정치 상황, 날씨까지 수많은 요소를 고려하기 때문이다.

둘째, 소비가 위축되고 생산 감소로 노동 수요가 감소하면 전반적으로 상품 가격과 임금이 낮아져 다시 수요가 증가하도록 해준다고? 장기적으로는 그럴지도 모른다. 하지만 단기적으로 물가와 임금이 금방 유연하게 움직일 수 있을까? 특히 연봉 계약처럼 일정한 주기를 두고 맺는 임금 계약이? 고전파 경제학자들은 장기적 변화를 기다리라고 하겠지만, 케인스는 "장기적으로는 우리 모두 죽고 없다"는 유

〈사진 3〉 존 메이너스 케인스, Photo by Gordon Anthony, Getty Images

명한 말을 남겼다.

무엇보다도 케인스가 부정하고 반박한 것은 고전파 경제학의 경기이론 밑바탕에 깔려 있는 세이의 법칙Say's Law, 즉 공급이 스스로의 수요를 창출한다는 생각이었다. 세이의 법칙에 따르면, 상품은 물론 노동 공급 또한 그만큼의 수요를 창출해서 완전고용full employment에서 균형이 이루어진다. 비자발적 실업자가 생길 때는 균형에서 벗어나 있는 것이다. 그때는 임금을 낮추면 노동 수요가 증가해서 다시 완전고용의 균형으로 돌아간다.

이런 세이의 법칙으로는 도저히 대공황 시대에 쌓여가는 상품 재고와 높아가는 실업률을 설명할 수 없었다. 케인스는 총수요, 즉 가계의 소비, 기업의 투자, 정부의 지출을 합친 수요가 총공급aggregate supply보다 적은 상황이 얼마든지 지속될 수 있다고 보았다. 이것이 불황의 시작이다.

수요 부족으로 상품 재고가 늘어남에 따라 기업은 생산을 줄이고 감원을 실시한다. 실업자가 늘어나니 소비가 더욱 감소한다. 소득이 줄지 않은 소비자도 불안감을 느껴서 소비 지출을 줄이고 저축을 많이 하려 한다. 얄궂게도 이게 상황을 더욱 악화시킨다. 앞서 말한 것처럼 저축이 기업 투자로 바로 연결되지 않기 때문이다. 기업 또한 불투명한 경제 전망 속에 투자를 늘릴 리가 없다. 결국 총수요가 더욱 감소해 저축의 증가가 사회 전체 부의 감소로 이어지는 '절약의 역설paradox of thrift'이 발생한다. 불황이 더욱 악화된다.

이 난국을 타개하려면 총수요를 인위적으로 늘리는 수밖에 없다.

이때 소비자는 주로 소득의 규모에 따라 소비 지출이 제한되므로 수요를 늘리는 것에 한계가 있다. 소득과 상관없이 지출을 할 수 있는 경제주체는 기업 투자자와 정부다. 따라서 불황 때 정부는 기업 투자의 확대를 유도하는 정책을 취하거나, 부족한 기업 투자를 메울 수 있는 정부 지출을 해야 한다. 특히 불황이 심하면 정부가 적자재정budget deficit을 감수하고 도로 건설 등 대규모 공공사업에 투자를 해야 한다. 이것이 케인스의 '유효수요이론theory of effective demand'의 핵심이다.

케인스는 이러한 생각을 정리해 『고용, 이자 및 화폐에 관한 일반이론General Theory of Employment, Interest and Money』(1936)을 썼다. 제24장에 다음과 같은 구절이 나온다.

> 국가는 부분적으로 과세 계획을 통해서, 부분적으로 이자율을 정함으로써, 또 부분적으로 다른 방법을 통해서 소비성향propensity to consume을 인도하는 영향력을 행사해야 할 것이다…. 투자의 어느 정도 종합적인 사회화가 완전고용에 가까운 상태를 확보하는 유일한 방법으로 드러나지 않을까 싶다.

케인스 경제학의 직간접적 세례를 받은 현대의 우리들에게 별로 놀라운 이야기도 아니지만, 당시에는 충격적이고 혁명적인 이론이었다. 거부감을 나타내는 자유방임주의자들이 적지 않았다. 케인스가 사회주의자라고 의심하는 이들도 많았다. 부유층에 대한 과세 강화가 경기침체를 유발할 수 있다는 당시의 통념을 그가 반박했기 때문에 더욱 그랬다. 케인스는 부유층이 소비성향이 낮고 저축성향 propensity to save 이 높다고 지적하면서, "완전고용에 도달하기 이전에 소비성향이 낮은 것은 자본의 신장과 무관하며, 오히려 자본의 신장을 저해한다"고 했다. 이런 견해를 보며, 또 그의 정부 개입 지지를 보며, 케인스가 공산주의자라고 주장하는 정치인까지 나왔다.

그러나 이 모든 오해와 비난에 대해 효과적인 반박이 될 말을 케인스는 『일반이론』 제24장에서 했다.

> 소비성향과 투자 유인을 서로에 맞춰 조정하는 임무와 관련해 정부 기능이 확대되면, 19세기 정치평론가나 현대 미국의 금융업자는 이것을 개인주의에 대한 끔찍한 침해로 볼 것이다. 나는 정부 기능 확대가, 정반대로 현존하는 경제 체제 전체의 붕괴를 피하는 유일하게 현실적인 수단이자 개인의 독창적 추진력이 성공적으로 기능하도록 하는 조건이라고 변호하고자 한다.

이러한 케인스의 생각을 바탕으로 미국의 루스벨트 행정부는 1933년부터 '정부 지출에 의한 고용 증대'로 대표되는 뉴딜 New Deal 정책을 추진했다. 그중에는 테네시 강 유역에 다목적 댐을 건설하는 것도 있었다. 더욱 흥미로운 것은 예술 분야에도 뉴딜이 시행됐다는 것이다.

5. 뉴딜 정책이 미술과 만나 벽화 붐을 일으키다

리베라도 미국의 새로운 정책과 관련이 없지 않았다. 뉴딜의 일환으로 미술가들이 정부에 고용돼서 우체국 등 공공 기관에 벽화를 그리게 됐는데(사진 4), 이것은 리베라가 주도한 멕시코 벽화 운동에서 영감을 받은 프로젝트였으니 말이다.

한 화가가 루스벨트 대통령에게 직접 편지를 보내 이 프로젝트를 제안했고, 루스벨트는 기막힌 아이디어라고 감탄했다. 빈곤에 시달리는 화가들에게 일자리를 줄 뿐만 아니라, 미술관에 갈 시간적·금전적 여유가 없는 서민들도 진짜 그림을 실물로 볼 기회가 아닌가? 루스벨트는 곧 재무부에서 이 일을 담당하도록 했다. 재무부가 연방 건물들을 책임지고 있었기 때문이다.

재무부는 1933년 12월부터 1934년 6월까지 공공미술 프로젝트 PWAP, Public Works of Art Project를 운영했다. 이 프로젝트를 통해 3,700여 명의 미술가들이 고용되어 미국 곳곳의 공공건물과 공원을 장식할 대형 벽화, 그림, 조각, 그리고 포스터 같은 그래픽아트를 제작했다. 이렇게 뉴딜로 탄생한 미술 작품을 뉴딜아트 New Deal art라고 부르고, 그중 특히 눈에 띄는 프로젝트였던 벽화를 뉴딜 벽화 New Deal mural라고 부른다.

벽화 프로젝트는 PWAP가 종료됐을 때 미완성인 게 많았는데, 나중에 뉴딜 사업을 총괄한 공공사업진흥국 WPA, Works Progress Administration의 연방미술프로젝트 FAP, Federal Art Project가 흡수해서 마무리했다.

〈사진 4〉 미국 매사추세츠 알링턴 우체국의 벽화. 미국 공공사업진흥국(WPA)의 공공미술 프로젝트의 일환. 사진 출처: Wikimedia Commons

WPA에서의 뉴딜아트 규모는 더욱 커져서 1936년에 5,000명 이상의 미술가를 고용할 정도였다. 1935년부터 1943년까지 수천 건의 벽화와 10만 점이 넘는 그림, 수만 점의 조각, 수만 점의 그래픽아트가 제작됐다.

리베라 역시 대공황 와중에 미국에 와서 벽화 작업을 하면서 미국의 벽화 붐을 더욱 고조시켰다. 정부가 주도한 뉴딜아트의 일환은 아니었고, 대기업들의 주문을 받은 것이었다. 그중 리베라 자신과 평론가들 모두 대표작으로 꼽는 것이, 자동차 공업 도시 디트로이트의 시립 미술관인 디트로이트 인스티튜트 오브 아트$^{\text{DIA, Detroit Institute of Arts}}$에 그린 일련의 벽화들이다. (사진 5)

아이로니컬하게도 '디트로이트 산업 벽화$^{\text{Detroit Industry Murals'}}$라고 불리는 이들 벽화는 헨리 포드의 아들이자 당시 포드 자동차회사의 사장이던 에젤 포드의 주문에 의한 프로젝트였다. 리베라가 〈월스트리트 연회〉에 그려 넣어 노골적으로 빈정댔던 그 헨리 포드 말이다.

이 벽화들의 중심이 되는 북쪽 벽과 남쪽 벽 가운데 하단의 그림들은 당시 디트로이트 산업의 구심점이던 포드 자동차회사의 생산 현장을 힘차고 역동적으로 묘사하고 있다. 거대한 기계들과 노동자들의 일사불란한 움직임이 웅장한 교향곡 연주처럼 느껴진다. 〈월스트리트 연회〉에서와 같은 부정적인 뉘앙스는 찾아보기 힘들다.

마르크시스트 미술가가 자신이 풍자했던 자본가의 주문을 받는 것도 모자라, 카를 마르크스가 비난했던 '노동자가 기계의 부속품이 되는 분업'의 현장을 거의 찬양조로 그려놓다니? 그것도 그런 분업의 최고조라고 할 수 있는 포디즘의 컨베이어 벨트 조립 라인을?

사실 리베라는 1930년 미국에 왔을 때 그 거대한 도로, 다리, 고층 건물들과 그들을 만들어낸 기계문명에 반해버렸다. 미국인 친구에게 "당신 나라의 엔지니어들은 위대한 예술가들이고, 이 고속도로들은 당신의 아름다운 나라에서 내가 본 가장 아름다운 것입니다"라고 말하기까지 했다. 즉 기계에 대한 마르크스적 견해를 고수하기에는 너무나 기계에 매혹돼버렸던 것이다. 그만큼 그는 포드 같이 기계문명을 선도하는 산업자본가들에 대해서는 좀 더 우호적으로 변할 수밖에 없었다.

그렇다고 리베라가 자본주의로 전향한 것은 아니었다. 얼마 후 그는 〈월스트리트 연회〉 벽화에서 조롱했던 또 다른 미국 경제 거물 라커펠러의 재단에서 의뢰를 받아 뉴욕 라커펠러 센터의 벽화를 그리게 됐는데, 거기에 러시아 공산주의 혁명가 블라디미르 레닌^{Vladimir Il'ich Lenin, 1870~1924}의 모습을 커다랗게 그려 넣었다. 이것이 신문에 대서 특필되어 엄청난 반발을 일으키자 라커펠러 재단은 레닌 부분을 지워 달라고 요청했지만 리베라는 거부했다. 결국 재단은 벽화 작업을 완성 직전에 중단시키고, 벽화 대금은 처음 계약대로 지불했다. 이 벽화는 한동안 가려져 있다가 나중에 파괴됐다고 한다.

〈디트로이트 산업 벽화〉에서는 리베라가 대기업의 생산 현장을 긍정적으로 묘사하고, 뚜렷한 공산주의 메시지를 보이지 않았다. 하지만 노동자의 공헌과 힘을 특히 강조하기는 했다. 이것이 미국의 보수적 관람객들에게는 은근히 노동운동을 선동하는 메시지로 보여서 심

〈사진 5〉 디트로이트 산업 벽화(1932~3) 중 북쪽 벽면의 그림, 디에고 리베라 작, 프레스코, 디트로이트 인스티튜트 오브 아트, 미국 디트로이트

기를 건드렸다고 한다.

이런저런 배경을 볼 때 〈디트로이트 산업 벽화〉는 모순된 요소가 뒤섞여 있는 흥미로운 아이러니다. 어쩌면 인류의 역사 자체가 아이러니컬하다는 점에서 절묘한 역사의 함축일 수도 있겠다. 이 벽화의 역사적 아이러니는 최근 정점에 달했다. 2013년 디트로이트 시가 미국 자동차산업의 하강과 방만한 재정 운영으로 파산하고 파산보호 절차에 들어가면서, 이 벽화를 비롯한 DIA 소장 미술품들이 시 채무 청산을 위해 여기저기로 팔려나갈 위기에 처한 것이다.

그런데 이렇게 리베라의 미국 벽화가 지금까지 중요하게 여겨지고 활발한 논의의 대상이 되는 반면에, 당시에 뉴딜아트로 그려진 대부분의 공공 기관 벽화는 그다지 작품 가치를 인정받지 못하고 상당수가 현재 무관심 속에 방치돼 있다. 왜 그럴까?

6. 뉴딜 벽화의 예술적 한계

"벽화에 누드를 그리는 사람은 뇌를 좀 검사해봐야 돼!"라고 에드워드 브루스$^{Edward\ Bruce,\ 1879~1943}$는 일갈했다. 그는 1933~4년 미국 재무부 산하 공공미술 프로젝트^{PWAP}를 지휘했고, 그 뒤에는 재무부 산하 회화와 조각 분과$^{Treasury\ Section\ of\ Painting\ and\ Sculpture}$를 지휘했다. 덕분에 1930년대 미국 공공 기관 벽화에서 나체 인물은 찾아보기 힘들게 됐다. 아메리카 원주민을 제외하고는.

브루스는 본래 성공한 변호사이자 금융업자였지만 화가가 되기 위해 그 일을 그만뒀을 정도로 미술에 애정이 깊은 인물이었다. 하지만 뉴딜 벽화 프로젝트에서 브루스는 상당히 보수적인 기준을 제시했다. 에로틱한 것은 어림도 없었고, 누드는 무조건 에로틱한 것으로 간주됐다. 평소에 누드를 즐겨 그리던 한 화가가 벽화를 맡게 되자 당국은 이런 편지를 보냈다고 한다.

"평생 충분히 누드를 그렸으니, 몇 점 덜 그린다고 선생의 미술 업적에 문제가 되진 않을 겁니다."

아메리카 원주민의 나체는 예외였는데(사진 4), 그것은 그저 서구 문명과 다른 존재 — 좋게 보면 자연의 순수성, 나쁘게 보면 야만 — 를 상징하기 위한 것이었다. 시대적 한계로 원주민과 흑인은 민중을 위한 뉴딜 벽화에서도 소외돼 있었다.

브루스 등 뉴딜 벽화 프로젝트 지휘자들은 추상화를 포함한 유럽 아방가르드 Avant-garde: 전위예술● 도 배제했다. 대중이 쉽게 이해할 수 있는 그림이어야 했기 때문이다. 전쟁 등 어둡고 자극적인 테마도 제외됐고, 정치적인 색채가 짙은 그림도 허용되지 않았다.

그런 면에서 뉴딜 벽화 프로젝트는 그 영감의 원천이 된 리베라 등의 멕시코 벽화 운동과 사뭇 달랐다. 리베라가 멕시코의 중앙정부청사

● 아방가르드: 아방가르드는 본래 군사용어로, 전투에서 선봉에 서는 부대를 가리킨다. 이것이 예술에 적용될 때는, 예술에 대한 기존 인식과 가치 체계를 부정하고 새로운 예술 개념을 내놓는 혁명적 경향 및 운동을 가리킨다. 미술에서는 대개 상징주의, 미래파, 입체파, 다다이즘, 표현주의, 초현실주의, 추상미술 등이 아방가르드 아트로 거론된다.

〈사진 6〉 멕시코의 역사 벽화들(1929~35), 디에고 리베라 작, 프레스코, 팔라시오 나시오날, 멕시코 멕시코시티. 사진: Kgv88 사진 출처: Wikimedia Commons

<그림 7> 미국 펜실베이니아 먼시 우체국의 벽화 <말을 모는 레이첼 실버턴>(1938), 존 보샹 작, 미국 공공사업진흥국의 공공미술 프로젝트의 일환.

인 팔라시오 나시오날에 멕시코의 과거와 현재와 미래의 비전을 담은 벽화(사진 6)만 봐도, 형태와 색채가 대담하고, 부분적으로 에로틱하거나 잔혹해서 센세이셔널한 데다가 정치적인 메시지가 강하지 않은가.

반면에 뉴딜 벽화가 멕시코 벽화 운동과 궤를 같이한 것은 지역의 역사와 향토적 정체성을 살리려 애썼다는 것이다. 뉴딜 벽화의 테마로는 미국적인 것, 미국의 자연과 특산물과 관계있는 것, 미국 역사와 관계있는 것이 장려됐다. 미국 독립전쟁 당시 영국군의 기습을 발빠르게 알린 여걸 레이첼 실버턴을 그린 우체국 벽화(그림 7)가 그 전형적인 예라고 할 수 있다.

이처럼 뉴딜 벽화 프로젝트는 여러 제한 속에 온건한 작품들 위주로 가게 됐다. 조금이라도 도발적인 부분이 있는 작품들은 곧 주민들의 항의에 부딪히게 되면서 더욱더 온건한 모습으로 — 거의 새마을운동 당시 건전가요 같은 모습으로 — 전개됐다. 그래서 이 프로젝트가 미술가의 자유와 창의성을 빼앗아버리는 무용지물이라는 비난도 일어났다. 전위적인 작품이 배제됐기 때문에 사실 뉴딜 벽화는 후에 미국 미술사에 큰 영향을 끼치지 못했고, 특별히 괄목한 작품을 남기지도 못했다.

7. 미국 FSA 프로젝트가 낳은 걸작 사진들

오히려 뉴딜아트의 뛰어난 작품들은 농업안정국^{FSA, Farm Security}

Administration에서 추진한 다큐멘터리 사진 프로젝트에서 나왔다. FSA는 농민 사회보장제도 및 뉴딜 전반의 정당성을 홍보할 목적으로, 사진작가들을 고용해 대공황기 농촌의 피폐한 사진을 찍게 했다. 그 대표작이 후에 매그넘^{Magnum}● 회원이 된 여성 작가 도로시어 랭$^{Dorothea\ Lange,\ 1895~1965}$의 〈이주민 어머니〉(사진 8)다.

1936년 싸늘한 초봄의 어느 비 오는 날, 랭은 캘리포니아 주의 농촌 노무자 캠프에서 이 사진을 찍었다. 지친 아이들에 둘러싸여 근심으로 미간에 주름이 가득한 여인의 나이가 몇으로 보이는가? 이 여인, 플로렌스 톰슨의 나이는 당시 불과 32세였다. 랭은 1960년에 이 사진에 대해 이렇게 회고했다.

> 나는 한 굶주리고 자포자기 상태인 어머니를 보고 자석에라도 끌린 것처럼 다가갔다. (중략) 그녀는 주변 들판의 얼어붙은 채소와 아이들이 잡은 새로 연명하고 있다고 했다. 먹을 것을 사느라 차의 타이어마저 막 팔아치운 상태였다. 옹송그린 아이들을 데리고 그녀는 그렇게 기울어진 천막에 앉아 있었다. 그녀는 내 사진이 그녀를 도울지도 모른다는 것을 아는 듯했고, 그래서 나를 도왔다. (사진 찍는 것을 거부하지 않았다는 뜻.) 우리는 동등하게 도운 셈이었다.

● 매그넘: 정식 명칭은 매그넘 포토스(Magnum Photos). 1947년 헝가리의 로버트 카파, 프랑스의 앙리 카르티에 브레송 등 굴지의 사진작가들이 창립한 엘리트 포토저널리스트(photo-journalist: 보도사진작가) 집단.

〈이주민 어머니〉가 일으킨 파장은 실로 대단했다. 이 사진이 당시 몇몇 정부 규제 제도의 위헌 판정으로 위기에 몰린 루스벨트가 재임에 성공하는 데 일조했다고 하면 비약일까? 하지만 이 사진이 그토록 성공한 것은 사회보장 정책의 정당성을 직접적으로 선전하는 대신 빈민의 고통이라는 인류 보편적인 문제를 휴머니즘의 감수성으로 담아냈기 때문이다. 이 사진이 대공황 시기의 미국이라는 시공간을 떠나서 나중에 유럽이나 남아메리카에서 가난에 시달리는 어머니의 표상으로 쓰이곤 했다는 것을 봐도 이 사진의 보편적인 호소력을 알 수 있다.

FSA가 낳은 또 다른 걸작은 워커 에반스$^{\text{Walker Evans, 1903~1975}}$가 앨라배마 주의 가난한 소작농 가족과 그들의 집을 찍은 일련의 사진들이다. (사진 9, 10)

에반스는 사진이 본격적으로 예술로 받아들여지기 전인 1934년 뉴욕 현대미술관^{MoMA}에서 개인전을 가진 최초의 사진작가였다. 그는 1936년 FSA에서 활동하는 와중에 「포천^{Fortune}」 잡지의 의뢰를 받아 뉴딜의 혜택이 미처 미치지 못한 시골 소작농의 생활을 사진으로 기록하게 됐다. 그는 이 사진들을 리얼리스트의 자세로 감정을 배제하고 가능한 한 객관적으로 찍었다. 그렇다고 반예술을 지향한 것은 아니었다. 그는 이런 말을 했다.

"예술은 결코 도큐먼트가 아니다. 그러나 예술은 도큐먼트의 양식을 취할 수 있다."

그렇게 해서 나온 사진 중에 랭의 〈이주민 어머니〉와 더불어 '대공

〈사진 8〉 이주민 어머니(1936), 도로시어 랭 작, 흑백사진, 미국 의회도서관, 미국 워싱턴 DC

〈사진 9〉 앨리 매 버로우스(1936), 워커 에반스 작, 흑백사진, 미국 의회도서관, 미국 워싱턴 DC

황의 얼굴'이라고 불리는 〈앨리 매 버로우스〉가 있다. (사진 9)

이 사진은 랭의 사진과 일맥상통하면서도 그 표현방법이 정반대에 서 있다. 랭의 작품이 감정을 과장하지 않으면서도 치밀한 구도로 은근히 감정을 자극하고 끌어올리는 반면에, 에반스의 작품은 철저히 덤덤하다. 사진 속의 여인 앨리 매 버로우스는 랭의 〈이주민 어머니〉 플로렌스 톰슨처럼 처절한 상황으로 보이지 않는다. 그럼에도 불구하고 이 젊은 시골 아낙네의 단정하고도 초라한 모습, 어딘지 불안해 보이는 눈빛과 꽉 다문 입술은 〈이주민 어머니〉와는 또 다른 기이한 여운을 남긴다.

이와 관련해서 에반스의 사진집 『미국 사진 *American Photographs*』(1938)에 글을 쓴 저술가 링컨 커스틴은 이렇게 말했다.

"에반스는 사진적인 트릭을 사용해 대상을 극적으로 만들 필요가 없었다. 왜냐하면 대상이 이미 그 자체로 강렬하게 드라마틱하기 때문이다. (중략) 사람들과 집들의 사진은 그들 사회와 시대의 경험이 그들에게 얹어놓은 그 '표정'을 지니고 있다."

이렇게 랭과 에반스의 작품을 포함한 여러 FSA 프로젝트 사진들은 정책 홍보용 사진의 한계를 뛰어넘은 예술적 걸작들로 평가받고 있다. 그러나 과연 다른 뉴딜아트도 이런 성공을 거뒀는가? 프로파간다 성향이 짙은 다른 사진들이나 잊힌 존재가 돼버린 수많은 우체국 벽화들은 어떤가?

8. 뉴딜과 뉴딜아트에 대한 질문

뉴딜아트에 대한 논란은 뉴딜 경제 정책이 과연 성공적이었느냐에 대한 논란과 관련이 있다. 대공황은 2차 세계대전의 발발과 함께 끝났고, 대공황이 끝난 결정적인 이유가 뉴딜보다는 세계대전이라고 보는 학자들이 상당수 있다. 포화의 직격탄을 거의 받지 않은 미국이 유럽의 전쟁 물자와 전후 복구 물자 공급을 도맡으면서 미국 산업이 수요를 찾게 됐고, 또 1천만 명의 젊은이들이 유럽 전선으로 향하면서 실업이 순식간에 사라졌으니 말이다.

심지어 어떤 신자유주의^{Neoliberalism} 경제학자들은 뉴딜이 대공황으로부터의 회복을 오히려 지연시켰다고 주장하기도 한다. 재정 지출은 한계가 있고, 지나친 정부 간섭이 민간의 창의성과 경쟁을 억제해서 경제가 자연스럽게 회복되는 기능을 둔하게 만들었다는 것이다.

이것은 뉴딜 벽화 프로젝트에서 창의적인 걸작이 나오지 못했다는 것과 연관이 있다. 뉴딜아트의 명작은 앞서 말했듯이 오히려 FSA의 다큐멘터리 사진 프로젝트에서 나왔는데, 이것은 FSA가 사진작가들에게 사회보장 정책 홍보에 도움을 주는 것보다 기록을 남기는 것을 강조했기 때문이다. 그래서 이 프로젝트에 참여한 워커 에반스는 가난한 소작농의 집을 지극히 담담한 시선으로 찍을 수 있었다. (사진 10)

이렇듯 FSA 프로젝트는 사진사에 길이 남는 작품들을 탄생시켰지만, 후반부에는 예술적 가치가 적은 프로파간다적인 사진을 많이 배출했다. 그때는 에반스 같은 사진작가들이 떠난 후였다. 게다가 비록

〈사진 10〉 소작농 플로이드 버로우스의 집(1936), 워커 에반스 작, 흑백사진, 미국 의회도서관, 미국 워싱턴 DC

FSA가 사진작가들에게 객관적인 태도를 장려했지만, 에반스의 너무나 담담한 사진들은 종종 FSA의 불만을 샀다고 한다.

이렇게 공공미술 프로젝트가 성공하는 것은 상대적으로 어려운 일이다. 공공미술은 세금이 들어가는 미술이며 또 만인을 위한 미술이기 때문에 대중의 동의가 있어야 한다. 하지만 작품마다 국민투표를 할 수도 없는 노릇이고, 정부나 공공위원회가 결정을 하면서 이들의 생각과 취향이 우선적으로 반영될 수밖에 없다. 이런 과정에서 예술가의 자유와 창의성은 훼손되기 쉽다.

그렇다면 공공미술은 무용지물인가? 현대 시장경제 사회에서 '미술이 자본에 종속된다'고 우려하는 사람들이 많다. 이들은 미술 경매에서 미술 작품이 상품이 되고, 부유한 사람들의 취향에 따라 미술계가 좌우되는 것을 비판한다.

사실 시장경제 시스템에서 미술품의 가격은 꼭 돈, 물질의 의미만이 아니라 그것을 얼마나 원하느냐를 수치로 계량화하는 것이다. 고로 시장에서 여러 사람이 욕망하지만 수가 한정된 예술 작품의 경우, 그 욕구를 호가로 표현해 투명한 경쟁을 통해 최고가를 부르는 사람에게 작품이 가는 경매 시스템이 나쁘지 않다. 그러나 문제는 모든 사람이 같은 정도의 돈을 가지고 있는 것이 아니기 때문에 돈이 없는 사람들의 기호가 제대로 미술시장에 반영되지 않는다는 것, 그리고 기본적으로 돈이 없는 사람도 미술을 즐길 수 있어야 한다는 것이다. 여기에 공공미술의 필요성이 있다.

이렇듯 시장에 맡기느냐, 정부가 개입하느냐의 문제는 경제의 문제일 뿐만 아니라 예술의 문제이기도 한 것이다. 시장과 정부의 지원은 양쪽 다 예술의 순수성에 위험이 될 수 있지만, 동시에 그들이 없으면 예술이 존속할 수 없기 때문이다. 이것은 예술의 영원한 딜레마로 남을 것이다.

| 경제용어 19 | 경기순환과 경기선행·동행·후행지수

경제가 호황(boom)과 불황(recession) 국면을 주기적으로 반복하는 것을 경기순환(business cycle)이라고 한다. 그러나 사실 순환이라는 말이 어울릴 만큼 주기가 일정하고 예측 가능하지 못하기 때문에 어떤 학자들은 경기순환보다 경기 변동이라는 말을 선호한다. 현실에서는 국내총생산이 장기 추세선 주위에서 더 높아지기도 하고(호황) 낮아지기도 하는(불황) 일이 반복되는 것을 가리킨다.

과거에는 불황이 경제의 질병이나 마찬가지라고 생각했고, 호황만이 경제의 정상적인 국면이라고 보았으나, 19세기 중반 프랑스의 물리학자인 클레망 쥐글라르가 호황과 불황을 모두 포함한 주기적 변동이 경제의 정상적인 모습이라고 주장하면서 생각이 점차 바뀌었다. 그 후 다른 학자들이 쥐글라르의 연구를 발전시켜서 생산 활동이 약 10년 주기로 순환한다는 이론을 내놓았다.

'쥐글라르 순환'보다 더 작은 규모의 순환으로는 미국의 경제학자 J. 키친이 논한 '키친 순환'이 있는데, 기업 재고 변동에 따른 것으로 주기가 약 40개월 정도다. 또 더 큰 규모의 순환으로는 러시아 경제학자 니콜라이 콘드라티예프가 제시한 50년 주기의 순환이 있다. 이것은 기술 혁신에 의한 변동이다.

경제순환을 분석하고 예측하기 위한 계량경제학 모형에서는 경기 변동을 사전에 예고한다고 생각되는 '선행지표(leading indicators)'와, 경기 변동과 동시에 움직인다고 생각되는 '동행지수(coincident indicators)', 경기 변동을 사후에 인식시켜 준다고 생각되는 '후행지표(lagging indicators)'를 변수로 이용한다. 선행지표의 예로는 주가, 건축허가면적, 기계수주액 등이 있다. 동행지표로는 산업생산, 제조업 가동률, 도소매 판매액 등이 있고, 후행지표의 예로는 생산자제품 재고지수, 도시 가계 소비지출, 회사채 유통수익률 등이 있다.

러시아와 미국 추상미술의 엇갈린 운명

● **샤갈이 혁명 이후 러시아를 떠난 이유는?**

십여 년 전 서울 강남역 부근에 대학생들의 데이트 명소인 '샤갈의 눈 내리는 마을' 카페가 있었다. 사실 김춘수의 시 「샤갈의 마을에 내리는 눈」을 알게 된 건 그 카페 덕분이었다. 하지만 시인이 마르크 샤갈(Marc Chagall, 1887~1985)의 어느 그림을 보고 이 시를 쓴 것인지는 알 수 없었다. 그 궁금증은 2010년 겨울 서울시립미술관에서 열린 샤갈의 대규모 회고전에서 비로소 풀렸다. 전시작 중 하나인 〈비테프스크 위에서〉(그림 1)가 바로 김춘수 시에 영감을 준 그림이라고 전시 관계자들이 소개한 것이다.

하얗게 눈이 덮인 도시 위로 옷도 얼굴도 거무튀튀한 남자가 날아가고 있는 그림이다. 여러 시점(視點)에서 본 모습을 합쳐놓은 듯한 도시의 공간과 대각선의 면 분할에서, 당대 입체파와 표현주의 화가들의 영향을 엿볼 수 있다. 하지만 비행하는 남자의 천진한 동화적 묘사는 샤갈만의 것이다.

남자는 검은 긴 코트와 검은 모자를 걸치고 턱수염을 길렀는데, 바로 전형적인 아슈케나짐(Ashkenazim: 북동 유럽계 유대인)의 모습이다. 손에 든 길다란 지팡이와 등에 진 커다란 봇짐, 그리고 잿빛 하늘의 가라앉은 분위기로 보아, 그는 '방랑하는 유대인'● 처럼 세상의 종말이 오는 날까지 우울한 여행을 계속할 것만 같다.

〈그림 1〉 비테프스크 위에서(1915~20), 마르크 샤갈 작, 캔버스에 유채, 67×92.7cm, 현대미술관(MoMA), 미국 뉴욕

    유대인인 샤갈은 이 그림을 그리면서 자기 민족의 방랑의 역사를 생각했을 것이다. 그뿐만 아니라 혹시 자기 자신도 사랑하는 고향 비테프스크를 떠나야 할 운명임을 예감하지 않았을까? 그는 1922년에 유럽에 정착하기 위해 러시아를 영원히 떠났다. 그 후에도 그림에 계속 비테프스크와 러시아의 풍경을 집어넣을 정도로 애착이 많았는데도 불구하고.

●   방랑하는 유대인: 중세 그리스도교 전설에 등장하는 유대인. 전설에 따르면 그는 예수가 십자가를 메고 형장으로 끌려갈 때 괴롭히고 조롱하다 저주를 받았다. 저주의 내용은 그리스도가 재림하는 최후의 심판 날까지 쉬지도 죽지도 못하고 세상을 떠돌아다녀야 하는 것이었다. 여러 문학과 예술 작품의 소재가 되었으며, 정착하지 못하고 떠도는 유대 민족의 상징으로 쓰이기도 했다.

샤갈이 떠난 것은 러시아 공산주의 혁명(1917)이 일어난 지 몇 년 후의 일이었다. 그는 처음에 기쁜 마음으로 혁명을 맞았다. 혁명 덕분에 제정 러시아에서 법적으로 차별받던 유대인들이 처음으로 동등한 시민권을 누릴 수 있게 됐기 때문이다. 또 혁명 정부가 부르주아지의 사유물 같은 예술이 아닌, 만인을 위한 새로운 예술을 지원하겠다고 했을 때, 샤갈은 진심으로 그것을 지지했다.

하지만 샤갈의 이상은 곧 현실과 괴리를 보이기 시작했다. 그가 혁명을 축하하는 그림을 그리자 사람들은 "왜 말이 하늘을 날아다녀요? 비현실적이잖아요?" "이게 마르크스주의나 레닌주의에 대해 뭘 말하는 거죠?"라고 딴죽을 걸기 시작했다. 선배 화가 카지미르 말레비치(Kasimir Malevich, 1878~1935)는 샤갈의 그림에 혁명정신이 결여돼 있고 유럽 부르주아 미술의 영향이 과도하다고 비난을 퍼부었다.

〈그림 2〉 건축 중인 집(1915~16), 카지미르 말레비치 작, 캔버스에 유채, 97×44.5cm, 오스트레일리아 국립미술관, 오스트레일리아 파크스

⟨그림 3⟩ 배낭 멘 소년에 대한 화가 특유의 사실주의-4차원의 색채 덩어리(1915), 카지미르 말레비치 작, 캔버스에 유채, 71.1×44.5cm, 현대미술관(MoMA), 미국 뉴욕

● 러시아 추상화의 기수 말레비치는 작품 압수와 활동 금지 조치

말레비치라고 해서 직접적인 혁명 메시지가 담긴 그림을 그린 것은 아니었다. 하지만 그는 자신의 기하학적 추상화(그림 2, 3)가 유럽 부르주아 미술과 단절된 완전히 새로운 것이므로 충분히 혁명적이라고 자부했다. 그는 이미 1913년부터 기하학적 추상을 실험했고, 1915년에 상트페테르부르크에서 일련의 추상화를 발표해 센세이션을 일으켰다. 흔히 기하학적 추상의 개척자로 꼽히는 네덜란드의 피에트 몬드리안(Piet Mondrian, 1872~1944)도 아

〈그림 4〉 음악(1920), 마르크 샤갈 작, 캔버스에 템페라와 구아슈, 212.5 ×103.2cm, 국립 트레티아코프 갤러리, 러시아 모스크바

직 완전히 순수한 추상을 발표하기 전에 말이다.

말레비치가 주로 그린 것은 하얀 바탕에 여러 색채의 기하학적 형태가 떠 있는 그림이었다. 그는 이들이 순수한 예술적 느낌의 표현이며 자연의 형태를 모방하는 것보다 우위(프랑스어로 suprématie)에 있다는 의미에서 '쉬프레마티즘(Suprematism)'이라고 명명했다. 그는 이것이 자연의 모방을 뛰어넘는 새로운 사실주의, 새로운 리얼리즘이라고 생각했다. 그래서 달랑 검은 정사각형 한 개와 빨간 정사각형이 한 개씩 있는 작품(그림 3)에 '사실주의'라는 제목을 대담하게 붙인 것이었다.

이 자신만만한 말레비치와의 다툼에서 샤갈은 점차 밀리기 시작했다. 이것은 그에게 심각한 문제였다. 사회주의 국가에서는 정부 지원이 예술가들의 절대적인 수입이 될 수밖에 없다. 시장이 아니라 투표, 정부 기관, 위원회 등의 정치적 프로세스에 의해 공급 규모와 공급자에게 돌아갈 대가가 정해지니 말이다. 샤갈은 정부 지원 순위에서 혁명적 정치성이 결여돼 있다는 이유로 하위로 밀려났다. 말레비치가 지원 위원회에 한 자리 차지하고 있었으니 샤갈의 입지는 좁아질 수밖에 없었다.

그래서 당시 샤갈의 그림 중에는 말레비치에 대한 불편한 심기가 내비치는 작품도 있다. 모스크바 유대인 예술극장을 장식하기 위해 제작한 〈음악〉이라는 그림이다. (그림 4)

1919년 건립된 이 극장을 위해 샤갈은 무용, 연극 등 각 예술 장르를 주제로 7점의 대형 그림을 제작했다. 그중 하나인 〈음악〉에는 샤갈의 대표적인 모티프인 바이올린 켜는 초록색 얼굴의 남자가 등장한다. 그런데 그의 어깨 너머를 잘 보면 재미있는 게 눈에 띈다. 작은 집 지붕 위에 난데없이 검은 정사각형 하나가 곡예라도 하듯 모서리 끝으로 서 있는 것이다. 검은 사각형은 말레비치의 단골 모티프 아니던가. 그래서 어떤 이들은 이게 말레비치에 대한 조롱이라고 본다. 또 어떤 이들은 이렇게 해석한다. '나, 샤갈도 마음 먹으면 추상 그릴 수 있다고! 하지만 나는 구상을 할 거야, 강요하지 마.'

그러나 샤갈은 러시아에서 말레비치를 정치적으로 이기지 못했고 결국 1922년 고국을 떠났다. "혁명이 이질적이고 다른 것들에 대한 존중을 유지했다면 위대한 것이 되었을 텐데"라는 말을 남기고.

그렇다면 샤갈이 러시아를 떠나는 데 한몫했던 말레비치는 소비에트 연방에서 잘 먹고 잘 살았을까? 블라디미르 레닌이 죽고 이오시프 스탈린이 정권을 잡으면서 상황은 급변했다. 추상화 등 아방가르드 아트는 무조건 부르주아지의 취향으로 간주돼 배척됐다. 오로지 구체적이고 사실적인 그림 형태에 정치적·사회적 메시지를 담은 사회주의 리얼리즘(Socialist realism) 그림들만 권장됐다. 북한에서 흔히 볼 수 있는 그런 그림들 말이다.

말레비치는 러시아 미술이 이렇게 후퇴하는 것을 속수무책으로 지켜봐야 했다. 게다가 많은 작품을 압수당했고 한동

〈그림 5〉 넘버5, 1948(1950), 잭슨 폴록 작, 섬유판에 유채, 243.8×121.9㎝, 개인 소장

안 붓을 잡는 게 금지될 정도였다. 한때 러시아 아방가르드 아트의 빛나는 기수였던 말레비치는 가난과 무관심 속에서 암으로 쓸쓸히 세상을 떠났다. 바실리 칸딘스키와 말레비치 등 추상화의 선구자들이 나온 러시아에서 아이로니컬하게도 추상화가 사라져버린 것이다. 그 역사를 단적으로 드러내며 지금 말레비치의 주요 작품 다수는 미국 뉴욕 현대미술관(MoMA)에 있다.

●2차 세계대전 이후 미국에서 추상표현주의 미술이 급부상

한편 제2차 세계대전 후 소련과 대립하는 미국에서는 정반대의 상황이 벌어졌다. 20세기 초만 해도 추상화 등 아방가르드 아트는 미국에서 낯선 존재였다. 앞에서 이야기한 대로 대공황 타개를 위한 뉴딜아트 프로젝트에서도 전위미술은 일반인이 쉽게 이해할 수 없다는 이유로 제외됐었다. 그런데 2차 세계대전 이후 갑자기 미국에서는 추상표현주의(Abstract Expressionism) 미술이 급부상하게 된다.

이러한 추상표현주의의 대표적 주자가 '액션 페인팅'으로 유명한 잭슨 폴록(Jackson Pollock, 1912~1956)이다. 그의 작품〈넘버5, 1948〉(그림 5)이 2006년 당시 회화 사상 최고가를 기록하며 팔리는 등, 폴록은 미술시장에서 막강한 힘을 발휘하고 있다. 현대 미술사에서 폴록의 이름이 빠지는 경우도 거의 없다. 특히 20세기 미술평론의 대부 클레멘트 그린버그가 그를 강력 지지했다.

그런데 이러한 폴록의 인기와 권위에 대해 1970년대부터 수정주의● 역사학자들이 음모론을 제기했다. 1950년대 CIA가 뉴욕 현대미술관과 합동 작전으로 폴록을 포함한 추상표현주의 미술 화가들을 띄웠으며, 그것은 소련의 사회주의 리얼리즘 미술에 대항하기 위한 것이었다는 이론이다. 에바 코크로프트(Eva Cockroft)는 그녀의 저서에서 추상표현주의가 "냉전의 무기"였다고까지 말했다.

이 학자들에 따르면 미국은 문화 면에서 소련을 압도하고 유럽을 매혹함으로써 유럽에 미치는 소련의 영향력을 줄이기 위해 새롭고 세련된 미술이 필요했는데, 추상표현주의야말로 그것에 잘 들어맞았다는 것이다. 그래서 CIA와 MoMA가 함께 추상표현주의 화가들의 유럽 전시를 기획하고, 또 거부들에게 추상표현주의 작품을 살 것을 종용했다는 것이다.

하지만 이 설에 대해 반론도 많다. 예를 들어 「뉴욕타임스」의 수석 미술 칼럼니스트 마

● 역사적 수정주의(historical revisionism): 역사적 사건을 주류 사학과 다른 시각으로 해석하는 것을 말한다.

이클 키멜먼(Michael Kimmelman)은 MoMA가 당시에 해외 기획전을 많이 책임지지도 않았고, 추상표현주의 그림이 MoMA의 해외 기획전에서 지배적이지도 않았다고 자료를 들어가며 반박했다.

어쩌면 이런 논란이 일어나는 것은 폴록의 그림이 '알아먹지 못할' 현대미술 중에서도 특히 대중에게 어필하지 못하는 반면, 미술시장에서는 특히 비싸게 팔리기 때문인지도 모른다. 우리는 현대미술을 보고 종종 '저건 나도 그리겠다'고 말하지만, 사실 파블로 피카소나 앙리 마티스 그림을 미술 공부 안 한 사람이 따라 그리기는 결코 쉽지 않다.

하지만 폴록의 그림은 비교적 흉내 내기 쉽다. 거대한 캔버스를 펼쳐놓고 물감을 뿌려대면 되니까. 그런데도 그는 왜 이다지도 미술사에서 중요하며 그의 작품은 왜 이다지도 비싸단 말인가? 이런 의문을 가져본 사람이면 CIA 개입설에 귀가 솔깃하지 않을 수 없다.

그러나 이 가설은 정설로 자리 잡지 못했으며, 많은 강력한 반론에 부딪히고 있다. 어쨌거나 순수한 미술을 주장했던 말레비치는 러시아에서 서글픈 최후를 마쳤고, 순수한 미술의 대표로 꼽히는 폴록의 추상표현주의는 이렇게 정치적 음모설에 휩싸여 있다. 독립과 순수성을 갈망하지만 정치경제 상황의 소용돌이에서 자유롭지 못한 것이 또한 예술의 운명인가 보다.

참고문헌

- Matthias Arnold, 『Henri de Toulouse-Lautrec, 1864-1901: The Theatre of Life』, Taschen, 2000
- John Berger, 『Ways of Seeing: Based on the BBC Television Series』, Penguin, 1990
- Philippe Bordes, 『Jacques-Louis David: Empire to Exile』, Yale University Press, 2007
- Walter Bosing, 『Hieronymus Bosch: 1450-1516』, Taschen, 2001
- Todd G. Buchholz, 『New Ideas from Dead Economists: An Introduction to Modern Economic Thought』(Revised edition), Plume, 2007
- Ha-joon Chang, 『Bad Samaritans』, Random House Business Books, 2007
- John Kenneth Galbraith, 『Galbraith: The Affluent Society & Other Writings, 1952-1967: American Capitalism / The Great Crash, 1929 / The Affluent Society / The New Industrial State』, Library of America, 2010
- Charles Harrison & Paul J. Wood, 『Art in Theory 1900-2000: An Anthology of Changing Ideas』(Second edition), Blackwell Publishing, 2002
- Robert L. Heilbroner, 『The Worldly Philosophers: the Lives, Times and Ideas of the Great Economic Thinkers』(Sixth edition), Touchstone, 1992
- Robert L. Heilbroner, 『Teachings from the Worldly Philosophy』, W. W. Norton & Company, 1997
- Christoph Heinrich, 『Claude Monet, 1840-1926』, Taschen, 2000
- Max Hollein & Bettina Erche, 『Courbet: A Dream of Modern Art』, Hatje Cantz, 2011
- Robert Hughes, 『The shock of the New』(Revised edition), Knopf, 1991
- Josephus(translated by William Whiston), 『Josephus: The Complete Works』, Thomas Nelson, 2003
- John Maynard Keynes, 『The General Theory Of Employment, Interest, And Money』, retrieved from http://gutenberg.net.au/ebooks03/0300071h/0-index.html, 2003 (first published in 1936)
- Michel Laclotte, 『Treasures of the Louvre』, Abbeville Press, 1997
- Harry Landreth & David C. Colander, 『History of Economic Thought』(Third edition), Houghton Mifflin, 1994
- David Lembeck, 'Rediscovering the People's Art: New Deal Murals in Pennsylvania's Post Offices
- John Stuart Mill, 『On Liberty』, Prometheus, 1986 (first published in 1859)
- John Stuart Mill, 『Principles of Political Economy』(Seventh edition), Longmans, Green and Co., 1909 (first published in 1848), retrieved from http://www.econlib.org/library/Mill/mlP.html
- Benjamin Nelson, 『The Idea of Usury』(Second edition), University of Chicago Press, 1969

- Manuel Santos-Redondo, 'The Moneychanger and His Wife: from Scholastics to Accounting,' A revised version of the paper presented in the 8th World Congress of Accounting Historians in Madrid, 2000
- Paul A. Samuelson & William D. Nordhaus, 『Economics』(14th edition), McGraw-Hill, 1992
- Renate Ulmer, 『Alfons Mucha: The Master of Art Nouveau』, Taschen, 1994
- Ingo F. Walther, 『Vincent Van Gogh, 1853-1890: Vision and Reality』, Taschen, 1999
- Christopher Wood, 『The Pre-Raphaelites』(Second edition), Phoenix Illustrated, 1997
- Stefano Zuffi, 『Giotto, The Scrovegni Chapel』, Skira, 2012

- E. H. 곰브리치 (백승길 등 역), 『서양미술사』, 예경, 2002
- 클레멘트 그린버그 (조주연 역), 『예술과 문화』, 경성대학교 출판부, 2004
- 김종현, 『경제사』(제3판), 경문사, 1994
- 단테 알리기에리 (박상진 역), 『신곡-지옥편』, 민음사, 2007
- 카를 마르크스(김수행 역), 『자본론』(개정번역판), 비봉출판사, 1995
- 찰스 맥케이 (이윤섭 역), 『대중의 미망과 광기』, 창해, 2004
- 무하 재단 외, 『알폰스 무하: 아르누보와 유토피아 전』(예술의전당 전시 대도록), 동아일보사 외, 2013
- 조르조 바사리 (박일우 편역), 『르네상스 미술의 명장들 (미술가 열전)』, 계명대학교 출판부, 2008
- 로저 백하우스 (김현구 역), 『지성의 흐름으로 본 경제학의 역사』, 시아출판사, 2005
- 페터 보르샤이트 (두행숙 역), 『템포 바이러스 : 인간을 지배한 속도의 문화사』, 들녘, 2008
- 폴 비릴리오 (이재원 역), 『속도와 정치』, 그린비, 2004
- 장 보드리야르 (이상률 역), 『소비의 사회: 그 신화와 구조』(제2판), 문예출판사, 1999
- 토드 부크홀츠 (이승환 역), 『죽은 경제학자의 살아있는 아이디어』, 김영사, 1994
- 장 폴 뷔용 (윤철규 역), 『아르누보』, 열화당, 1992
- 서순주 외, 『르누아르』(서울시립미술관 전시 대도록), 한국일보사, 2009
- 서순주 외, 『샤갈』(서울시립미술관 전시 대도록), 한국일보사, 2010
- 윌리엄 셰익스피어 (신정옥 역), 『베니스의 상인』, 전예원, 1989
- 애덤스미스 (유인호 역), 『국부론』(개정번역판), 동서문화사, 2008
- 메리 앤 스타니스제프스키 (박이소 역), 『이것은 미술이 아니다』(개정판), 현실문화연구(현문서가), 2011
- 심혜련, 『20세기의 매체철학: 아날로그에서 디지털로』, 그린비, 2012
- 이준구, 『미시경제학』(제3판), 현문사, 1998
- 이준구, 이창용 공저, 『경제학원론』(제3판), 현문사, 2005
- 정운찬, 김영식 공저, 『거시경제론』(제8판), 율곡출판사, 2007
- 최정은, 『보이지 않는 것과 말할 수 없는 것: 바로크시대의 네덜란드 정물화』, 한길아트, 2000
- 아르놀트 하우저 (백낙청 등 역), 『문학과 예술의 사회사』(개정번역판), 창작과 비평사, 1999
- 『공동번역성서』, 대한성서공회, 1986

그림 속 경제학

초판 1쇄 인쇄|2014년 6월 23일
초판 1쇄 발행|2014년 6월 26일
초판 11쇄 발행|2021년 10월 25일

지은이|문소영
펴낸이|황보태수
기획|박금희
마케팅|유인철
디자인|여상우
교열|양은희
인쇄|한영문화사
제본|한영제책

펴낸곳|이다미디어
주소|경기도 고양시 일산동구 정발산로24 웨스턴돔 T1-906-2
전화|02-3142-9612
팩스|070-7547-5181
이메일|idamedia77@hanmail.net

ISBN 978-89-94597-26-3 13320

이 책은 저작권법에 따라 보호받는 저작물이므로 무단전재와 무단복제를 금지하며,
이 책 내용의 전부 또는 일부를 이용하려면 반드시 저작권자와 이다미디어의 서면동의를 받아야 합니다